Knaur

Von Cassandra Brooke sind außerdem erschienen:

Alles Liebe, Deine Venus (Band 65106 und Band 60726)
Liebe Venus, mach es gut! (Band 65116)
Tschüß, Herr Minister (Band 65123)

Über die Autorin:

Cassandra Brooke studierte englische Literatur in Oxford und führt seither ein ebenso ruheloses wie geselliges Leben als Kritikerin, Drehbuchautorin und Reiseleiterin. Außerdem setzt sie sich für so wichtige Anliegen wie den Erhalt des tropischen Regenwaldes, die Rettung der Geier und die Aufnahme von Frauen in den Lord's Kricketclub ein.
Sie lebte eine Zeitlang in Frankreich und brachte es zu zwei Ehemännern, drei Kindern und einem großen Haus in Südwestlondon.

Cassandra Brooke

Der Ehefrauenkrieg

Roman

Aus dem Englischen
von Gabriele Krüger-Wirrer

Knaur

Die englische Originalausgabe erschien 1994 unter dem Titel
»All my worldly goods« bei Simon & Schuster, London

Vollständige Taschenbuchausgabe Juli 1998

Umschlaggestaltung: Agentur Zero, München
Satz: Ventura Publisher im Verlag
Druck und Bindung: Clausen & Bosse, Leck
Printed in Germany
ISBN 3-426-60851-0

5 4 3 2

Für Dot

eins

Nirgends konnte man dem Wasser entkommen.
Der Garten war größtenteils überschwemmt. Von dort aus, wo wir standen, hörte man den Mühlbach wie ein ganzes Wasserkraftwerk brausen. Zwei Stellen im Dach waren leck, und es tropfte im Duett in die beiden Eimer, die ich in einem der Schuppen aufgetrieben und exakt plaziert auf die grünlichen Steinfliesen gestellt hatte.
Durch das Fenster blickten wir hinaus in den endlosen Regen. Tom schob streitlustig die Schultern vor, als rüste er sich zum Kampf gegen das Naß.
»Wer, glaubst du, war wohl der Architekt dieser Anlage?« meinte er nach einer Weile. »Noah?«
Ich lachte. Tom nicht.
»Und wer ist überhaupt auf diese Idee gekommen?«
»Du«, erwiderte ich.
Tom zuckte die Achseln und setzte ein Lächeln auf, vor dem selbst ein Rottweiler gekuscht hätte. Er zündete sich eine Zigarette an und blies den Rauch nachdenklich in die Richtung des einen, dann in die des anderen Eimers.
»Das ist es also«, fuhr er fort. »Davon haben wir geträumt. Unser Paradies auf dem Land. Unser Idyll, weit weg vom Londoner Smog und von der Rush-hour… Scheiße!«
»Das hättest du sagen sollen, bevor du den Scheck unterschrieben hast«, warf ich ein.
Diese Anspielung auf das Geld vertrieb das Lächeln von Toms Gesicht.

»Himmel!« stöhnte er. »Dreihunderttausend Pfund. Na, zumindest wirst du die Hälfte zahlen, wenn du dein Haus verkauft hast. *Falls* du dein Haus verkaufen kannst.« Düster blickte Tom wieder in den Regen. »Dreihundert Riesen – für ein Schiffswrack! Ist das denn die Möglichkeit? Wart nur, gleich werden die Bergungsmannschaften kommen. Sieh nur! Ich seh die Jungs schon. Da!«

»Das sind die beiden Bauernburschen«, erwiderte ich fest. »Sie haben uns gefragt, ob sie das Feld für ihre Kühe haben könnten. Erinnerst du dich?«

»Feld? Du meinst, da ist wirklich ein Boden unter diesem See? Die Kühe müssen Unterwasserspezialisten sein – oder tot.«

Tom kramte in seiner Brusttasche, zog den Prospekt der Grundstücksmakler heraus und begann laut vorzulesen.

»›Ein klassisches Mühlenanwesen unter Denkmalschutz, Kategorie II, am Avon gelegen.‹ *Am* Avon? *Im* Avon. Ich glaub, ich hab schon den Schwamm. ›Inmitten herrlicher Waldlandschaft.‹ Wer hat diesen Mist geschrieben? Herrliche Waldlandschaft, haha! Der Hurrikan hat den Wald davongefegt, und die Landschaft liegt unter Wasser. Fehlt bloß noch ein Albatros, und ich bin der alte Seemann aus der Ballade. Und da *ist* ja schon ein Albatros! Siehst du?«

»Das ist eine Möwe«, bemerkte ich.

»Mir kommt sie groß genug für einen Albatros vor... Jetzt wird sie gleich auf das Auto scheißen. Hau ab, Mistvogel!«

Tom fuchtelte wild mit den Armen herum. Die Möbelpacker dachten, er winke ihnen, und winkten fröhlich zurück. Ich sah auf die Uhr.

»Bist du fertig?« fragte ich. »Wir haben nämlich einen ganzen Berg auszupacken.«
Aber Tom war nicht fertig.
»›Die Räumlichkeiten bieten alles, was zu einem klassischen Mühlenanwesen gehört, mit einem acht Quadratmeter großen Spielzimmer und vier Einzelboxen.‹ Wirklich sinnvoll: Irgendwelche Bälger haben wir nicht, und ich bin allergisch gegen Pferde. ›Etwa acht Hektar Gärten und Koppeln. Eine Besonderheit ist die romantische Rosenlaube.‹ Rosenlaube! Zur Hölle, was soll das sein, Janice? Wenn, dann ist das eine Seerosenlaube.«
An diesem Punkt der Vorstellung hakte ich Tom unter und zog ihn zur Tür. Mit der anderen Hand zeigte ich auf den Teil des Prospekts, in dem es hieß: »Neben dem Hauptgebäude befindet sich ein abgeschlossenes Cottage für Gäste oder Personal.«
»Das ist es, was im Augenblick zählt, Tom«, sagte ich. »Da finden wir einen Unterschlupf, bis wir diese Baustelle endlich in Schuß gebracht haben. Heute ist erst der 1. März, und es kann ja nicht in alle Ewigkeit regnen.«
»Warum sind wir nicht nach Frankreich gegangen, Jan?«
»Weil du nicht Französisch sprichst.«
»Ich könnte es lernen. Peter Mayle hat's auch gelernt.«
Ohne auf dieses neue Ablenkungsmanöver einzugehen, trat ich zur Tür hinaus und spannte meinen Schirm auf. Die Umzugsleute waren fertig und schlossen gerade die hintere Klappe des Möbelwagens. Einer hielt mir ein Blatt zum Unterschreiben hin. Tom achtete nicht darauf.
»Schau mal«, rief er und stieß mit dem Zeigefinger auf die letzte Seite des Prospekts. »Hier steht, daß wir eine

›private Kanalisation‹ haben. Verdammt, die ganze Anlage ist eine öffentliche Senkgrube. Jeder in ganz Wiltshire hat hier reingepißt.« Er verstummte, sah mich an und brach plötzlich in Lachen aus. »Und ich find's toll.«

Er warf den Prospekt über die Schulter, bückte sich unter den Regenschirm, schlang mir die Arme um die Taille und wirbelte mich mitten im Regen durch die Luft. »Und ich finde *dich* toll, meine schöne Venus. Das ist das Glück – und wenn wir ihm nach*schwimmen* müssen. Also machen wir uns ans Auspacken – vorausgesetzt, wir packen als erstes den Wein aus. Ich bestehe darauf. Entre-deux-Mers würde passen, was denkst du?«

Es besteht durchaus die Möglichkeit, daß ich ihn auch toll finde, dachte ich.

Es gibt eine alte chinesische Verwünschung: »Mögest du interessante Zeiten erleben.«

Das tu ich allerdings.

Es hatte nie die Gefahr bestanden, daß das Leben mit Tom langweilig sein könnte. Das war es schließlich auch mit Harry nicht gewesen, nur schmerzlich und oft einsam. Die wichtige Entdeckung bestand in der Erkenntnis, daß es viel einsamer ist, einen Mann zu haben, der nicht da ist, als überhaupt keinen Mann zu haben. Einsamkeit heißt nicht, daß man allein ist, sondern daß man etwas entbehrt – ohne die Möglichkeit, sich auf die Entbehrung einstellen zu können. »Zwölf Jahre als altmodische Frau und Mutter«, hatte Ruth ungläubig gemeint. »Kein einziges Verhältnis. Vollkommen wahnwitzig!«

Ruth war meine älteste Freundin. Wir waren zusammen in die Schule gegangen, und sie war immer all das gewesen, was ich nicht war. Als hätte sie irgendwo ein paar zusätzliche Jahre für sich geklaut, die ihr vor allen anderen einen Vorsprung gaben – jedenfalls vor mir. Sie stand bereits in voller Blüte, bevor ich auch nur Knospen ansetzte. Sie wußte alles über Pariser, während ich noch glaubte, das seien die Einwohner einer europäischen Hauptstadt. Was Ruth nicht über das Leben wußte, das wollte sie, so dachte ich, absichtlich nicht wissen, weil es sich nicht zu wissen lohnte; und erst nach Jahren verlor ich das Gefühl, es sei eine besondere Ehre, ihre Freundin zu sein. Sie war geheimnisvoll und gefährlich. Und sie war Jüdin, wenngleich keine praktizierende – wobei sie weniger vom Glauben abgefallen war, als mit einem Rums abgestürzt. Religion gehörte zu dem Schnickschnack, den sie schon lange abgeworfen hatte, so wie Bonbonpapierchen oder Jungfräulichkeit.

Das Beste an Ruth war, daß sie *mich* mochte – sogar noch, als ich kein häßliches Entlein mehr war; sogar noch, nachdem ich jemanden geheiratet hatte, den sie nicht ausstehen konnte; sogar noch, nachdem ich ein Kind bekommen hatte, während sie nie eines haben konnte. Es war unmöglich, sich die Welt ohne Ruth vorzustellen, so weit voneinander entfernt wir auch leben mochten. Sie schrieb. Sie rief an. Sie stürmte in mein Leben und wieder hinaus. Und auf eine gutmütige Art zog sie mich eben auch gerne auf.

»Nicht eine einzige Affäre. Wahnwitz! Gott sei Dank hast du's irgendwann aufgeholt.«

Das hatte ich in der Tat. Nachdem ich Harry endgültig hinausgeworfen hatte, kam die Erfahrung, daß ich wieder für Flirts zur Verfügung stand – daß ich mich zur Verfügung *stellte* –, wie eine Erleuchtung. Männer stel-

len sich die ganze Zeit zur Verfügung oder zumindest, wenn das Frauchen gerade den Rücken gekehrt hat. Ich hätte die ganzen Jahre über heimliche Verabredungen sammeln können wie Rabattmarken, wenn mir der Sinn danach gestanden hätte. Blond. Sehr hübsch. Zierlich. Lebhaft. Schöne Beine. Hübsche Brüste – »Champagnerschalen«, sagte Ruth immer. Gütiger Himmel, ich hätte nur mit dem kleinen Finger zu schnipsen brauchen; es wäre lächerlich einfach gewesen, so wie als Kind bei Woolworth Süßigkeiten klauen. So leicht, daß ich nie auf den Gedanken gekommen war, ich könnte es wirklich tun. Ich war verheiratet, und basta. Im Rückblick wirkt das Ganze absurd, wie eine Art von Programmierung, wobei bei Harry das ganze Programm darin bestand, daß er glaubte, er hätte Anspruch auf jede Mieze, auf die er scharf war, vorausgesetzt, er ließ sich nicht zu oft dabei erwischen.
Aber er *wurde* dabei erwischt – ein bißchen zu oft. Und blitzschnell war *ich* diejenige, die nun frei war; frei, um mit Männern auszugehen, frei, um Männer hereinzubitten. Jetzt zog ich gleich mit all diesen ehemüden Männern, die die ersten Bindungen abgeschüttelt hatten oder zumindest schon dafür übten; die mit den Zehen im Wasser probierten, wie tief sie sich in Affären einzulassen wagten – oder wie weit sie es sich leisten konnten.
Ganz unproblematisch war es nicht; ich hatte nämlich nicht immer die richtige Rolle auf Lager. Zuerst war mir nicht klar, daß es eine Sache ist, wenn ein Mann eine Frau auf Abwege führt und dann, bereits im Bett, murmelt: »Du hast schöne Brüste«, aber eine ganz andere, wenn sie geschickt mit dem Reißverschluß umgeht und sagt: »Du hast einen schönen Schwanz.« Kaum war das

nämlich gesagt, schrumpfte besagtes Ding auch schon in die Öffnung des Reißverschlusses zurück. Einmal, nicht lange nach Harrys Auszug, lud ich einen Mann zum Cordon bleu ein und wurde mit jedem neuen Gang immer schärfer auf ihn, bis ich es nicht mehr aushielt. Ich verschwand im Bad und kam splitternackt wieder. Und riß er sich etwa in Sekundenschnelle die Hosen runter und besprang mich mit der Erektion eines Zuchthengstes? Ganz und gar nicht. Er wurde bleich und kotzte über das Kiwisorbet. Ich habe nie gefragt, ob ihm von meiner Kochkunst schlecht geworden war oder von meinem Körper.

Danach hielt ich meine Gelüste etwas bedeckter, zumindest bis der Mann den ersten Schritt tat. Auch das war wieder Ruths Rat. »Sachte, meine Liebe; das erste, was sich rührt, ist immer im Schritt, man kann es nicht übersehen. Aber laß dich bloß nicht von einer Ausbuchtung täuschen, das könnte ein in die Hose gestopfter Socken sein, der dich beeindrucken soll. Nichts ist frustrierender als festzustellen, daß man gerade versucht, eine Wolsey-Socke aufzugeilen.«

Für Ruth war das ja alles ganz okay; sie war verheiratet. Zugegeben, eine »offene Ehe« – es grenzte an ein Wunder, daß sie nicht auseinanderdriftete, so weit offen war sie. Ich hatte keinerlei Ehe mehr; ich war eine alleinerziehende Mutter, die im Feinkostladen des Viertels arbeiten mußte, um die Almosen, die ich von Harry bekam, aufzubessern; mit einem zwölfjährigen Sohn, der sich sozusagen als Herr im Haus ein Vergnügen daraus machte, Wichtelpunkte an meine verschiedenen Freunde zu vergeben. Egal, wen ich mit einem Wodka-Tonic ins Wohnzimmer setzte, Clives Gesicht tauchte zwischen den Stäben des Geländers auf, und seine Augen

huschten während des Gesprächs hin und her wie die eines Schiedsrichters in Wimbledon. Dann tauchte stets eine Hand auf, ein Finger in die Höhe gestreckt oder zwei oder vier, hin und wieder auch die zweite Hand, was jedoch in der Regel ausgerechnet in solchen Fällen vorkam, wo ich bereits zu dem Schluß gelangt war, daß der Mann nichts im Hirn und wohl kaum mehr zwischen den Beinen hatte.
Der Mann, der überhaupt keine Punkte bekommen hatte, war Tom. Bei seinem allerersten Besuch löste er den Blick lange genug von meinem Busen, um das grinsende Gesicht zwischen den Geländerstäben zu entdecken, und sagte ohne den leisesten Anflug von Ärger: »Wie wär's, wenn man dem kleinen Mistkerl sagt, er soll sich verpissen?« Beim nächsten Mal brachte er ihm dann – dieser Schleimer – einen Kricketschläger mit, und von da an wurde Clive zu seinem treuesten Fürsprecher.
Was mich anbelangt, so war Tom alles, was ich nie gewollt hatte. Er war fast zwanzig Jahre älter als ich – Anfang Fünfzig – und weiß Gott wie oft verheiratet gewesen. Wann immer ich seinen Namen einer Freundin gegenüber erwähnte, trat rätselhaftes Schweigen ein. Bald stellte sich heraus, daß er sie alle irgendwann einmal gehabt hatte, sogar die prüdesten. Sie wußten nie so recht, was sie zu mir sagen sollten, obwohl die allgemeine Botschaft zu sein schien, daß Tom super im Bett und ansonsten ein absoluter Scheißkerl war.
Ich fand es nicht erstaunlich, daß sich ein Mann im Laufe so vieler Jahre im aktiven Dienst gewisse grundlegende Fähigkeiten erworben hatte. Ruth war da skeptischer. Ein Schnauben war am Telefon zu hören, dann sagte sie: »Tom wäre der einzige Mann in der gesamten Weltge-

schichte, der fünfmal geschieden wurde, weil er ein großartiger Liebhaber ist.« Nachdem ich aufgelegt hatte, fragte ich mich, woher sie wußte, daß es *fünfmal* war. Ich rief zurück. Ob sie etwa auch eine Kerbe in seinem Schießgewehr sei, fragte ich. Nein, versicherte mir Ruth, obwohl es an Bemühungen seinerseits nicht gemangelt hätte.

Also hielt ich ihn entschlossen auf Abstand, wobei ich zu meinem Ärger feststellen mußte, daß ich seine Gesellschaft immer mehr genoß. Es wurde eine Art Sparringkampf. Tom spielte den Dandy und warf sich in immer elegantere italienische Anzüge. Im Restaurant begegneten wir dann unweigerlich irgendeiner Tussi mit rabenschwarzem Haar, nichts als Wimperntusche und Dekolleté, die er kaum zu kennen behauptete. (»Ehrlich, mein Schatz, ich kann mich nicht einmal an ihren Namen erinnern.« – »Ach! Aber sie schien sich ganz problemlos an deinen zu erinnern!«) In der nächsten Runde zog ich dann meine hautengen Jean-Muir-Klamotten an, um allen anderen, egal wem, die Schau zu stehlen; bloß trafen wir dann niemanden, und Tom war den ganzen Abend dermaßen scharf, daß ich, was seine Blicke anbelangte, überhaupt nichts hätte anhaben können, und es war schließlich nur noch die Frage, ob ich noch rechtzeitig nach Hause kam, bevor sein Charme und der Cognac die Wirkung zeigten, die Tom beabsichtigte.

Außerdem wurde mir bewußt, daß meine Abwehrtaktik eine fatale Schwäche aufwies. Es war unmöglich, keinen Gefallen an der Vorstellung zu finden, von einem einsatzfreudigen Profi verführt zu werden – hier war ein Mann mit einem olympiaverdächtigen Ruf, und ihn zu testen war vielleicht doch eine Erfahrung, die man nicht versäumen sollte. Konnte irgendeine Frau abstreiten, daß sie nicht gerne wüßte, wie es war, von Lord Byron verführt zu werden? Tom wäre nämlich lieber als alles andere Lord Byron gewesen; damit nervte er mich so oft, daß ich ihn darauf hinwies, als Byron wäre er in seinem Alter bereits seit zwanzig Jahren eine romantische Leiche. »In diesem Fall begnüge ich mich damit, seine Biographie zu schreiben; das mache ich, wenn ich einmal reich bin, und dann werde ich noch reicher.« Und er lachte, als glaube er das wirklich. Ich mochte Tom zu gern, um anzudeuten, daß die Tatsache, ein Schürzenjäger zu sein, ihn noch nicht zu einem Byron machte, ebenso wenig wie ihn sein Job als altgedienter Schreiberling eines Revolverblatts unbedingt dazu befähigte, der Biograph dieses großen Mannes zu werden. Trotzdem – und es gab immer ein Trotzdem, wenn ich versuchte, über Toms »Referenzen« hinwegzugehen – verbrachte ich unmäßig viel Zeit damit, mich zu fragen, ob, und wann, und was, und was dann? Ich wußte keine der Antworten, aber die Fragen ließen sich einfach nicht verscheuchen.

Am Wahlabend gab ich schließlich nach. Tom lud mich zum erstenmal zu sich ein und kochte irgend etwas Marokkanisches, das die Wohnung mit einem Duft von Safran und Koriander erfüllte. Es war eine kleine Wohnung, kaum das, was ich erwartet hatte. »Ich weiß«, sagte Tom mit resignierter Stimme, die um Mitleid geradezu bettelte, »London ist voller reizender Häuser, die einmal mir gehört haben und von Ex-Frauen bewohnt werden, die nicht den Anstand besitzen, wieder zu heiraten.« Die Gerichte hatten ihnen immer die Häuser zugesprochen, erklärte er kummervoll. »Warum?« fragte ich. »Weil du dich immer so schlecht aufgeführt hast?« – »Wahrscheinlich«, erwiderte er leichthin. Ich hätte ihn

erwürgen können. Herrgott! Fünf Ehefrauen – was hatte ich hier zu suchen? Warum war ich hier und sah zu, wie er mich mit seinen Kochkünsten einwickeln wollte? Es dauerte noch mindestens eine Stunde, bis die ersten Wahlergebnisse mitgeteilt wurden, und ich bekam bereits einen Schwips. Und nicht nur das – ich genoß es auch, hierzusein, wie ein Kätzchen auf das Sofa gekuschelt. Fünf Ehefrauen! Es gab so viele Frauen in und um London, die Mrs. Tom Brand hießen, daß es sich weniger um einen Namen als um eine Sammelbezeichnung handelte. Tom lachte nur, als ich das sagte; dann versicherte er mir auf seine gespielt unschuldige Art, daß es wirklich nicht seine Absicht gewesen sei, so oft zu heiraten. »Oh, ich verstehe«, konterte ich. »Es war die reine Herzensgüte, nehme ich an.« – »Etwas in dieser Art«, erwiderte er, als lohne es kaum, länger bei diesem Thema zu verweilen. Er hörte auf, das Lamm zu begießen, und schenkte mir nach. »Du bist die schönste Frau, die ich kenne«, erklärte er ohne die geringste Veränderung im Tonfall. Während ich Schmetterlinge im Bauch hatte, wandte er sich dem Fernseher zu, wo gerade Meinungsforscher die Zeit damit füllten, daß sie einander widersprachen. »Na – wie steht's mit unseren neuen Parlamentsmitgliedern?« Ich nahm noch einen Schluck Wein und sah ihn über mein Glas hinweg an. »Hauptsache, sie stehen gut«, erwiderte ich.
Das war ein flotter Spruch, aber es war auch das Ende meiner Verteidigung. Er zog mich aus, als ob er eine seltene Orchidee auswickelte und dabei sanft mit den Fingern über die Blütenblätter strich. Ich begehrte ihn mehr, als ich je einen anderen begehrt hatte. In den frühen Morgenstunden lief der Fernseher immer noch. Labour hatte verloren. »*Die* Glieder stehen nicht mehr«,

murmelte Tom halbwach. »Macht nichts«, flüsterte ich, »ist momentan auch besser so.«
Das war Phase eins. Tom zog bei mir ein, ohne daß wir überhaupt darüber diskutierten. Er gehörte in mein Bett und in mein Leben. Clive war begeistert – allerdings für meinen Geschmack ein bißchen zu sehr. Als ich ihm die frohe Botschaft überbrachte, schnippte er eine Haarsträhne zurück, die ihm über die Augen hing, und sah mich fragend an. »Mami, wenn du dich nicht beeilst und Tom heiratest, haut er vermutlich ab und sucht sich eine andere, so wie Daddy.«
Es war kaum der richtige Moment, meinen ekelhaften Sohn daran zu erinnern, daß *ich* Harry hinausgeworfen hatte – was damals auch allerhöchste Zeit gewesen war. Außerdem war ich mit siebenunddreißig nicht die senile Faltenkuh, für die er mich zu halten schien.
Wollte ich Tom heiraten? Nein, ich glaube nicht. Warum sind Kinder in solchen Dingen bloß so konventionell?
»Ich hab allen in der Schule gesagt, daß ihr in Sünde lebt, und sie sind wahnsinnig neidisch auf mich«, fuhr Clive fort. »Ach *wirklich*«, meinte ich spitz und wünschte, ich hätte das Geld, ihn in ein Internat zu schicken.
Geld würde eine Menge in meinem Leben verändern, da war ich mir sicher. Das Dumme war nur, immer wenn ich mir ausmalte, *was* es denn eigentlich ändern würde, fiel mir als einziges ein, daß ich mir *mit* Geld keine Sorgen mehr machen würde, weil ich *kein* Geld hatte, und das schien ein bißchen mager. »Eines ist sicher«, verkündete Ruth, »mit Tom wirst du nie reich werden. Ich würde mich an die Malerei halten.«
Aber das hatte ich schon versucht. Als naive Kunststu-

dentin hatte ich davon geträumt, mit meinen abstrakten Malereien, die ich auf quatratmetergroße Felder grober Sackleinwand kleckste, Weltruhm zu erlangen; aber der wahre Grund war gewesen, daß ich in meinen Tutor verliebt war, der mit seinen auf quadratmetergroße Felder Sackleinen hingekleckšten abstrakten Gemälden ein Fitzelchen Ruhm erlangt hatte. Ich gab mir große Mühe, die meinen ebenso abstrakt wie die seinen zu machen. Schließlich kaufte meine Mutter mir großmütig eines ab, und das war's dann. Der Tutor nahm mir meine Jungfräulichkeit und erschoß sich kurz darauf – ich glaube nicht, daß irgendein Zusammenhang bestand –, und ich gab das Malen fünf Jahre lang ganz auf, bis mir schließlich das Kochen für Harry und das Windelnwechseln von Clive nur noch Raum und Gelegenheit für kleine Blumenaquarelle ließen.
Zugegeben, nach dem Scheitern meiner Ehe erfuhr meine Karriere als Künstlerin eine kurze und ungewöhnliche Renaissance. Mehrere wohlhabende Freunde beauftragten mich mit Wandgemälden für ihre Häuser, aber es stellte sich ausnahmslos heraus, daß die Bilder für ihre Schlafzimmer waren, und statt Anzahlung gab es nur Anmache. Dann ließ die Rezession auch diese zarten Pflänzchen verdorren, und mir blieb nichts anderes übrig, als im Feinkostladen unseres Viertels Parmaschinken zu verkaufen oder mich eben mit Tom zusammenzutun – was beides nicht die geringste Aussicht auf Ruhm oder Reichtum bot.
Bis zu dem Tag, als sich herausstellte, daß Ruth mit ihrer Meinung über Tom unrecht hatte, und wir in Phase zwei katapultiert wurden.
Es passierte ganz zufällig. Ruth ist mit einem Diplomaten verheiratet, dessen Karriere mal gedeiht und mal

dahinwelkt, je nachdem, wie sie gerade Einfluß darauf nimmt. Einer von Ruths weniger hilfreichen Aktivposten ist ihre Kochkunst. Man weiß von Botschaftern, die sich lieber vorzeitig pensionieren ließen, als noch eine Dinnerparty bei ihr durchzustehen. Nach einer besonders magenverrenkenden Einladung sagte sie zu mir, eigentlich sollte jemand ein *Anti*-Kochbuch verfassen und es ihr widmen.

Ich erzählte Tom von diesem Gespräch, und er grinste. Er, selbst ein begnadeter Koch, war der Ansicht, es sollte ein ganz neues, nie dagewesenes Meeresfrüchtekochbuch sein. Die Rezepte seien kein Problem; die könnte er leicht aus seiner langen Erfahrung als globetrottender Journalist beisteuern. Aber die Illustrationen (von mir!) sollten das verblüffend Neue sein. Auf den Farbfotos in Kochbüchern, erklärte er, wirke das Essen nämlich immer wie aus Plastik, und was man am Ende zusammengebrutzelt habe, sehe jedenfalls nie auch nur entfernt so aus. Nein, fuhr er fort und begeisterte sich von Minute zu Minute mehr, wir sollten uns daran orientieren, daß Essen eine orale Lust sei – ein erotisches Erlebnis. Ich sah ihn zweifelnd an, aber das schien Tom nicht zu bemerken. »Wie soll es heißen?« fragte er. – »Wie wäre es mit Ruths Idee?« schlug ich vor. *»Krabbasutra.«* Toms Gesicht leuchtete auf.

Wir verbrachten einen anregenden Abend, an dem wir uns Gerichte ausdachten, die zu dieser neofreudianischen Betrachtungsweise paßten. Tom kannte ein hervorragendes Rezept aus Baltimore für Venusmuscheln. »Wie wär's mit *Süßwasservenusmuscheln in Jungfernöl?*« Das gefiel ihm ausnehmend gut. »Wir müssen an den amerikanischen Markt denken; da sitzt das Geld.« Ich schlug *Garnelen à la soixante-neuf* vor, was ihn zuerst ziemlich schockierte; wir waren erst seit kurzem ein Liebespaar. *Stramme Nacktschnecken mit Ei* boten ganz entschieden Möglichkeiten für Anfänger, meinten wir beide. Und so ging es weiter bis spätabends. Ich wollte mich Ruth als der Stammutter unseres Meisterwerks erkenntlich zeigen, und Tom versprach, ein geeignetes Rezept für *Ruth im fernen Venusdelta* zu suchen.

Es war einer dieser weinseligen Abende voll albernem Gekicher, über die man am nächsten Morgen normalerweise kein Wort mehr verliert. Aber mittags rief mich Tom im Feinkostladen an, um mir zu sagen, daß er einen begeisterten Verleger gefunden habe, und wenn ich nur ein paar Probeillustrationen machen könnte, um die Graphikfritzen zu überzeugen, könnten wir ernsthaft ins Geschäft kommen.

Und so kam es. Das *Krabbasutra* wurde verboten in Irland, ein Riesenerfolg in Japan, ein Kultbuch in den USA und ernst genommen in Deutschland. In weniger als einem Jahr hatten wir zusammen eine Million gemacht. Plötzlich waren wir mit einer Realität konfrontiert, von der die ganze Welt träumt: Wir mußten nicht länger Geld für unseren Lebensunterhalt verdienen. Und noch dazu hatten wir diesen Erfolg nicht mühsam im Schweiße unseres Angesichts errungen, sondern mit einem Witz. Danach war es unmöglich, harte Arbeit noch ernst zu nehmen, und wir beschlossen, es nicht zu tun. Tom gab seinen Job auf. Ich gab den Feinkostladen auf. Clive beschloß, daß er gerne nach Millfield gehen würde. Und Tom und ich einigten uns, daß wir zusammen ein neues Leben auf dem Land beginnen wollten. Wir wollten unsere Vergangenheit hinter uns lassen und ganz neu anfangen. Unbeackerte Felder und neue Weidegründe. Ich wollte endlich ernsthaft beginnen, Malerin zu werden, und Tom würde die Fleet Street sausenlassen und die letzten seiner besten Jahre vielleicht damit verbringen, die lebendigste – wenn nicht *die* maßgebliche – Biographie seines Helden Lord Byron zu schreiben.

Einen letzten Knalleffekt gab es noch. Bekniet von den Verlegern, wir sollten uns nicht vor der Öffentlichkeit verstecken, ließen wir uns schließlich überreden, uns zu zeigen und in einer beliebten Live-Talk-Show aufzutreten, deren Talkmaster in der Folge betrüblicherweise seinen Job verlor. Vielleicht war es gar nicht seine Schuld, daß er Malutensilien hervorzauberte und mich aufforderte, eine improvisierte Illustration für ein Gericht seiner Wahl zu kreieren. Sein Fehler lag darin, daß er eines seiner persönlichen Lieblingsessen vorschlug, das zufällig eine ungewöhnliche Art der Zubereitung von Engelsbarben mit Mönchspfeffer war. Der Mönchspfeffer inspirierte mich zu einer sehr pikanten Interpretation des Themas. Zu allem Überfluß schlug ich auch noch vor, den Mönchspfeffer mit »Blaue Nonne« hinunterzuspülen – und es war eine sehr blaue Nonne, die dem Mönch da an die Pfeffernüsse griff. Meiner Ansicht nach eine sehr schwungvolle Kreation, aber leider zu schwungvoll für den Generaldirektor der BBC, für Mary Whitehouse und den Erzbischof von Westminster. Die Einschaltquoten schnellten in die Höhe; ebenso unsere Verkaufszahlen. Hätte nur mein Tutor an der Kunstakademie es noch erleben dürfen, wie berühmt seine kleine blonde Studentin geworden war. Aber vielleicht hätte er sich trotzdem erschossen.

Und das war's dann. Mein Fernsehdebüt versetzte unserem Leben in London den Gnadenstoß. Die unmittelbare

Folge war, daß wir nach einer Woche sintflutartigen Regens am 1. März zur Otters Mill in Sarum Magna, Wiltshire, aufbrachen. Phase drei begann. Mit einem Glückwunschanruf äußerte Ruth ihre Freude über den Umschwung in unserem Schicksal und ihr Entzücken, daß ihre Freunde nun mit den Absurditäten des Lebens ebenso ihre Erfahrungen gemacht hatten wie sie auf dem Karussell Ihrer Majestät.

zwei

Die Wasser wichen zurück, und unsere Arche landete auf dem Berge Ararat; doch anstatt daß alle Geschöpfe paarweise das Schiff verließen, kamen sie paarweise bei uns hereinmarschiert. Das Dorf inspizierte uns.

Ein paar Gesichter erkannte ich von einem früheren Ausflug ins Dorf wieder, bei dem ich mich wie ein außerirdisches Wesen gefühlt hatte: Als ich den Laden betrat, senkten die Leute die Stimme. Die Frau des Ladenbesitzers warf mir einen zweifelnden Blick zu. »Ja, Madam?« fragte sie, als meine sie »Nein!«

»Ich glaube nicht, daß den Leuten im Dorf mein Aussehen gefällt«, sagte ich später zu Tom.

»Vermutlich liegt es daran, daß du keinen BH trägst«, antwortete er, ohne den Blick von den Rennergebnissen zu heben.

»Unsinn. Wir sind in England, nicht in Portugal.«

»Janice, wir sind im finstersten Wiltshire.«

»Trotzdem Unsinn.«

»Na schön. Ich nenn dir einen besseren Grund.« Tom hob den Kopf von seiner Zeitung. »Sie sagen sich alle: Wie hat es dieses schmuddlige kleine Flittchen bloß geschafft, sich den tollen, berühmten Tom Brand zu angeln?«

Er wehrte meine Hand mit der Zeitung ab und las weiter. »Wenn sie wüßten, daß wir Otters Mill dank dem *Krabbasutra* kaufen konnten.«

»Oh, das wissen sie bald. Ganz sicher. Wart nur ab. Waterstone's in Salisbury wird im Nu ein Schaufenster über ›Autoren in unserer Gegend‹ gestalten, und wir werden die Ehre haben, an Samstagnachmittagen unser Werk zu signieren. Und jedesmal, wenn wir zum Abendessen eingeladen sind, wird unser Buch zwischen *The Field* und der Biographie der Königinmutter zu ihrem neunzigsten Geburtstag plaziert sein. Geöffnet auf der Seite mit *Garnelen à la soixante-neuf.*«

Ich zuckte zusammen. »O Gott! Ich hatte keine Ahnung, daß es so ist auf dem Land.«

Warum hatte ich mir je vorgestellt, ein Dorf sei bewohnt von typischen Dorfmenschen? Vermutlich war das die frühe Prägung durch Romane von Thomas Hardy oder durch Reproduktionen von Constable-Bildern in der Schule. Oder vielleicht die deprimierenden Nachmittage in einem Londoner Souterrain, an denen ich den Archers zuhörte und darauf wartete, Clive von der Schule abzuholen, während ich versuchte, nicht darüber nachzugrübeln, welche von Harrys hübschen »Recherche-Damen« ihn an diesem Abend ganz bestimmt aufhalten würde.

So viele Jahre über war die Vorstellung von einem Dorf ein tröstlicher Traum gewesen; ein Ort, an dem ich eines Tages leben würde – ein Ort, wo man einfach hingehörte, weil man dort war, wo man, je nachdem, wie man wollte, herzlich aufgenommen oder in Ruhe gelassen wurde, aber wo man stets vom uralten und zeitlosen Rhythmus des Lebens und der Werte auf dem Land getragen wurde. Ein Ort, friedlich wie das Rauschen der Bäume. Der Dorfladen. Das Dorfpub. Der Dorfanger. Kricketwettspiele, bei denen man vorher die Kuhfladen von der Wiese sammeln mußte und sich danach eine Menge Ale hinter die Binde goß. Pfarrfeste, wo man hausgemachte Scones, Chutney aus grünen Tomaten und Stachelbeermarmelade, die nach einer Woche schon schimmlig wurde, kaufte. Und Erntedankfeste mit kunstvoll gebastelten Strohpuppen und dickbauchigen Eierkürbissen. Und vor allem die Dorfbewohner. Die Leute, die immer schon hier gewesen waren und deren Namen – auch wenn man sie nicht gerade im Reichsgrundbuch Englands fand – dennoch mit der Entstehung des Ortes verwurzelt waren. Namen, die man nirgendwo anders oder höchstens im Umkreis von zwanzig Meilen fand, so daß zwei Männer, die ein Krieg in den entlegensten Winkel der Welt verschlagen hatte, schon nach dem ersten Appell wußten, daß sie beide aus dem Tal des Avon stammten. Sie erkannten es an den Namen, aber auch an winzigen vertrauten Wörtern, an besonderen Nuancen und Flexionen, die sofort eine Saite zum Klingen brachten, die niemand sonst hören konnte, sie aber heimatlich anmutete.

Verdammt sentimental. Aber das hatte ich in einer rührseligen Nische meines Herzens immer gefühlt.

Es muß unser zweiter oder dritter Tag in Sarum Magna gewesen sein – vor dem Beginn der offiziellen Inspektionsbesuche. Ich beschloß, in meinen Gummistiefeln den Weg hinaufzuschlittern, und ließ Tom über einer Landkarte unserer nassen Felder, die allmählich unter den Fluten sichtbar wurden, brüten. Das Dorf bestand aus einer einzigen Straße, die sich zwischen Schwemmwiesen und dem vorspringenden Teil einer Hügelkette dahinschlängelte. Zu beiden Seiten der Straße kauerten niedrige Cottages aus Backstein und Kieselschiefer mit tief heruntergezogenen Dächern, gedeckt mit dickem Reet, das oben zu einer ordentlichen Spitze zurechtgestutzt war; und mit Fenstern, die das Sonnenlicht nicht hereinlassen sollten. Auf jedem Dach, bemerkte ich er-

staunt, saß ein geschnitzter Fasan, echt genug, um das Auge zu täuschen, so daß der Ort entschieden exzentrisch wirkte.
Als ich auf die Fasanen starrte, hörte ich eine Stimme.
»Verblüffend, daß man sie nie fliegen sieht, meinen Sie nicht?«
Ich wandte den Kopf und sah den grauen Haarknoten einer Frau um die Sechzig. In der einen Hand hielt sie einen Weidenkorb mit Schnittblumen, mit der anderen führte sie einen Geißbock an einem Strick. Sie gluckste vor sich hin.
Ohne auf eine Antwort zu warten, ging sie weiter, gefolgt von ihrem Ziegenbock, dann fügte sie, den Blick weiter geradeaus gerichtet, heiter hinzu: »Guten Morgen, junge Lady.«
Ihr Hintern wogte beim Gehen majestätisch in purpurrotem Tweed. An einer Sicherheitsnadel hing der Zettel einer Reinigung.
Exzentrischer Landadel, dachte ich. Jedes Dorf hat so ein Original. Ich ging weiter zum Friedhof und begann, die alteingesessenen Namen auf den Grabsteinen zu lesen. Budden. Creese. Hazzard. Strapps. Gusse. Rumbold. Smeath. Mustard. Studhelme. Watte. Whitty. Penruddocke. Maydenhide. Da waren sie, diese echten Dorfnamen, die natürlichen Erben dieses Ortes, die Nachfahren muskulöser Menschen, die die Wälder gerodet, das erste Getreide angebaut, im Fluß gefischt, die Wassermühlen (*unsere* Wassermühle!) errichtet und diese Backstein- und Kieselschieferhäuser erbaut hatten, die die einzige Straße flankierten. Ja, das war Dorfleben! Na schön, eigentlich Dorf*tod*, aber egal – ihre Ururururenkel pflügten immer noch die Felder und mol-

ken die Kühe, die ich hinter der Friedhofsmauer weiden sah.
Budden. Strapps. Smeath. Whitty. Maydenhide. Ich ertappte mich dabei, wie ich mich fragte, ob eines Tages auch mein Name hier stehen würde. Der Gedanke wirkte wie ein Schock. »Hier ruht Janice Blakemore. Geliebte Mutter von Clive.« Ich war mir nicht ganz sicher, ob ich darauf zählen konnte. Was noch? »Künstlerin.« Ich nehm's mal an. »Geliebte von Thomas Brand.« Das würde man auf einem Friedhof bestimmt nicht erlauben. Auf jeden Fall würde Tom bis dahin schon lange tot sein. Na gut; wie wär's mit: »Ehemalige Geliebte von Thomas Brand und nachfolgend von anderen, die ungenannt bleiben sollen. RIP«?
Ich fühlte mich plötzlich nicht mehr ganz eins mit der Aura des Ortes, daher spazierte ich in die Kirche. Sie war klein, kalt und gotisch. Überall waren Spitzbögen, und in einem hing ein Buntglasfragment, das einen Teufel darstellte. Sonnenlicht drang wie Höllenfeuer durch sein Grinsen. Nicht weit davon entfernt bemerkte ich einen Fleck Wandmalerei, den man beleuchten konnte, wenn man einen Schalter an der Mauer drückte. Ich kam zu dem Schluß, daß er wohl nichts besonders Interessantes beleuchten würde, und wanderte in den Nordflügel, wo ich das Grab irgendeines ruhenden Ritters feucht schimmern sah. Seine Beine waren gekreuzt, die Füße ruhten auf einem Wollsack. Ein Marmorschaf betrachtete ihn geduldig.
Ich bückte mich und versuchte, den lateinischen Namen und das Datum zu entziffern, konnte aber nur irrelevante Wörter wie *utque* erkennen. Ich bemerkte gar nicht, daß ich nicht mehr allein war, so vertieft war ich in diese nutzlose Übung.

»Bustard«, rief eine volltönende Stimme hinter mir.

Ich schrak zusammen und drehte mich um. Die Arme auf eine Kirchenbank gestützt, die Beine resolut gegrätscht, stand da die Frau in Purpurrot, die ich vor einer halben Stunde auf der Straße gesehen hatte. Ihr Korb war nun leer, bis auf eine Gartenschere. Sie lächelte breit.

»Bustard«, sagte sie noch einmal und kam in wiegendem Gang auf mich zu. »Sir Ranulf. Ein Vorfahre meines Mannes. Gefallen bei der Schlacht von Agincourt, der Blödmann; fast niemand ist dort gefallen außer Franzosen. Sie sind neu hier, nehme ich an. Ich heiße Emelda. Kommen Sie mal auf ein Glas vorbei – recht bald.«

Wir schüttelten uns neben dem Vorfahren ihres Mannes die Hand. Dann bückte sie sich nach ihrem Korb, und wir gingen gemeinsam zur Tür.

»So, das wäre geschafft.« Sie erklärte, daß sie sich um den Blumenschmuck in der Kirche kümmerte. »Keine Ahnung, warum. Ich glaub nicht an den verdammten Verein. Sieht aber hübsch aus, nicht? Und ich habe so noch eine andere Beschäftigung, außer Ayrton zu versorgen.«

Ayrton, führte sie rasch aus, als wolle sie das Thema schnell abhaken, war ihr Mann, Lord Bustard. Sie lachte heiser, mit einem letzten Blick auf das Grab des Vorfahren.

»Der richtige Name ist Bastard. Im falschen Bett gezeugt. Irgendein Protestant im sechzehnten Jahrhundert, der ein Auge auf ein Bistum geworfen hatte, hat ihn in Bustard umgeändert, nach dem Vogel, dieser Trappenart, und hat das Federvieh aufs Familienwappen gesetzt. Der einzige Ort, wo man es heute noch sieht; der Vogel ist ausgestorben.« Sie kicherte. »Wohlgemerkt, das hätte uns auch passieren können, wenn ich in jüngeren Jahren nicht ein wenig über die Stränge geschlagen hätte. Ist schließlich Familientradition, bei einem Namen wie Bastard, hab ich Ayrton erklärt. Ich muß sagen, er hat sich sehr anständig benommen. Hat das Kind geliebt, es als seines anerkannt und alles. Ich wollte ihn als Bastard eintragen lassen – getreu der historischen Wahrheit und der Wahrheit im Leben. Aber Ayrton hat mich darauf hingewiesen, daß er dann nicht den Titel erben würde. Mir wäre das ja piepegal gewesen. Aber Ayrton nicht. Sie werden ihn mögen. Ziemlich plemplem, aber unheimlich goldig.«

Diese vertraulichen Mitteilungen wurden unterbrochen, als wir unsere Regenschirme aufspannten und Emelda den Geißbock von einem Grabstein losband. Ich fragte mich, ob sie mit jedem Neuankömmling so redete. Auf jeden Fall entpuppte sich das Dorfleben nicht als das, was ich erwartet hatte. Emelda blieb neben einer kleinen Holzpforte stehen und stellte ihren Korb darauf, außerhalb der Reichweite des Ziegenbocks.

»Übrigens, ich habe dich noch nicht vorgestellt«, meinte sie und zerrte das Tier zu sich, bis es bei Fuß stand. »Das ist Lloyd George, aber seinem Geläut haben wir schon vor längerer Zeit etwas Böses antun müssen.« Sie lachte kehlig. »Also! Wir wohnen da unten, am Fluß. Kommen Sie Ende der Woche mal vorbei. Wenn nicht, rufe ich an und bestehe darauf. Bringen Sie natürlich auch Ihren Mann mit. Ich vermute, Sie sind nicht verheiratet; Sie sehen viel zu glücklich aus. Es ist Tom Brand, nicht wahr? Ich lese immer seine Sachen. Hat absolut recht wegen der Scheidung im Königshaus. Ich hätte ihm noch eine ganze Menge mehr erzählen können. Ja! Tom Brand«, fuhr sie nachdenklich fort. »Ich habe einmal eine von seinen Frauen kennengelernt. Furchtbares Weib. Tugendhafte Zimtzicke. Jetzt scheint er einen besseren Geschmack zu haben. Nicht daß Sie nicht tugendhaft wären, meine Liebe, das meine ich gewiß nicht. Warum würden Sie sich sonst hier vergraben – ja, warum übrigens? Die meisten Leute können es nicht erwarten, hier wegzukommen.«

Ich erzählte ihr von meinem Wunsch zu malen und von meinen Träumen von Dorfleben und Dorfmenschen. Sie sah erstaunt aus.

»Mein liebes Mädchen – Dorfmenschen! Der letzte ist Weihnachten gestorben.« Emeldas üppige Kurven wackelten, als sie lachte. Dann klopfte sie mir auf die Schulter. »Nein, natürlich müssen noch ein paar übriggeblieben sein; normalerweise erkennt man sie an ihren BMWs. Mein Mann ist hier wahrscheinlich der einzige echte Dorfeinwohner; seine Familie sitzt seit dreihundert Jahren hier als Bustard und weiß Gott wie viele Jahrhunderte vorher als Bastard. Sonst gibt es hier hauptsächlich Börsenmakler und Marineoffiziere. Wimmelt bloß so von denen. Wissen Sie, meine Liebe, das Sprichwort vom Fuchs und dem Hasen, die sich gute Nacht sagen, muß in Sarum Magna geprägt worden sein. Und so ist es immer noch. Gott sei Dank, daß Sie jetzt da sind. Ich mag Sie.«

Ich mochte sie auch. Ich war immer noch erschüttert, daß sie eine von Toms Frauen kannte. Welche wohl? fragte ich mich. Und ich hatte mir vorgestellt, wenn wir hierherzogen, würden wir von Toms Frauen wegkommen. Langsam kriegte ich das Gefühl, von Geistern verfolgt zu sein.

Im Regen ging ich zurück zur Mühle, ein Spießrutenlauf vorbei an neugierigen Augen, die unter Regenschirmen hervorspähten. Na schön, Emelda versprach jedenfalls sehr amüsant zu sein, dachte ich, wenn es auch sonst nicht viel Amüsantes gab. Mal sehen.

Ruth war der Ansicht, jedermann, der sich tatsächlich freiwillig entschloß, in England auf dem Land zu leben, könne nicht mehr alle Tassen im Schrank haben. Das waren in etwa ihre letzten tröstlichen Worte, bevor sie nach Liechtenstein reiste, wo Piers aufgrund irgendeiner undurchschaubaren Entscheidung von oben zum Botschafter ernannt worden war. Nichtsdestotrotz bestand sie darauf, daß ich schreiben und ihr berichten solle, wer unsere neuen Nachbarn auf dem Land waren. Deshalb, erklärte sie, damit sie auf das Schlimmste gefaßt sei, wenn sie und Piers uns bei ihrem nächsten Heimaturlaub überfallen würden. Beharrlich soufflierte sie mir immer wieder neue Klischees. Kam jeden Samstag die Jagd mit Halali durch unseren Garten galoppiert? War der Vikar schon zu Besuch gekommen? Hatte man uns eine eigene Bank in der Kirche zugeteilt? In meinem ersten Brief wies ich sie darauf hin, daß Sarum Magna trotz seines Namens zu klein war, um einen eigenen Pfarrer zu haben, und daß ein Pfarrer von außerhalb es möglicherweise vorziehen würde, ein Paar zu übergehen, das es zusammen auf sechs Scheidungen gebracht hatte und noch dazu nicht einmal verheiratet war.
Also – kein Pfarrer. Um ganz sicherzugehen, hatte Tom im *Wilton Arms* das Gerücht in Umlauf gesetzt, er sei Konfuzianer. Unglücklicherweise waren die Ortsansässigen, die er dort kennenlernte, nicht sehr beschlagen in östlichen Religionen, und bald ging es durchs ganze Dorf, daß Mr. Brand sich selbst für konfus halte. Mehrere

unserer ersten Besucher äußerten sich besorgt darüber. »Der Ruhestand bringt da viel wieder in Ordnung – ich erinnere mich noch gut«, sagte ein Ex-Marinekommandeur namens Normington, dessen Frau sich erwartungsvoll erkundigte, ob ich Bridge spiele. Tom war überraschend höflich gewesen.

Mehrere von dieser Sorte bahnten sich so während unserer ersten Woche in Otters Mill einen Weg durch den zurückweichenden Schlick zu unserer Tür. Warum so viele von der Marine? fragte ich mich. »Bei all dem Wasser hier – was erwartest du da?« meinte Tom und sah hinaus auf den Avon, der nun durch einen Schlammstreifen von unserem Garten getrennt war, auf dem eine Versammlung dankbarer Enten eifrig ihr großes Geschäft verrichtete.

Bald folgten andere Besucher. Mehr oder weniger fröhliche Anwälte und Steuerberater, deren Kinder wahnsinnig aktiv im Ponyclub waren und deren Frauen Kopftücher und ärmellose grüne Barbour-Westen trugen. Sie wurden von jaulenden Terriern an ausziehbaren Leinen dahergeschleift und bellten uns ein paar muntere Willkommensgrüße zu, bevor die Hunde sie wieder weiterzogen.

Dann erschien ein Architekt mit einem so ausgeprägten Stottern, daß ich seine Füllungen zählen konnte, bis er ein Wort herausgebracht hatte. Schließlich gelang es ihm zu erklären, daß er eine Toilette für ein Londoner Theater entwerfe. »Aha«, meinte Tom strahlend, »ein kleiner Shitmoore!« Der Mann sah empört drein, stotterte noch ein wenig weiter und ging. »Das war ziemlich gemein«, hielt ich Tom vor. Tom sah mich überrascht an. »Ich hab nur versucht, ihm aus seiner Verlegenheit herauszuhelfen«, erklärte er. »Shitmoore war ein be-

rühmter Toilettendesigner. Henry Shitmoore aus Chelsea. Das sollte ein Architekt schon wissen.«
Toms profunde Kenntnisse garantierten uns wenigstens, daß kein weiterer Besuch folgen würde.
Dann kamen ein oder zwei Bauunternehmer, die durch das Fenster immer wieder die baufällige Mühle beäugten, während sie ihren Gin-Tonic schlürften. Sie gaben klagende Laute über die Rezession von sich und legten hoffnungsvolle Gesprächspausen ein, die wir nicht füllten. Als sie aufbrachen, überreichten sie uns ihre Karten, »nur für den Fall, daß Sie irgendwelche Probleme haben, Madam.«
Eines Morgens ziemlich früh erschien eine große Frau in einem kirschroten Trainingsanzug, die uns erklärte, sie unterrichte Handarbeiten und Werken an der Domschule von Salisbury. Hinter ihr verkrochen sich drei Töchter mit schiefen Zähnen, die in Spangen gezwängt waren, und mit langen, linkischen Beinen. Offenkundig hatte die Mutter ihre Handarbeitskunst an ihrem Haar ausprobiert. Sie wohnten »nur ein Stückchen die Straße hinunter«, erklärte sie. Wir müßten sie unbedingt besuchen. »Natürlich«, erwiderte Tom mit tadelloser Höflichkeit. »Heuchler!« nannte ich ihn, nachdem sie weg waren. »Du hast dich nicht einmal erkundigt, wie ihr Haus heißt.« – »Brauchte ich doch auch nicht, oder?« konterte er. »Bestimmt heißt es ›Medusenhain‹.«
Dann kam Mrs. Teape, deren Mann das Geflügel hielt, das uns jeden Tag bei Morgengrauen weckte. Mrs. Teape hatte offenkundig mit neununddreißig eine Bestandsaufnahme ihrer Erscheinung gemacht und sie seit mehreren Jahrzehnten so konserviert. Ihr Haar war martialisch schwarz und mit Haarspray an den Kopf gekleistert, wo es von zwei zusammengesteckten Kämmen, die

aussahen wie eine kleine Falle, festgehalten wurde. Ihr Lippenstift zog sich in üppigen Kurven über ihre Ober- und Unterlippe, so daß ihr Mund aussah, als wäre er vertikal anstatt horizontal. Ihr Busen war ebenso betonfest wie ihre Überzeugungen, die sie großzügig zum besten gab. Nichts in Sarum Magna entging ihrem Auge und ihrem Urteil. Dank der Dienste Mrs. Teapes als unserer Zugehfrau – die sie uns zusammen mit einer regelmäßigen Lieferung von Eiern aus Freilandhaltung anbot – würde es absolut nichts geben, was ich über dieses Dorf nicht wußte, und herzlich wenig, was das Dorf nicht über uns wußte. Ich riskierte es und sagte ja. Tom hörte ihrem Geblubber zu und taufte sie »Teapot«. Durch »Mrs. Teekanne« erfuhr ich Näheres über einige der Einwohner Sarum Magnas, die uns nicht besucht hatten und es auch sicher nicht tun würden. Naomi etwa, anscheinend ohne weiteren Namen, die ganz allein im Wald jenseits des Flusses lebte und einer heidnischen Sekte angehörte, wie Mrs. Teape mit gespitztem Mund erklärte. Im Dorf sei sie als Mondkalb bekannt, sagte sie. Und wenn ich ihr begegnete, sei es besser, nicht guten Morgen zu sagen; am besten sagte ich gar nichts, denn Mondkalb würde das sicher auch so halten. Tom war der Ansicht, er würde blendend mit der Lady auskommen, da er als Boulevardjournalist ebenfalls einer heidnischen Sekte angehöre. Doch Mrs. Teape kniff nur die Lippen zusammen.

Da ich törichterweise gesagt hatte, ich sei Malerin, war sie vor allem darauf bedacht, mich vor einem weiteren Dorfbewohner zu warnen, einem Mr. Cash – Winston Cash. Sie sprach den Namen voller Abscheu aus. Er sei auch Maler, erklärte sie, »aber nicht wie Sie, ganz bestimmt«. Sie riß die Augen weit auf. »Frauen. Nackte

Frauen. Ich habe sie gesehen. Ekelhaft. Und er ist nicht einmal verheiratet.«
Ich betete darum, daß Mrs. Teape nie das *Krabbasutra* zu Gesicht bekommen würde, und nachdem sie gegangen war, verschloß ich den Stapel unserer Belegexemplare sorgfältig in einem Schrank.
Unser letzter Besucher war Mr. Gant, der benachbarte Bauer, der sein Vieh auf unserem Feld weiden ließ. Eines Nachmittags ließ er sich schwer auf einem Stuhl nieder und nahm von mir eine Tasse Tee entgegen, die in seiner Hand, die eher einem Baseballhandschuh glich, schier verschwand. Er sprach mit einem schnarrenden Wiltshire-Akzent, war aber in Newmarket Tweed gekleidet, mit einer flachen Tweedmütze auf dem Kopf, und seine Redeweise hatte die energische Schärfe eines Rennpferdetrainers. Sein ältester Sohn lebte in Marlborough und hatte einen Studienplatz in Cambridge, erzählte er uns gleich am Anfang. Gant war eindeutig auf dem besten Weg, ein Gentleman-Bauer zu werden. »Bald wird er Mr. Gent heißen«, meinte Tom. »Nur ein Vokal ausgetauscht, das ist alles.« Gant mochte John Major – »ein guter Mann im Sattel«. Mir fiel auf, daß er zu kernigen Metaphern aus der Landwirtschaft neigte, als müßten seine Zuhörer wie Vieh kräftig angetrieben werden, damit das Gespräch in Gang blieb.
»Haben Sie Mondkalb schon kennengelernt?« fragte er.
Ich sagte ihm, daß Mrs. Teape sie zu mißbilligen schien.
»Oh, Mondkalb ist ein vollkommen harmloses Rind«, erklärte Gant. »Alte Jungfer. Hat Geld geerbt. Eine Art Einsiedlerin. Auf dem Land werden sie so. Alles wird in den Garten gesteckt. Lauter so kauziges Zeug – sie ist eine Art Druidin. Sie wissen schon, weiße Bettlaken in Stonehenge. Sonnwendfeiern. War mal eine großartige

Goldschmiedin; Sie würden's nicht glauben. Hat's aber aufgegeben. Eine von diesen reichen Frauen, die immer mit dem aufhören, was sie gut können. Schmeckt zu sehr nach harter Arbeit – immer derselbe Trott, und die Leute fangen an, etwas von einem zu erwarten. Da geht sie lieber raus auf die Weide.«

»Was ist mit Winston Cash?« fragte ich. »Mrs. Teape findet seine Bilder ekelhaft.«

Gant lachte grölend.

»Ekelhaft? Er malt Nackedeis, das ist alles. Einträgliche Branche, hab ich gehört – der japanische Markt. Er heißt nicht umsonst Cash. Vielleicht sollte er sich in ›Yen‹ umtaufen.« Mr. Gant lachte dröhnend über seinen eigenen Witz. Dann verzog sich sein rotes Gesicht zu einem anzüglichen Grinsen. »Wohlgemerkt, Nackedeis malen ist alles, was er fertigbringt. Lendenlahmer alter Klepper, unser Mr. Cash. Dabei sind das schnucklige Puppen, das kann ich Ihnen sagen. Weiß der Himmel, wo er die auftreibt – bestimmt nicht im *Salisbury Advertiser*. Die jetzige ist Südamerikanerin, glaube ich. Was Dunkles jedenfalls. Beste Milchwirtschaft in ganz Wiltshire.«

Mit den Händen untermalte er seine Worte – Hände, die es gewöhnt waren zu melken. Ich versuchte, ihm die Milchwirtschaft zu verzeihen.

»Sie dürfen Mrs. Teapes Ansichten nicht zu ernst nehmen«, fuhr Gant fort. »Ein Herz aus Gold. Wenn sie Sie mag, tut sie alles für Sie. Für sie ist die Welt aufgeteilt in Heilige und Sünder, dazwischen gibt's nichts. Tja!« Schwerfällig wuchtete er sich hoch. »Zeit, daß ich wieder gehe. Danke für den Tee. Wenn Sie irgendwas brauchen, schauen Sie einfach vorbei. Paar mehr so hübsche Füllen wie Sie könnten wir hier im Dorf brauchen.«

Ich hatte das Gefühl, daß Gant in jungen Jahren hübsche Füllen weit über die Grenzen von Sarum Magna hinaus ausgespäht hatte. Und wenn er behauptete, Cashs Freundin habe die imposanteste Milchwirtschaft in ganz Wiltshire, war ich mir sicher, daß er das nachgeprüft hatte. Ich kam zu dem Schluß, daß Tom und er wohl eine Menge gemein hatten.

Während dieser ersten Besuche war Tom selten anwesend. Er reagierte eher unwirsch darauf und drohte, eine Zugbrücke zu bauen, mit allem Drum und Dran, mit Fallgitter und Pechnase. Vorerst aber zog er es vor, sich mit einem Buch, das er sich besorgt hatte, in die Küche zu verziehen – Titel: *Wie restauriert man alte Gebäude?* Ich saß da und durfte erklären, welch begeisterter Heimwerker »mein Mann« sei und daß er es kaum erwarten könne, selbst Hand an die alte Mühle zu legen, wenn jetzt bald das schöne Wetter käme – was nicht der Fall war.

Als unerwartetes Resultat dieser Flucht in die Küche stellte sich heraus, daß Tom in bemerkenswert kurzer Zeit ehrlich begeistert war von der Idee, die Mühle eigenhändig umzubauen. Mir oblag nun die doppelte Bürde, Börsenmakler und Marineoffiziere im Ruhestand mit höflichem Geplauder unterhalten und mir danach von dem Mann in meinem Leben Vorträge über die Vorzüge von Verbundbalken und Balkenträgern anhören zu müssen. Oder aber er tauchte strahlend gelaunt gerade rechtzeitig aus der Küche auf, um bei einer Dame mit struppigem Haar, die seit einer Stunde Küchensherry genippt und mich gedrängt hatte, mich bei der Wohltätigkeitsarbeit des Women's Institute zu engagieren, seinen Charme spielen zu lassen.

»Die war doch ganz okay«, erklärte er dann, wenn die

Frau endlich gegangen war. »Ich weiß nicht, was du hast. Ist doch ganz reizend.«
Wenn ich Tom nicht lieben würde, hätte ich ihn umbringen können.
Das war die erste Woche.
Anders als Tom, der sich wie ein Schuljunge mit einer neuen Spielzeugeisenbahn benahm, fühlte ich mich rastlos und voller Zweifel. Mir war es schon immer schwergefallen, mich irgendwo neu einzugewöhnen, und in manchen Augenblicken hatte ich regelrechte Entzugserscheinungen. Ich vermißte London. Ich vermißte die Straßen. Ich vermißte das hektische Treiben und das Durcheinander des Stadtlebens – von dem man sich immer zurückziehen konnte. Es war mir rätselhaft: Wenn ich mich früher in mein Häuschen in Chiswick verkrochen hatte, war mir oft das Leben auf dem Lande vor Augen gestanden; all die Bäume und Hecken, die Felder und Wälder und viel, viel Himmel. Ich fühlte mich immer ganz ausgehungert nach alldem und sehnte mich danach. Eines Tages, versprach ich mir. Aber nun, da ich tatsächlich hier war, sah ich aus dem Fenster – und alles, was ich sah, waren Bäume, Hecken, Felder, Wälder – überall. Und alles, woran ich denken konnte, war die Äußerung Max Beerbohms, als er von England nach Italien ging: »In England zu leben ist so, als würde man in der Mitte eines nassen Kopfsalats leben.«
Wollte ich wirklich in der Mitte eines Kopfsalats leben? Oder war das alles ein gräßlicher Irrtum? Ich wünschte, Ruth wäre in der Nähe und nicht in ihrem Diplomatengulag. Sie hätte mir versichern können, wie unendlich schlimmer der Schleudersitz des Botschaftslebens im Vergleich zu Sarum Magna war: Zumindest mußte ich nicht mit Leuten wie Commander Normington zusam-

mensein, wenn ich nicht wollte, während die Frau eines Botschafters ständig mit solchen Leuten zusammensein mußte, und dazu noch mit Leitern pakistanischer Handelsmissionen, die keinen Alkohol tranken; mit griechischen Reedern, die nur daran dachten, einen zu vögeln; und mit den Frauen indischer Textilmogule, deren Saris glitzerten wie eine Million Sterne, während ihr Hirn ein schwarzes Loch im Weltraum war.

Die erste Woche war nicht einfach. Aber wenigstens war Tom wie elektrisiert, und wir schliefen sehr oft miteinander.

»Warum macht dich dieses Dorf so geil? Dein Ständer ist riesig!«

»Was erwartest du an einem Ort, der Sarum Magna heißt?« flüsterte er mir atemlos ins Ohr.

Solange das zwischen uns stimmt, ist alles okay, sagte ich mir. Ich machte bloß eine schwierige Übergangsphase von einem Lebensstil zum anderen durch. Nächste Woche würde alles richtig anfangen. Tom hatte ziemlich schnell zugegeben, daß er sich mit Verbundbalken und Balkenträgern nicht besonders gut auskannte und sich offenbar nutzbringender mit dem Leben Lord Byrons beschäftigte. Wir fragten daher Gant nach ortsansässigen Baufirmen, und er nannte uns drei in Salisbury.

»Halten Sie sich bloß fern von den Kuhhirten hier«, warnte er. Wir warfen ihre Visitenkarten in den Müll und telefonierten mehrmals nach Salisbury. Tom kalkulierte, mit hunderttausend Pfund könnte man die Mühle zum Paradies machen. Und das Geld war da, dank *Krabbasutra*.

»Die Tantiemen aus Amerika investieren wir, wenn sie reinkommen«, schlug Tom vor und streckte sich genüßlich auf dem Sofa aus. »Und wir müssen nie wieder arbeiten.« Er gähnte. »Ich liebe dich, Jan«, sagte er mitten im Gähnen. »Gieß mir doch was zu trinken ein, Schatz, ja?«

»In ein Glas oder über dich drüber?«

Das Leben fühlte sich schon verdammt viel besser an.

Und am Samstag wurde es noch besser. Emelda Bustard rief an und bestand darauf, daß wir zum Mittagessen kommen sollten. Wir blieben auch noch zum Abendessen. Während der beiden Mahlzeiten spazierte Lloyd George ein und aus und kaute Sachen, die eigentlich nicht zum Kauen gedacht waren.

Ich hatte eine innere Vorstellung vom englischen Adel, die vermutlich zu meinem sentimentalen Bild von der englischen Dorfbevölkerung paßte. Nach meiner ersten Begegnung mit Emelda hätte ich wissen sollen, daß Ayrton Bustard wohl kaum der Großherzog von York war, nicht einmal ein kleiner. Doch ich war nicht auf einen Kröterich gefaßt gewesen. Dünne, krumme Beine, vorstehende Augäpfel, und wenn er in Gedanken versunken war, was nicht sehr oft vorkam, züngelte er. Und er sah nicht nur aus wie eine Kröte, er teilte auch ihren natürlichen Lebensraum. Lord Bustard war ein Amphibienwesen. Sein Element war das Wasser. Er wußte alles, was man über Lebewesen wissen konnte, die im Wasser, am Wasser oder auf dem Wasser zu Hause waren. Er war ein internationaler Experte für Libellen. Er begeisterte sich für Wasserratten. Er schwärmte von Enten, und sogar über Plankton wußte er etwas zu sagen. Und er angelte. Bustard hatte in den Lochs von Skye die Angelrute nach Forellen ausgeworfen, Lachse im Hafnarjördur-Fjord auf Island, Regenbogenforellen in Patagonien, schwarze Marline bei Antigua und Silberforellen in Britisch-Kolumbien geangelt.

Die Unterhaltung vor dem Mittagessen und lange nach dem Mittagessen wurde zu einer Fischerodyssee durch die vergangenen Jahre, voller Anglerlatein über Stromschnellen und heroische Kämpfe mit Wassergetier in der Größenordnung von Moby Dick. Langsam verstand ich, daß Emelda reichlich Zeit gefunden hatte, in ihren jungen Jahren über die Stränge zu schlagen.
»Haben Sie Ihren Mann nie begleitet?«
»Nur einmal«, erklärte Emelda fest. »Ich bin in den See gefallen. Deswegen hat Ayrton mich geheiratet. Er hat eine verwandte Seele erkannt.«
Bustard nahm auch an, daß Tom, der die Hauptlast seiner Anglergeschichten so viele Stunden lang über sich hatte ergehen lassen, die Leidenschaft Seiner Lordschaft für Angelrute und -schnur teilen mußte; tatsächlich setzte er voraus, daß Tom keinen anderen möglichen Grund gehabt haben konnte, um Otters Mill zu kaufen – worauf es ankam, waren die Fischrechte, die dazugehörten, und das wimmelnde Leben im Fluß.
»Ein Paradies, dieser Ort«, sagte er. »Ich werde Sie besuchen und einen angenehmen Nachmittag mit Ihnen verbringen, junger Mann. Ich nehme an, mittlerweile haben Sie Ihr Angelzeug ausgepackt.«
Jetzt saß Tom in der Falle. Er könnte eine Wasserratte nicht von einem Krokodil unterscheiden, und wenn er die Angel auswarf, dann bestimmt nicht nach Forellen. Aber ich sah, daß ihm die Anrede »junger Mann« gefiel. Schließlich überließ ich Tom schnöde dem nassen Element und begleitete Emelda in die Küche, wo sie, wie von Furien gehetzt, anfing, zwei Fasane zu rupfen.
»Sie haben es also geschafft, sie von den Dächern herunterzuholen«, meinte ich lächelnd.
Emelda lachte auf ihre dröhnende Art.

»Sie müssen natürlich zum Abendessen bleiben, meine Liebe. Nichts Besonderes. Mein Sohn hat die Vögel geschossen. Im Augenblick ist er weg, läßt sich gerade scheiden. Ich hätte ihm auf den ersten Blick sagen können, daß seine Frau lesbisch ist, obwohl ich zugeben muß, daß ich nie eine Transvestitin erwartet hätte. Sie ist mit der Frau des Dekans durchgebrannt. Ein köstlicher Skandal, hab ihn richtig genossen. Mein Sohn hat nichts im Hirn; genau wie sein Vater. Aber Himmel, wie gut er ausgesehen hat – wie so viele korsische Fischer. Nichts als Haare und Schwanz. Komisch, wie ich von einem Fischer an den anderen geraten bin, was? Warum wohl? Hab noch nie darüber nachgedacht.«
Die Fasane waren mittlerweile nackt. Lady Bustard summte zufrieden vor sich hin.
»Ich koche selbst«, fuhr sie fort. »Kein Personal. Früher einmal, als wir das große Haus noch besaßen, hatten wir welches. Wir mußten das Haus aber verkaufen, um die Erbschaftssteuern zu zahlen. Den Rest hat Ayrton für seine Anglertrips und für seine Expeditionen zur Libellenjagd ausgegeben, als ob wir hier nicht genügend hätten. Ich hab Ihnen ja gesagt, daß er spinnt. Der langweiligste Mann, den ich je kennengelernt habe, und ich hänge zärtlich an ihm. Ihr Tom muß ein Heiliger sein, daß er sich Stunde um Stunde dieses Anglergequassel anhört. Obgleich er wohl nicht immer ein Heiliger war, fällt mir gerade ein, stimmt's? Natürlich vor Ihrer Zeit.«
Das bot mir die Chance, Emelda nach der Ehefrau von Tom zu fragen, die sie gekannt hatte. »Welche war es?« erkundigte ich mich.
Emelda schlug einem der Fasane mit einem Hackebeil den Kopf ab. Dann sah sie einen Augenblick nachdenk-

lich drein, das blutige Werkzeug in der Schwebe über dem zweiten Fasan haltend.
»Mal überlegen. Ich glaube, Harriet hat sie geheißen. Könnte das stimmen? Hat Tom eine Harriet geheiratet? Vielleicht erinnert er sich gar nicht mehr. Jedenfalls eine gräßliche Weibsperson. Dickes Hinterteil – nicht so dick wie meines, aber sie war schließlich auch viel jünger. Irgendeine Verwandte von den Normingtons, ist einmal übers Wochenende gekommen. Vermutlich hat Tom sie gut im Bett gefunden oder so. Nicht, daß man ihr das angemerkt hätte. Die meiste Zeit hat sie damit verbracht, über Tom zu fluchen und sich vollaufen zu lassen, wenn ich mich recht erinnere. Ich konnte sie nicht ausstehen. Ayrton ist einfach zum Angeln verschwunden. Blöderweise hat sich die dumme Kuh in den Kopf gesetzt, nackt im Fluß zu schwimmen, und hat sich in seiner Angelschnur verfangen. Ayrton hat sich fürchterlich aufgeregt. ›Ich wette, du hast noch nie eine fettere Flunder an Land gezogen‹, habe ich ihm gesagt, aber er fand es überhaupt nicht lustig. Sie hatte ihm seine Angelrute ruiniert.« Emelda sah auf und grinste mich an. »Wohlgemerkt, mit seiner Rute war es nie weit her. Deswegen bin ich nach Korsika.«
Sie kicherte heiser und enthauptete den zweiten Fasan.
»Ich hab Sie doch vor ein paar Wochen im Fernsehen gesehen, stimmt's? Schön zeichnen Sie. Der päpstliche Nuntius war wohl nicht begeistert. Diese römischen Katholen haben keinen Sinn für Humor. Jeder weiß schließlich, was bei den Mönchen los ist. In Korsika ist es mir dauernd passiert, daß mir einer sein Ding gezeigt hat. Hier auch manchmal. Als ich es Ayrton erzählt habe, hat er gemeint, sie würden wahrscheinlich bloß gerade Pipi machen. Ist er nicht goldig?«

Emelda hörte einen Augenblick auf zu reden und verfrachtete die beiden Fasane in einen vom Gebrauch geschwärzten Schmortopf.
»So – hätten Sie vielleicht Lust, sich um die Bohnen zu kümmern? Schenken wir uns um Himmels willen was zu trinken ein. Und bringen Sie Tom auch was, als barmherzige Tat. Ayrton trinkt nicht – und ich bin heilfroh drüber, sonst würde er noch mehr reden. Ich wette, daß er mittlerweile bei Tauchenten angelangt ist. Armer Tom. Ist *er* gut im Bett?«
Ich sagte ja und fühlte mich dabei ziemlich verlegen.
»Dachte ich mir.«
Ich wollte nicht fragen, warum sie das dachte.
Zu meinem Erstaunen sagte Tom, er möge Ayrton sehr gern. Das konnte ich nur auf seine außergewöhnlich gute Laune zurückführen. Und als wir schließlich die zweite Flasche Côte du Rhône gesüffelt hatten, war ich genauso gut drauf wie er.
Gegen elf Uhr brachen wir schließlich auf. Der Mond schien hell über dem Dorf; Frost lag in der Luft. Auf den reetgedeckten Dächern konnte ich die Umrisse der Fasane erkennen, die sich gegen den Nachthimmel abzeichneten. In der Ferne schrie eine Eule.
»Na, wie war's?« fragte ich.
Ich hörte, wie Tom tief Luft holte.
»Ich kann dir sagen, mein Schatz – was ich jetzt nicht über das Hochzeitsritual der viergefleckten Seejungfer-Libelle weiß, das lohnt sich nicht zu wissen.«
Ich lachte und schlang beide Arme um ihn.
»Weißt du, daß wir jederzeit Bachforellen haben können, wenn wir wollen?« sagte Tom. Seine Hand glitt auf meine linke Brust. »Das alles und dich dazu, meine kleine Venus. Ich bin ein glücklicher Mann.«

»Und außerdem betrunken.«
»Klar!«
Und als wolle er das beweisen, fing Tom lauthals an, *There's an Old Mill by the Stream* zu singen. Als er bei der Strophe mit Nellie Dean angelangt war, hatten wir unsere Eingangstür erreicht. Ich löste Toms Hand von meiner Brust und suchte in seiner Tasche nach dem Schlüssel.
Im Haus fühlte es sich klamm an. Wir mußten wirklich etwas wegen der Zentralheizung unternehmen.
Zwei Briefe lagen auf dem Türvorleger. Einer war an mich, aus London und ziemlich förmlich aussehend. Der andere war ein Luftpostbrief an Tom mit handgeschriebener Adresse und einem Stempel aus Los Angeles.
»Heute abend kann ich das nicht mehr lesen«, seufzte Tom müde. »Ist von Scott. Er hat gesagt, daß er vielleicht rüberkommt.«
Scott war ein befreundeter Filmagent, mit dem Tom viel zusammengewesen war, als er vor ungefähr zehn Jahren in Kalifornien gearbeitet hatte – zwischen zwei Ehefrauen, glaubte ich mich zu erinnern. Mein Brief sah nicht besonders interessant aus, und ich ließ ihn neben Toms Brief auf dem Sims liegen.
Wir schliefen lange. Nicht einmal beim Morgenkonzert von Mr. Teapes Gockeln wachten wir auf.
Erst nach dem Frühstück fielen mir die Briefe wieder ein. Tom nahm seinen mit aufs Klo, und ich machte meinen auf. Er kam von einem ziemlich hochklassigen Verlag – der Name sprang mir förmlich in die Augen – und war unterzeichnet von jemandem, der sich als »Chefredakteur« bezeichnete. Sie wollten eine neue Reihe mit Kinderbuchklassikern starten, schrieb er. Ob ich vielleicht interessiert sei, eines der Bücher zu illustrie-

ren? Er schlage *Gullivers Reisen* vor. Oder wie wäre es alternativ dazu mit Roald Dahl oder mit Hilaire Bellocs *Schlimme Reime für schlimmere Kinder*? Er hoffe, mich überzeugen zu können. »Ich freue mich sehr darauf, von Ihnen zu hören. Mit herzlichen Grüßen, Howard Minton.« In schwungvoller Handschrift hatte er danach noch hinzugekritzelt: »Habe *Krabbasutra* sehr genossen – und Ihren glanzvollen Fernsehauftritt. Wie ich an Ihrer Adresse sehe, ist mein Wochenendhaus ganz in Ihrer Nähe. Vielleicht könnten wir uns einmal persönlich kennenlernen – zusammen essen gehen oder so?«

Aha! Wo hatte ich das schon mal gehört? Ein praktisches kleines Cottage. Und eine handschriftliche Notiz, so daß die Sekretärin nichts mitbekam.

Ich hörte die Klospülung. Als Tom wieder in die Küche kam, war er ungewöhnlich still.

»Katerstimmung, Tom?« fragte ich fröhlich.

Er reichte mir nur den Brief.

»Ich soll verklagt werden. Zu einer Abfindung. Kannst du dir das vorstellen? Dieses gottverdammte Mistluder.«

drei

Sonntagvormittag in Sarum Magna war nicht gerade das richtige für einen Mann mit Toms Temperament – schon gar nicht an diesem besonderen Sonntagvormittag. Journalisten sind selbst in günstigen Momenten nicht die geduldigsten Menschen, und Tom Brand war beileibe nicht geduldig. Und ganz sicher war dies kein besonders günstiger Moment.

Tom tobte.

In Los Angeles war es ein Uhr morgens, er konnte Scott also schicklicherweise in den nächsten sieben Stunden noch nicht anrufen. Die Aussicht, Tom noch weitere sieben Stunden lang im Haus herumwüten zu sehen, trieb mich beinahe dazu, eine lange Wanderung zu unternehmen.

Es war schwer zu begreifen, was eigentlich genau geschehen war. In meiner Verwirrung las ich Scotts Brief ein zweites Mal, für den Fall, daß ich etwas übersehen hatte. Der Brief war kurz. Scott hatte versucht, uns anzurufen, schrieb er. Aber bis vor zwei Tagen hatten wir noch kein Telefon gehabt. Also habe er eilig an beide Adressen geschrieben – an Toms Wohnung in London (die nun verkauft war) und hierher. Der Brief teilte nur einfach mit, ihm sei das Gerücht zu Ohren gekommen, Samantha (wer zur Hölle war das?) sei dabei, in Kalifornien ein Gerichtsverfahren anzustrengen, um die Hälfte der amerikanischen Tantiemen für das *Krabbasutra* einzuklagen, mit der Begründung, die meisten der Rezepte im Buch stammten von ihr. Scott betonte, kalifornische

Gerichte seien bekannt dafür, daß sie Abfindungsklagen wohlwollend gegenüberstünden, und Tom sollte besser den Arsch hochkriegen, wenn er sich nicht ausnehmen lassen wollte wie eine Weihnachtsgans. »Ruf sofort an«, lautete der Brief weiter. »Wir beide kennen die Wahrheit über Samantha. Du mußt jetzt dafür sorgen, daß das Gericht sie auch kennt. Das ist vielleicht nicht ganz einfach, aber *courage, mon brave*. Herzlichst, Scott.«
Etwas Derartiges hatte mir wahrlich gerade noch gefehlt. Ich sah aus dem Fenster. Es war ein heller, beißend kalter Morgen. Wie ein Sturzbach schoß der Fluß an der Mühle vorbei, kleine Baumstämmchen und eine Menge Reetgras über die überschwemmten Schleusen mit sich reißend, um schließlich in die Sargassosee voller Treibgut zu münden, die ein Stück flußabwärts einen braun schäumenden Strudel bildete. Unser Garten befand sich mittlerweile etwas höher als die Strömung; lädiert und mitgenommen lag er da, um in der Sonne zu trocknen. Ein Garten? Konnte dort je irgend etwas wachsen?
Es sah aus wie die Themse bei Ebbe. Wir hatten acht Hektar Schlamm gekauft. Plötzlich blitzte ein metallischblauer Funken durch die Weiden, eingefangen von einem Sonnenstrahl. Ein Eisvogel. Während ich ihm mit angestrengtem Blick zu folgen versuchte, segelte ein Schwanenpaar auf die ruhigeren Flächen des Mühlteichs.
Eisvögel. Schwäne. Es waren verzauberte Augenblicke, und zu jedem anderen Zeitpunkt hätte ich es gepriesen, hier zu sein, in einem neuen Zuhause, und zu beobachten, wie die Wasser gebändigt wurden und der Frühling anbrach. Vielleicht hätte ich mich entschlossen, ein paar Skizzen zu machen, hätte meine Malsachen zusammen-

gesucht und mich dem Rhythmus meines neuen Lebens angepaßt. Dieser Morgen hätte der Anfang sein können. Statt dessen lag da dieser Brief.

»Was heißt das, Tom? Was ist los?« fragte ich und hörte einen resignierten Unterton in meiner Stimme. Ich gab ihm den Brief zurück. »Scott schreibt von ›der Wahrheit‹. Was ist die Wahrheit? Und was sind die Lügen? Sag mir beides.«

Tom hörte auf damit, in der Küche auf und ab zu tigern, setzte sich auf den Tischrand und warf mir einen zerstreuten Blick zu. Er schürzte die Lippen, fuhr sich mit den Fingern durch den grau werdenden Haarschopf und sah auf die Uhr.

»Herrgott. Sieben Stunden!« Offenbar war er zu sehr außer sich, um mich überhaupt zu bemerken. »Ich kann ihn nicht gut vor acht Uhr morgens nach dortiger Zeit anrufen, oder? Scott ist eine Nachteule. Und heute ist Sonntag.«

Ich wartete geduldig, ans Fenster gelehnt.

»Eine verlogene Schlampe ist sie«, fuhr Tom grimmig fort. »Das ist ein absoluter Scheiß.« In der Gehässigkeit seiner Stimme schwang ein Hauch Panik mit. »Allein der Gedanke, daß sie mir etwas anderes beigebracht haben sollte, als daß ich lernte, mir ihre Launen gefallen zu lassen! Lächerlich. Komplett meschugge … Okay, ich erzähl's dir.«

Er brauchte ein Weilchen, bis er anfing. Ich wartete weiter, wie betäubt.

»Ich habe ein Jahr in Kalifornien gearbeitet, wie du weißt«, brach es schließlich aus ihm heraus. »Vor zwölf oder vierzehn Jahren, nachdem ich Harriet verlassen hatte. Damals habe ich Scott kennengelernt. Ich hab eine Zeitlang bei ihm gewohnt. Ein großartiger Freund.

Wir waren alle zwei ungebunden, zwei Junggesellen, die die Stadt unsicher gemacht haben; unsere Ehen hatten wir hinter uns. Scott hat mir einen Haufen Aufmacher über die Szene in Hollywood geliefert. Stories, Skandale, Exklusivberichte. Alles. Die Zeitung hat mir daraufhin eine regelmäßige Kolumne angeboten – *Brandneues von Tom Brand.* Ich konnte alles machen, hingehen, wohin ich wollte. Eine Zeitlang war die Kolumne ein Riesenerfolg. Als Filmagent kannte Scott alle Welt. Ich habe ihm Gefälligkeiten erwiesen und er mir.«

»Und eine von Scotts Gefälligkeiten war Samantha, nehme ich an«, warf ich ein.

Tom blickte argwöhnisch zu mir hoch. Ich sah, wie er Anstalten machte, in Deckung zu gehen.

»Nun ja, in gewisser Weise; obwohl es eigentlich eher umgekehrt war.« Sehr glaubhaft! dachte ich. »Verstehst du, jeder damals in L.A. hat Samanthas Gesicht gekannt. Und ziemlich viel vom Rest auch.« Sein Lachen verriet mir, daß er wünschte, er hätte die letzte Bemerkung nicht gemacht. »Sie war ein Topmodel. Oder war eines gewesen. Damals versuchte sie gerade, ins Filmgeschäft zu kommen; der Traum jedes Models in Kalifornien. Sie hatte ziemlich viel herumgevögelt, aber das funktionierte nicht. Also beschloß sie, auf ihr Talent zu bauen, und überredete Scott, sie als Agent zu betreuen – was verhängnisvoll war, denn Samantha hatte zwar einen tollen Körper, aber absolut kein Talent. Sie spielte in ein paar James-Bond-Filmen, die beides deutlich zeigten. In dem einen Film wurde sie von Piranhas aufgefressen, im anderen ging sie im Weltraum verloren. Und das war's schon. In Hollywood gibt es haufenweise schöne Körper, die sind dort keine Mangelware, und ständig kommt ein neuer auf dem Förderband daher, jünger und weniger anstrengend als der zuvor. Und eines Tages hat Scott mich dann angerufen und gesagt: ›Um Himmels willen, Tom, bitte tu etwas für dieses Mädchen. Ich kann es nicht!‹«

Tom warf mir einen seiner wehleidigen Blicke zu. »Was hätte ich denn machen sollen?« bedeutete das. Erstklassige Vorstellung, das mußte man ihm lassen, dem verfluchten Mistkerl.

»Na schön, ich vermute, ich habe etwas für sie getan. Wir haben ein halbes Jahr zusammengelebt.«

»Erzähl weiter«, sagte ich. Bei der Geschichte hatte er wohl manches bequemerweise ausgelassen, hatte ich den Eindruck. Ich beschloß, die Sache auf den Punkt zu bringen. »Warst du in sie verliebt?«

»Himmel, nein!« Er schien ganz entsetzt bei dem Gedanken.

Ich hatte das deutliche Gefühl, daß er hier nicht die Wahrheit sagte, und das bestätigte sich, als er erklärte: »Die Sache war nur, ich war solo und sie so hübsch.« Nun war mir die Sache klar. Mein sexy, mein romantischer Tom. Ich konnte mir die Szene ja so gut vorstellen. Drei katastrophale Ehen hintereinander; die erste eine Wüste, die zweite eine Besserungsanstalt, die dritte ein Minenfeld. Da war er also, etwas über vierzig, endlich frei und tausend Meilen von all diesen Katastrophen entfernt. Ein riesiges Spesenkonto; ein Leben in Glanz und Glamour. Und da kommt diese prachtvolle Nymphe daher, diese gutgefickte Maid in Bedrängnis: »O edler Mann aus Engelland (klimper, klimper), du bist so ohne Fehl und Tadel (Wackelpopo, Wackelpopo). Steh mir bei. Ich bin so hilfsbedürftig.« Tom, du Blödmann, darauf bist du natürlich reingefallen, stimmt's?

Ich ertappte mich bei einem Lächeln. Plötzlich fühlte ich

mich sehr besitzergreifend. Jetzt gehörte er mir, und langbeinige Maiden in Bedrängnis taten gut daran, mir nicht in die Quere zu kommen, sonst waren sie nämlich wirklich in Bedrängnis, und Tom dazu. Schnippschnapp, der Sache würde ich ein Ende machen.
»Wie hat sie ausgesehen?« fragte ich.
Das hatte ich eigentlich nicht fragen wollen, aber es rutschte mir heraus. Ich kann zu meinem großen Ärger nicht anders, als mich selbst in Toms Frauen widergespiegelt zu sehen. Nicht daß ich ihnen die Augen auskratzen möchte. Na ja, jedenfalls nicht ganz so drastisch. Ich will sie nur aus meinem Bewußtsein verbannen. Und das funktioniert so, daß ich mich zuerst selbst ein bißchen eifersüchtig mache und dann feststelle, daß ich es nicht zu sein brauche.
Tom wollte mir offensichtlich nicht sagen, wie Samantha aussah. Oder vielleicht wollte er es auch, dachte aber, mir würde das nicht gefallen. Er hüstelte und schenkte sich noch eine Tasse Kaffee ein. Dann beschrieb er sie im Stenogrammstil.
»Groß. Dunkelhaarig. Lange Beine. Toller Körper (Titten meinte er.) Schrille Stimme – das konnte ich nicht ausstehen. Ansonsten hatte sie einfach eine Menge Flausen im Kopf – sie hatte mal *Vom Winde verweht* gelesen.«
»Und du warst ihr Clark Gable?«
»Sie hätte mich vielleicht geliebt, wenn ich es gewesen wäre.«
»Aber sie hat dich nicht geliebt?«
»Ganz bestimmt nicht.«
»Was ist dann passiert?«
»Nichts ist passiert. Mein Vertrag war abgelaufen. Und ich bin wieder nach Hause geflogen. Bye-bye, Samantha.«

»Keine Tränen?«
»Oh, vielleicht fünf Minuten lang. Binnen eines Monats ist sie mit einem Dichter auf und davon und hat ihn geheiratet. Scott hat es mir erzählt.«
Ich wartete immer noch auf den entscheidenden Punkt. »Und ...? Was spielt nun das Kochen für eine Rolle bei dieser Geschichte?« fragte ich. »Du willst mir doch wohl nicht erzählen, daß sie ein halbes Jahr in deiner ergötzlichen Gesellschaft damit verbracht hat, dir das Kochen beizubringen. Das klingt überhaupt nicht nach dir.«
Tom brachte ein ziemlich klägliches Lachen zustande. »Nein. Haben wir auch nicht gemacht. Das ist nur wieder so ein Hirngespinst von dieser Frau.«
»Warum glaubt sie dann, daß sie damit durchkommt? Und wie zum Teufel kann Scott glauben, daß sie das vielleicht schafft?«
Die Verzweiflung muß sich auf meinem Gesicht widergespiegelt haben. Tom kam näher und legte mir die Hände auf die Schultern.
»Jan, wir reden von Kalifornien. In Kalifornien ist nichts normal. Total verrückt zu sein ist dort das Allernormalste. Und das war Samantha. Als es mit der Filmerei nichts wurde, stürzte sie sich aufs Essen. Sie aß – alles, was sie zwischen die Zähne bekam. Pizzas. Big Mäcs. Brathähnchen. Was du willst. Aber vor allem Meeresfrüchte. Hummer. Langusten. Krabben aller Art. Haifischflossen. Bergeweise Weichtiere. Sie hätte sogar Quallen gegessen, wenn die nicht brennen würden. Ich wünschte, sie hätte welche gegessen.«
Langsam fing ich an zu begreifen.
»Und sie hat dir beigebracht, wie man das Zeug kocht?«
»Mir beigebracht? Du machst wohl Witze! Sie hat nie irgend etwas gekocht. *Ich* hab das gemacht. Sie fraß

einfach wie ein Scheunendrescher, und nach ein paar Monaten sah sie auch danach aus. Das war dann erst die wahre Krise. Einen schönen Körper zu haben war ihr viel zu wichtig, und die Leute drehten sich allmählich auf der Straße nach ihr um, aber aus dem falschen Grund. Also – unverzügliche Bekehrung. Von einem wiedergeborenen Dickerchen wurde Samantha zu einer wiedergeborenen makrobiotischen Fundamentalistin. Es war, als hätte sie Gott entdeckt. Als ich fortging, wuchsen Mungobohnenkeimlinge und Zitronengras sogar aus den Wasserhähnen. Als lebte man in einer Keimbox. Ich hatte nichts dagegen, zu rammeln wie ein Karnickel, aber ich sah nicht ein, warum ich mich auch wie ein Karnickel ernähren sollte.«
»Ich bin froh, daß du dich nicht verändert hast«, meinte ich und fuhr ihm mit der Hand durchs Haar.
Tom lachte.
»Jan, ich brauch was zu trinken.«
Er nahm eine Flasche Weißwein aus dem Kühlschrank und entkorkte sie, wobei er ihren Hals packte, als sei es der Samanthas.
Dann erzählte er mir den Rest. Nachdem er wieder zurück nach England gegangen war und sie ihren Dichter geheiratet hatte, etablierte Samantha sich als »Makrobiotik-Expertin«. Sie schaffte es sogar, in irgendeinem Käseblatt eine Kochkolumne zu bekommen. Die Rezepte waren verrückt genug für L.A., um ernst genommen zu werden. Und es fand sich auch ein Verleger für sie.
»Auf dem Schutzumschlag sah man mehr von Samanthas Titten als von ihren Bohnenkeimlingen. Trotzdem wurde das Ganze ein Flop – wahrscheinlich deswegen, weil sogar ein Hamster in den Hungerstreik

getreten wäre, wenn man sich genau an die Rezepte hielt.«

»Ist der Dichter verhungert?« erkundigte ich mich.

»Wenn er ein bißchen Verstand hatte, hat er sich davongeschlichen und sich einen Hamburger gekauft.«

Die gute Dame war also pleite; der Dichter desgleichen. Auftritt *Krabbasutra*. Ein Riesenbestseller. Jemand hatte Samantha darauf aufmerksam gemacht, wer der Autor war. Das reichte. Vergiß die Makrobiotik. Samantha war nun eine wiedergeborene Meereskönigin. Das war das Buch, das sie selbst geschrieben hätte, wenn ihr die Idee nicht gestohlen worden wäre, redete sie sich selbst ein. Der Rest war einfach. In L.A. gibt es massenhaft hilfsbereite Rechtsanwälte, und Samantha wußte vermutlich immer noch, wie man sich für Hilfsbereitschaft revanchieren konnte.

Ergebnis: eine Klage vor Gericht, die hieb- und stichfest war, eine Vorladung für Tom. Und die Heldin in diesem Gerichtsdrama eine arme, verlassene Frau, die ihre Karriere und die besten Jahre ihres Lebens an einen Dieb vergeudet hatte, der sich nächtens davongestohlen und alle Früchte ihres genialen Geistes mitgenommen hatte, ebenso wie ihre Tugend.

»Verstehst du mich jetzt?« Mit einer Grimasse zog Tom die Schultern hoch.

Wir schlürften unseren Wein und sahen wortlos aus dem Fenster. Das hier war jetzt unser Zuhause. Plötzlich hatte ich Angst, wir könnten es verlieren.

»Ist okay, Tom«, sagte ich nach einer Weile. »Wir stehen das schon durch.«

Ich hoffte, daß ich das auch glaubte. Tom sah mich fast traurig an.

»Es tut mir leid, Jan«, erklärte er. »Irgendwie kommt es

mir schlimmer vor, dir mit etwas weh zu tun, das vor Jahren passiert ist, als mit etwas, das jetzt passiert – weil ich nichts dagegen tun kann.« Er nahm mich in den Arm. »Weißt du, als wir hierhergekommen sind, wollte ich die Vergangenheit so gerne abschütteln. Einfach abstreifen. Aber sie lauert noch... Mist!«
Ich mußte plötzlich lachen. Ich wußte, wenn Tom mich nicht zum Lachen bringen könnte, sobald es mir nach allem anderen als zum Lachen zumute war, wäre ich nicht hier.
Immer noch fünf Stunden, bis er Scott anrufen konnte. Und fünf Stunden an einem Sonntag in Sarum Magna sind gräßlich lange.

Es *war* gräßlich lange. Aber Tom erstaunte mich. Er war plötzlich ganz ruhig.
»Ich glaube, ich werde mich in diesen fünf Stunden ein bißchen in Byron vertiefen«, kündigte er an. Und streckte sich mit Leslie Marchands dreibändiger Biographie auf dem Sofa aus. Ich vermutete, daß er mich beeindrucken wollte – sich vielleicht selbst zu beeindrucken versuchte. »Himmel, stell dir vor, es hätte zu Byrons Lebzeiten Abfindungsgesetze gegeben. Der arme Teufel wäre nicht einmal mehr zur Eingangstür gekommen, so tief wäre er in Vorladungen gewatet.«
Ich ging in die Küche und legte ein paar Lammkoteletts auf den Grill, obwohl ich bezweifelte, daß ich auf irgend etwas Appetit haben würde.
»Himmel, Jan, hör dir das an«, rief Tom plötzlich laut. »Der erste Lord Byron ist Charles II. ins Exil gefolgt, der treue Kerl. Und was war der Dank? Laut Samuel Pepys wurde Byrons Frau Eleanor die siebzehnte Geliebte des Königs. Was glaubst du, wer hat sie gezählt? Vielleicht

sind sie alle Schlange gestanden, mit angesteckten Nummern.« Tom stand auf und spielte die Szene vor. »›Nell Gwynne, Sie sind Nummer zwei – morgen, Punkt neun Uhr. Und bringen Sie Orangen mit. Lady Byron, Sie sind Nummer siebzehn – erst Montag in einer Woche. Der König braucht ein freies Wochenende.‹ Wundert es dich, daß er ein Wochenende zum Erholen brauchte, wenn er es gerade mit siebzehn verschiedenen Frauen getrieben hatte? Ha, König müßte man sein! Ach, Jan, das könnte Spaß machen – das Buch, meine ich. Besser, als für die Revolverblätter zu schreiben. Obwohl, wenn ich's recht bedenke, sind sich die Themen eigentlich ziemlich ähnlich. Wen fickt der König? Der einzige Unterschied ist der, daß ein König damals so viele Frauen haben konnte, wie er wollte; das erwarteten die Leute damals sogar von ihm – heute nicht mehr.«

Ich liebte Tom. Manchmal wider Willen, aber ich liebte ihn. Er konnte so schnell von Wutgebrüll auf Lachen umschalten. Er konnte dickhäutig und verletzlich sein, abscheulich und sexy; er konnte einen rasend machen und dann wieder rührend sein; in der einen Sekunde zu Tode betrübt, in der nächsten himmelhoch jauchzend. Noch nie hatte ich jemanden kennengelernt, der seinen Beruf so herrlich verfehlt hatte wie Tom – er hätte all das sein sollen, was er nie gewesen war: Schriftsteller, Politiker, Lehrer, Tagedieb. Und trotzdem hätte er all diese Jobs nicht gut gemacht; irgendwie wäre er dabei kleiner geworden. Tom mußte einfach so unberechenbar sein, wie er war. Sein eigener Herr. Und *mein* Mann, in einer Weise, wie Harry es nie gewesen war. Harry war der Mann *jeder* Frau. Tom, der ebenfalls die meiste Zeit seines Lebens, soweit ich wußte, der Mann jeder Frau gewesen war, konnte immer noch der meine sein, ganz und gar. Da war ich völlig sicher. Wohlgemerkt, wenn jetzt im Moment ein vollbusiges Flittchen an unserem Haus vorbeitrippeln würde, wußte ich ganz genau, wo Tom seine Augen und seine Gedanken hätte, und wenn er diese Gedanken je in die Tat umsetzte, würde ich sterben. Vielleicht schürte gerade dieser Hauch von Gefahr mein Verlangen nach ihm. Ich hoffte, daß es ihm genauso erging; es fiel mir auf, wie oft er mich nach den Männern in meinem Leben fragte. Wie viele? Wer waren sie? Waren sie so gut wie er? Na ja, ein oder zwei davon waren es tatsächlich gewesen; in der Regel gerade die Scheißkerle oder Trottel, die ich mir ins Bett geholt hatte, weil mir nach einer Nummer für eine Nacht und einem raschen Abschied zumute war. Tom hatte ich noch nie Lebwohl sagen wollen, obwohl auch er eines Tages sterben würde und ich dann doch Abschied nehmen müßte. Vielleicht würde ich mit ihm zusammen sterben. Doppelter Abgang.

Die Geschichte mit Samantha verletzte und empörte mich. Diese Schlampe wollte ich in die Finger bekommen. Ich stocherte ein bißchen im Mittagessen herum, dann beschloß ich, Ruth anzurufen. Die Vorwahl für Liechtenstein war 010 41 75; sie kam im Telefonbuch nach Lesotho, Liberia und Libyen. Ich war dankbar, daß Piers' erster Botschafterposten nicht in diesen Ländern war, auch wenn Liechtenstein komischer klang. Ruth würde bestimmt ihre Witzchen über Liechtenstein machen. Laut Telefonbuch gab es eine Stunde Zeitunterschied. Ruth müßte ihre Siesta mittlerweile beendet haben – eine Gewohnheit, auf die sie schwor. »Die beste Tageszeit zum Vögeln« – womit Ruth in der Regel meinte, »die beste Zeit, um zu vögeln, wenn der Ehemann in der Botschaft beschäftigt ist«.

Diesmal war sie nicht atemlos. Sie war gelangweilt. Liechtenstein sei wie eine harmlose Version der Wall Street im Gesäusel von *The Sound of Music*, klagte sie. Niemand lebte dort, aber jeder hatte ein Büro dort. Die Diplomatendinners hätten genausogut Vorstandssitzungen der Bausparkasse in Halifax sein können. Außerdem war es winzig; als lebte man in einem Laufstall ohne Spielzeug. Heute vormittag hatte sie mit Piers' Lotus eine Spritztour gemacht; an der Schweizer Grenze war sie losgefahren, und als sie gerade in den fünften Gang geschaltet hatte, war vor ihr schon die österreichische Grenze aufgetaucht. Trotzdem, die Berge waren schön, und nächstes Wochenende würden Piers und sie Skilaufen. Ihr Gastgeber hatte bei den Olympischen Spielen eine Silbermedaille gewonnen; bestimmt würde das ein Spaß werden. Und wie ging es Tom?

Ich erzählte ihr von dem Fall mit der Abfindung und fürchtete schon, sie würde lachen. Weit gefehlt. Ruths Tonfall bekam sofort etwas Dringliches. »Mein Schatz, ihr müßt den besten Anwalt in der Stadt anheuern. Hat Tom einen?« Er habe einen Rechtsvertreter in Epsom, meinte ich. Aus der Telefonmuschel war ein Schnauben zu hören. »Epsom! Um Himmels willen, Janice. Wahrscheinlich spielt er Golf und hat unter seinem Schreibtisch einen Labrador liegen. Ihr braucht einen richtigen Rechtsanwalt. Ich kenne einen.« Und sie nannte mir eine gewisse Kyra Vansittart. »Die ist super. Glaub mir, als Jüdin erkenne ich eine gute jüdische Anwältin. Eine Halbrussin, verheiratet mit irgendwas Ekelhaftem wie südafrikanische Minen oder so. Du würdest sie mögen. Tom wird angetan sein von ihr, aber keine Sorge, sie steht auf jüngere Männer. Er soll sie morgen anrufen. Ich gebe dir die Nummer.«

Ruth in knallhartem Geschäftston. Ich schrieb mir die Telefonnummer auf und versprach ihr mitzuteilen, wie Tom mit dieser Vansittart zurechtkam. »Das Entscheidende ist«, fügte Ruth hinzu, als ich schon auflegen wollte, »daß Kyra in L.A. gearbeitet hat, das heißt, sie kennt dort alle Cracks in der Branche. Sie wird einen finden, der Biß hat. Richtigen Biß. Tom wird das brauchen.«

Nachdem ich aufgelegt hatte, stand ich da und war böse auf Ruth, weil sie so praktisch war. Jetzt wünschte ich, sie *hätte* es lustig gefunden und mit einem Lachen abgetan. Dann hätte ich dasselbe tun können. Aber sie hatte das Ganze so bedrohlich klingen lassen, als wären wir wirklich in ernsten Schwierigkeiten. Ich versuchte mir über unsere Lage klarzuwerden. Was hatten wir zu verlieren? Gut, die Hälfte der amerikanischen Tantiemen; das war die Hälfte des Geldes, das wir investieren wollten, um davon zu leben. Dazu noch die Anwaltsgebühren. Jesus, in Kalifornien hatten die bestimmt eine astronomische Höhe. Vielleicht konnten die amerikanischen Verleger juristisch gezwungen werden, das Buch aus dem Verkehr zu ziehen. Also keine zweite, dritte oder vierte Auflage. Keine Fortsetzung. Tom und ich hatten schon darüber gewitzelt; wir hatten sogar eine Wette abgeschlossen, wer mit einem noch unanständigeren Buch aufwarten könnte als *Krabbasutra*.

Das alles war womöglich futsch. Unser Anwesen hier war womöglich futsch. Unser neues Leben.

Ich tat das, was ich immer tue, wenn ich aus dem Gleichgewicht bin – ziellos herumwandern. In Bewegung zu bleiben chloroformiert das Hirn. Ich kannte die Spazierwege hier noch nicht, also marschierte ich ein-

fach den Pfad hinauf und die Dorfstraße entlang. Halb vier nachmittags; noch eineinhalb Stunden, bis Tom Scott in LA anrufen konnte.
Plötzlich fiel mein Blick auf einen winzigen Vorgarten – ein Büschel hellblauer Krokusse hatte sich durch die Steinplatten gekämpft und war in der Sonne aufgegangen. Ein erster Schimmer von Frühling, und meine Stimmung hob sich. Wenn ich mich niedergeschlagen fühle, sind es die kleinen Dinge, die zählen; da ist mir das Ende des kalten Krieges piepegal.
Ich überquerte die Straße, um mir die Krokusse näher anzusehen. Ein Aufschrei ertönte, und Bremsen quietschten. Einen Sekundenbruchteil lang erwartete ich, von einem Auto angefahren zu werden. Ich erstarrte und schloß die Augen.
Nichts passierte. Ich machte die Augen wieder auf und fragte mich dabei, ob ich vielleicht schon tot war und aus dem Jenseits herabblickte.
Eine rundliche Gestalt in einem hellgelben Anorak vollführte einen einbeinigen Tanz auf der Straße, einen guten Meter von mir entfernt. Das zweite Bein balancierte noch halb über dem Fahrradsattel, und an den Lenkstangen hingen zwei Kaninchen und eine lange Knoblauchschnur.
»Ich weiß nicht, wer gefährlicher ist, Sie oder ich«, rief Emelda Bustard, setzte das rechte Bein auf den Boden und stellte das Fahrrad auf. »Man hat Ihnen wohl nie beigebracht, nach links und rechts zu schauen, genausowenig wie man mir beigebracht hat, auf diesem Ding zu fahren.«
Ich entschuldigte mich wortreich, erklärte die Sache mit den Krokussen und ging zusammen mit Emelda, die ihr Rad nun schob, auf ihr Tor zu. »So bin ich sicherer«,

erklärte sie. Die Kaninchen zeichneten hinter uns eine Spur von Blutstropfen auf die Straße. Emelda erklärte, wie sie im letzten Herbst ihren Führerschein verloren hatte, nachdem sie im Hof der Kathedrale von Salisbury einen amerikanischen Touristen verletzt hatte. Sie hatte bei dem Richter geltend gemacht, sie sei auf dem Weg zu einer Veranstaltung, deren Erlös dem Turm der Kathedrale zugute kommen sollte, und hätte sich verspätet. Doch der Richter hatte die Ansicht geäußert, bei allem Respekt vor Lady Bustards wohltätigem Einsatz sei der Turm durch solchen menschlichen Leichtsinn stärker einsturzgefährdet als durch natürliche Ursachen. Außerdem sei es im Hof verboten, mit dem Auto zu fahren, und auf dem Rasen gleich zweimal. Glücklicherweise hatte der Tourist, ein Verehrer der englischen Gotik, zugestimmt, keine Anklage zu erheben.

Nun fuhr sie also mit dem Rad.

»Gott steh jedem Touristen bei, der mir über den Weg läuft.«

Emelda gluckste vor sich hin.

»Wissen Sie, wir haben Ihren Besuch gestern so genossen«, fuhr sie fort. »Ayrton redet nur noch davon, daß er mit Ihrem Mann zum Angeln gehen will. Ich habe Tom ›Ihren Mann‹ genannt, weil Ayrton nichts von Leuten versteht, die nicht verheiratet sind; aber der gute Mann versteht auch nichts vom Verheiratetsein.«

Zwei Blutpfützen bildeten sich zu beiden Seiten ihres Fahrrades, als wir an dem Tor standen, das zum Haus der Bustards führte.

»Und wie geht es Ihnen an Ihrem ersten Sonntag in Sarum?« fragte sie freundlich. »Ich fürchte, ich habe Ihren Nachmittagsspaziergang unterbrochen.«

Ich erklärte, daß ich nur spazierenging, weil ich mich aufgeregt hatte. Emelda sah besorgt drein.
»Oh, meine Liebe, warum?«
Ich erzählte es ihr. Ich erzählte ihr, daß da dieser Brief auf der Matte gelegen hatte, als wir gestern abend nach Hause gekommen waren. Daß diese Frau behauptete, die Rezepte aus dem Kochbuch stammten von ihr. Daß Tom jetzt darauf wartete, bis er in Kalifornien anrufen konnte. Daß wir den besten Rechtsanwalt brauchten. Und wie ungerecht das alles sei, weil es *Jahre* her war, daß Tom mit dieser Frau zusammengewesen war, und jetzt war sie pleite – und außerdem hatte sie nicht alle Tassen im Schrank. Was war los mit der Justiz in Amerika, daß so etwas ernst genommen werden konnte? Diese Abfindungszahlungen waren die reine Erpressung – die spekulierten doch nur darauf, daß man sich lieber außergerichtlich einigen würde, als die Folgen zu riskieren.
»Dabei ist alles bloß Schwindel – kein Wort in dem Buch ist auf ihrem Mist gewachsen!« stieß ich wütend hervor und brach in Tränen aus. »Und jetzt kommt sie mit Tantiemen daher!«
Emelda legte mir den Arm um die Schultern, während ich schluchzte und schluchzte.
»Mein liebes Kind«, sagte sie tröstend. »Das klingt wirklich absurd. Kommen Sie, trinken wir eine Tasse Tee.« Dann sah sie auf einmal verwirrt drein. »Aber ich weiß nicht, ob ich Sie ganz richtig verstanden habe. Was hat denn Ihre Tante Emmi mit der ganzen Sache zu tun? Hat sie auch ein paar Rezepte beigesteuert?«
Da wußte ich, daß ich zu Emelda gehen mußte, wann immer es mir dreckig ging. Den Tee lehnte ich jedoch ab; ich konnte es kaum erwarten, Tom zu sagen, daß wir uns

keine Sorgen mehr zu machen brauchten, weil wir ja keine Tante Emmi hatten.
Ich wischte mir die Tränen ab und verbiß mir ein Lachen.
»Ach, so ist das, meine Liebe«, sagte Emelda, als ich sie freundlich aufgeklärt hatte. »Und was heißt das nun?«
»Weil sie mit ihm zusammengelebt und er angeblich von ihr profitiert hat, verlangt sie nun ihren Anteil von den Tantiemen als Unterhaltszahlung«, erklärte ich.
»Na, das ist mir aber ganz neu. Zu meiner Zeit hat es das ganz sicher nicht gegeben«, erklärte Emelda mit fester Stimme. »Sonst hätte ich halb Korsika auszahlen müssen.« Sie warf mir einen schelmischen Blick zu, und plötzlich konnte ich mir genau vorstellen, wie sie vor dreißig Jahren ausgesehen hatte. »Ich übertreibe natürlich. Aber ein paar Männer habe ich schon ausprobiert, bevor ich mich dann für Aristide entschieden habe. Es war ein verantwortungsvoller Schritt, das kann ich Ihnen sagen, sich einen Mann auszusuchen, der imstande war, das Fortbestehen einer alten Familie zu sichern, die bis zur normannischen Eroberung zurückreicht. Es mußte jemand sein, der den Bustards wieder ein wenig Feuer unter dem Hintern machen konnte. Und bei Gott, das hat er. Es war, als würde man von einer Benzinpumpe verfolgt. Aber der Gedanke, Jahre danach dafür bezahlen zu müssen, als hätte man auf Raten gekauft – grotesk, meine Liebe, finden Sie nicht?«
Ich gewöhnte mich langsam an Emeldas vertrackte Gedankenwindungen. Und ich lernte, so zu tun, als nähme ich sie ernst, denn das wollte sie.
»Ich glaube, Sie hätten Aristide etwas wegnehmen müssen, damit er Ansprüche geltend machen könnte«, sagte ich, ohne das Gesicht zu verziehen.
»Aber das habe ich, meine Liebe. Ich habe seinen Sohn

mitgenommen. Und das ist viel wertvoller als eine Handvoll Rezepte, meinen Sie nicht auch?«
Diesmal stimmte ich zu. Und als ich auf die Uhr sah, bemerkte ich, daß ich gehen mußte. In einer halben Stunde würde Tom anrufen. Ich dankte Emelda herzlich dafür, daß sie mich aufgeheitert hatte, und verabschiedete mich. Winkend stieg sie auf ihr Fahrrad – was unklug war – und kurvte unsicher auf das Haus der Bustards zu, während die Kaninchen und der Knoblauch wie Pendel von der Lenkstange baumelten. Über die Schulter rief sie: »Ich komme nächste Woche einmal vorbei. Und ohne Tante Emmi, das verspreche ich!«
Ihr Lachen klang hinter ihr nach.
Ich ging nach Hause. Es war seltsam zu denken, daß »zu Hause« hier war, oder an diesem Ort hier als an »unser Dorf« zu denken. In London war ich daran gewöhnt, anonym an einem Ort zu sein, der mir ganz und gar vertraut war. Hier war mir der Ort kaum vertraut, trotzdem war ich nicht im geringsten anonym. Jeder, an dem ich an diesem Sonntagnachmittag vorbeikam, nickte, manche lächelten mir zu, und wahrscheinlich wußten alle, wer ich war. Das gab mir das eher ungute Gefühl, hierher zu gehören; es war, als würde man Mitglied in einem Geheimbund, obwohl sich niemand die Mühe gemacht hatte, einem die Regeln zu erklären.
Nebelschwaden waberten über den Schwemmwiesen. Das Licht unter den kahlen Pappeln, deren obere Äste das letzte Wintersonnenlicht einfingen, war ein kühles Blaugrau. Dann erblickte ich eine Gestalt, die rasch über das Feld nebenan auf ein Cottage am Fluß zuschritt. Teilweise wurde sie vom Nebel verdeckt, aber ich konnte eine dunkelhaarige Frau erkennen, in eine Art Zigeunergewand gekleidet, einen grellrosa Schal um die Schul-

tern und einen Weidenkorb am Arm. Ihre Schritte waren lang und schwungvoll, und zu meiner Überraschung bemerkte ich, daß sie barfuß war.

»Das ist sie«, hörte ich eine Stimme hinter mir. »Die, von der ich Ihnen erzählt habe. Wohnt bei dem alten Künstlertypen. Sie geht immer so, sommers wie winters. Trägt nie Schuhe. Oft auch sonst nicht viel.«

Ich drehte mich um und sah in das breite, grinsende Gesicht Mr. Gants. Ich erkannte ihn kaum. Keine Tweedsachen, keine Mütze; er trug eine schäbige Cordhose und ein Wollhemd, das einstmals wohl ein Muster geziert hatte. Eine Mistgabel lehnte an seiner linken Schulter, und die aufgerollten Ärmel ließen Unterarme in der Größe von Yorker Schinken sehen, die er wuchtig auf das Hoftor stützte.

»Guten Abend, Mr. Gant«, grüßte ich.

»n' Abend.«

Er grinste immer noch und sah unverwandt der zigeunerhaft aussehenden Frau nach. Ich hatte das Gefühl, daß er sie wahrscheinlich ziemlich häufig beobachtete. Aus dem Bauernhaus hinter ihm erschien kurz Mrs. Gants rundliche Gestalt, die einen Waschkorb trug.

»Kleinen Spaziergang gemacht, wie?« fragte er und richtete endlich den Blick auf mich. Ich vermutete, daß die dunkelhaarige Frau fort war.

Ich nickte. Gant hob den riesigen Arm und begann ernst, sich das Gesicht zu kratzen. Ich bemerkte, daß beide Arme voller Tätowierungen waren – auf dem einen Unterarm prangte ein Anker der Handelsmarine, auf dem anderen eine nackte Dame von unglaublichen Proportionen. Mir kam der Gedanke, daß sie vielleicht einstmals, als er als junger Matrose bei der Handelsmarine fuhr, Gants schlanke kleine Traumnymphe gewesen war.

Jetzt jedoch, nach so vielen muskelstarken Jahren auf dem Bauernhof, war sie auf dem Unterarm sogar noch dicker geworden als die echte Mrs. Gant in Fleisch und Blut. Vielleicht *war* sie ja auch Mrs. Gant, die einmal seine schlanke junge Traumnymphe gewesen war. Eine seltsame doppelte Metamorphose.

Er hörte auf, sich im Gesicht zu kratzen, und verschränkte die Arme, so daß die üppige Dame vom Anker der Handelsmarine verdeckt wurde.

»Ich weiß nicht«, fuhr er fort und sah mich ernst an. »Lauter so junge Dinger, die jetzt hier rumhüpfen. Bis jetzt war das hier bloß Ackerland. Jetzt wird's bald eine Schönheitsfarm, wenn Sie mich fragen.«

»Stört Sie das, Mr. Gant?« fragte ich.

Er sah mich überrascht an.

»Mich stören? 'türlich nicht. Bringt ein bißchen Leben in den Ort; und ich fühl mich wieder jung. Oder es läßt mich wünschen, daß ich jung wär.« Er beugte sich über das Tor und klopfte mir auf die Schulter; es war, als hätte mich ein Holzhammer getroffen. »Sie sind – wenn ich das so sagen darf – eine sehr schöne Frau, Mrs. Brand. Neulich abends vor Ihrem Mann wollte ich das nicht sagen, aber das sind Sie. Ein Sonnenstrahl. Übrigens, meiner Frau gefällt Ihr Buch. Wir finden es sehr interessant. Sehr lehrreich.«

Und er beglückte mich mit einem Augenzwinkern, das man an einem klaren Tag auch noch von Salisbury aus hätte sehen können.

Was sollte ich sagen? Hatte das ganze Dorf sich das *Krabbasutra* gekauft? Commander Normington? Mrs. Teape? Und wir waren doch aufs Land gezogen, um von dem allen wegzukommen! Oh, ein Königreich für Londons Anonymität.

Gant verpaßte mir einen zweiten Hammerschlag auf die Schulter.

»*Da* ist jetzt eine Person, die etwas mit Ihrem Buch hätte anfangen können, als sie jünger war.«

Und er deutete mit einem seiner dicken Wurstfinger in Richtung unserer Mühle, wo eine große, aschgrau gekleidete Frau sehr langsam den Weg an unserer Tür vorbeiging und über die Fußgängerbrücke im Wald verschwand.

»Das ist Naomi – das Mondkalb«, erklärte Gant. »Haben Sie sie immer noch nicht kennengelernt? Eine traurige Lady. Sie war mal schön, glauben Sie mir. Jetzt ist sie wie ein Gespenst. Ein Jammer.«

Nach einem abschließenden Hammerschlag auf meine Schulter packte Gant plötzlich seine Mistgabel und marschierte über den Hof davon.

»Jetzt brauch ich meinen Tee ... Und danach vielleicht ein Häppchen aus Ihrem Buch.«

Ich hörte ihn glucksen, als er davonstiefelte.

Es war zehn vor fünf, und ich eilte den Pfad zur Mühle entlang. Gerade noch konnte ich Mondkalbs Gestalt erkennen, die sich langsam zwischen den Bäumen am anderen Flußufer bewegte. Ich ertappte mich dabei, daß ich mich fragte, wo sie gewesen war und warum. Sollte ich wirklich nichts zu ihr sagen, wenn ich ihr einmal begegnete, wie Mrs. Teape mir geraten hatte? Vielleicht würde ich eines Tages meinen Mut zusammennehmen und sie besuchen. »Sie war mal schön ... Jetzt ist sie wie ein Gespenst«, hatte Gant gesagt. Selbst von hier aus wirkte sie so, als hätte man sie zwischen die Bäume projiziert, zwischen denen sie einherschritt.

Was für ein seltsamer Nachmittag. Und wie würde der Abend werden? Der Anruf – Los Angeles im Gespräch

mit Sarum Magna; das klang nach einem höchst unwahrscheinlichen Dialog. Im Haus brannte schon Licht. Es wirkte anheimelnd. Das Geräusch des Wassers, das an der Mühle vorbeibrauste, hieß mich willkommen. Endlich bekam ich das Gefühl, daß dies mein Zuhause war. Und Tom war zu Hause; erst dadurch wurde es dazu. Plötzlich empfand ich etwas beinahe schon Vergessenes – mir wurde wieder klar, daß der Preis, wenn man jemanden liebte, die Furcht war, die Sache könnte schiefgehen. In den Jahren als freie Frau hatte ich mich stark gefühlt; jetzt fühlte ich mich klein und verwundbar. Samanthas Eindringen war wie eine Wunde – Herrgott, dabei war sie noch nicht einmal eine seiner Ehefrauen gewesen! In diesem Augenblick fragte ich mich, ob ich mich vielleicht nicht zu tief in die Sache eingelassen hatte. Hätte ich mich nicht doch damit zufriedengeben sollen, mich mit Tom zu amüsieren, so wie er war, und mein eigenes Leben intakt zu halten – sollte er doch selbst mit seiner Vergangenheit fertig werden!
Ich sehnte mich nach den unbekümmerten Zeiten, als ich nichts anderes wollte, als meinem Stern zu folgen und Körper und Seele auseinanderzuhalten.

vier

Tom sah aus, als habe man ihn persönlich beleidigt.
»Die ganze Warterei – und jetzt habe ich bloß seinen Anrufbeantworter erwischt!«
Er gab ein paar unzusammenhängende Laute von sich und blickte auf die Uhr. Viertel nach fünf.
»Wir können also nur abwarten«, meinte er mit resignierter Stimme. »Verfluchte Agenten. Wahrscheinlich verdient er sich seine zehn Prozent beim Angeln von blauen Marlinen mit Robert Redford und ist erst in einer Woche wieder zurück.« Weiteres Gebrummel. »Na gut, wenigstens hat er jetzt unsere Telefonnummer.«
Plötzlich hellte sich Toms Miene auf.
»Und er muß den Anruf zahlen! Geschieht ihm ganz recht, wenn er Marline angeln geht.«
»Scott liegt wahrscheinlich noch im Bett und schläft, Tom«, sagte ich. »Mit Samantha vielleicht«, fügte ich noch hinzu, um ihn auf die Palme zu bringen.
Er warf mir einen scharfen Blick zu, hatte aber den Anstand zu lächeln.
Das Telefon läutete.
Tom reichte mir gelangweilt den Hörer.
»Teapot ist dran«, flüsterte er.
Mrs. Teape brauchte eine hübsche Weile, um zu fragen, ob es recht sei, wenn sie morgen mit dem Saubermachen anfinge. Ob ich ein paar Eier haben wolle? Und hatte ich gehört, daß Commander Normingtons Hund ertrunken war? »Wohlgemerkt«, fuhr sie ohne Pause fort, »dieser Hund war immer eine Zumutung. Hat das Vieh gejagt.

Hat unsere Hühner gejagt. Überhaupt nicht dressiert. ›Sie sollten ihn abrichten lassen‹, hab ich dem Commander immer gesagt. Eigentlich war Mrs. Normington schuld; sie hat immer darauf beharrt, daß sie seine animalischen Instinkte nicht einschränken wollte. ›Mrs. Normington‹, hab ich immer zu ihr gesagt, ›wenn mein Mann unseren Hennen ihre animalischen Instinkte ließe, würden sie ihre Eier überall im Dorf legen.‹ Disziplin, das ist es, was Tiere brauchen. Und Menschen auch, wenn Sie mich fragen. Dieses ausländische Mädchen zum Beispiel – lebt mit dem Maler zusammen, wissen Sie. Der Himmel weiß, wo man sie aufgezogen hat – höchstwahrscheinlich im Dschungel bei den Affen. Die sollten sie im Sommer sehen, Mrs. Brand. Aber eigentlich hoffe ich eher, Sie sehen sie *nicht*, um Ihretwillen. Und ich bin sicher, Mr. Brand würde das nicht gefallen. Zur Schau stellt sie sich, das ist es. Und sie hat einiges, das sie zur Schau stellen kann. Ekelhaft, sage ich. Kein Schamgefühl. Ich sage Mr. Teape immer, er soll nicht hinsehen, wenn er die Eier bringt. Man muß ein Auge auf die Männer haben, nicht wahr? Nicht daß Ihr Mann je fremdgehen würde, Mrs. Brand. So ein reizender Mann; ich erkenne die Treuen immer sofort. Wohlgemerkt, er hat Glück, eine Frau wie Sie zu haben, Mrs. Brand. Und ich nehme an, Sie werden bald Kinder bekommen; Ihrem Aussehen nach sind Sie der Typ dafür, und Sie wollen es doch bestimmt nicht zu weit hinausschieben, nicht wahr? Ich selber habe keine bekommen können. Meine Eileiter, wissen Sie. Heutzutage hätte man natürlich etwas dagegen getan. Sie gründlich durchgespült. Klingt wie Abflußfrei. Großartig, was die Ärzte heute machen können, finden Sie nicht? Wohlgemerkt, meine Nichte …«

»Mrs. Teape, wir erwarten einen ziemlich wichtigen Anruf.«
»Oh, dann will ich Sie nicht aufhalten. Ich komme dann morgen. Es wird mir ein Vergnügen sein, Mrs. Brand. Und ich bringe Eier mit. Schöne braune sind es. Orpingtons. Mr. Teape züchtet sie. Er sagt, es gibt keine, die so gut schmecken. Wohlgemerkt, manche sagen, Plymouth-Rock-Hühner sind besser, aber davon will mein Mann nichts hören. Früher hat er einmal Rhodeländer Hühner gehabt, aber die hat der Fuchs geholt. Wirklich eine Gefahr, diese Tiere. Man muß den Maschendraht sehr tief in die Erde setzen. Und dann ist er so teuer. Ich kann mich noch an die Zeit erinnern, als man eine Rolle Maschendraht für ...«
»Vielen Dank, Mrs. Teape«, gelang es mir einzuwerfen. »Ich freue mich, Sie morgen zu sehen.«
Tom sah mich von der Seite an, als ich auflegte.
»Himmel!«
Dann klingelte das Telefon wieder.

Tom nahm den Frühzug nach London. Verdammt wolle er sein, sagte er, wenn er neunzig Meilen mit dem Auto fahre, bloß um dann einen Radblockierer verpaßt zu bekommen, weil er falsch geparkt hatte; also fuhr er mit dem Auto bis Salisbury und drängelte sich dort mit den Morgenpendlern, die wie gebannt in ihre *Financial Times* starrten, in den Zug. »Ich werde mich in eine Nummer von *Penthouse* vertiefen und beobachten, wie ihre Augen glitzern.« Um elf war er mit Kyra Vansittart verabredet. »Ruth sagt, sie steht auf jüngere Männer«, warnte ich ihn, als er abfuhr, »opfere dich also nicht zu sehr auf, wenn du sie zum Essen einlädst.« – »Oh, ich werde sie bekehren«, erwiderte er lässig und ließ den

Motor an. »Am Ende setzen sich Erfahrung und Reife durch, stelle ich immer wieder fest. Bye-bye, mein Liebling.«

»Bye-bye, *Liebling*«, erwiderte ich und stieß ihm mit dem Ellbogen kräftig in die Seite.

Er lachte.

Ich auch. Warum lache ich eigentlich? dachte ich dann plötzlich. Mir war überhaupt nicht nach Lachen zumute. Ich war verärgert und ziemlich aus dem seelischen Gleichgewicht.

Die Frauen in Toms Leben vermehrten sich anscheinend wie die Maden. Hier war jetzt schon wieder eine – Kyra Vansittart. Und in ein paar Stunden würde sie dem Mann in meinem Leben in ihren Superdesignerklamotten am Tisch gegenübersitzen und ihm zuhören, wie er ihr alles über die anderen Frauen in *seinem* Leben erzählte, während er mich auf dem Land abgestellt hatte, damit ich Mrs. Teapes Ausführungen über Hühnerpest lauschen konnte. Es war nicht so sehr Eifersucht, ich verspürte eher das Gefühl, ausgeschlossen zu sein. Niemand aus *meiner* Vergangenheit vermasselte uns unser Leben; die hatten sich alle diskret verdrückt. Und warum mußte dieser verdammte Anwalt auch eine Anwältin sein? Konnte man denn nicht erwarten, daß ein Anwalt ein Mann im Nadelstreifenanzug war? Ruth war an allem schuld; eine Verschwörung von smarten Busenweibern. Ich ertappte mich dabei, wie ich mit dem Namen der Frau herumspielte: Vansittart – macht 'n Schwanz dir hart und fickt dich smart ... und ich beschloß, ihr heftige Abneigung entgegenzubringen. Ich beschloß, allen Frauen von Tom heftige Abneigung entgegenzubringen. Das beruhigte mich ein bißchen. Aber ich steckte das alles gar nicht gut weg, und ich hatte

außerdem niemanden, bei dem ich meinen Frust abladen konnte, außer Emelda, die meinte, es ginge um Tante Emmi.
Vielleicht hätte ich mich weniger verstimmt gefühlt, wenn nicht alles so einseitig gewesen wäre. Seit Beginn unserer Liebesbeziehung hatte ich jedes Detail über jede Frau wissen wollen, die Tom geheiratet, gemocht oder gevögelt hatte oder die hinter ihm her gewesen war. Hätte er ein Buch über sie alle geschrieben, so hätte ich jede Seite eifrig studiert und zusätzlich noch darauf bestanden, daß er mir sagte, was zwischen den Zeilen versteckt war. Aber Tom hatte nicht nur kein Interesse daran, mir alles zu erzählen; noch weniger interessierte er sich eigentlich für die Männer, die durch mein Leben geflattert und wieder aus ihm verschwunden waren. »In Ordnung«, sagte er trotzdem manchmal, »dann erzähl!« Und wenn ich mich dann gerade anschickte, meine Vergangenheit ungeschminkt vor ihm auszubreiten, lenkten ihn die Football-Ergebnisse ab, oder er erinnerte sich an etwas Komisches, das er mir gestern zu erzählen vergessen hatte. Selbst jetzt, nachdem wir fast ein Jahr zusammengelebt hatten, wußte er immer noch nicht, daß ich einmal jeden Mann, der in meiner Straße wohnte, gevögelt hatte, um mich an Harry zu rächen. Ich hatte eine Vergangenheit, eine richtige Vergangenheit, und Tom machte sich nicht einmal die Mühe, danach zu fragen. Und ich saß hier und regte mich über Kyra Fickt-dich-smart auf, die Tom im Augenblick noch nicht einmal kannte.
Es war halb acht, und wir waren sogar noch vor Mr. Teapes Hühnern aufgestanden. Mrs. Teape kam erst in einer Stunde. Ich hatte mir nicht vorgestellt, daß sie jeden Morgen kommen würde, aber *sie* offensichtlich

schon, und ich wußte nicht recht, was ich tun sollte. In einem Cottage mit nur zwei Leuten gab es kaum so viel Schmutz, daß eine Putzfrau für jeden Tag nötig war, obwohl ich bemerkte, daß Tom sich schon angewöhnt hatte, Teller, Weingläser, Aschenbecher und Kaffeetassen einfach herumstehen zu lassen, und wenn ich Anstalten machte, etwas wegzuräumen, winkte er mit einer lässigen Handbewegung ab: »Teapot macht das schon, Jan. Laß ihr etwas, damit sie beschäftigt ist.« Tatsächlich schien es Mrs. Teape nie ein Problem zu sein, ihre Zeit auszufüllen. Gestern hatte sie eineinhalb Stunden lang unseren Wasserkessel geputzt und poliert. Bei fünf Pfund pro Stunde hätte ich mir für den Preis von zwei solchen Arbeitseinsätzen einen neuen Kessel kaufen können.

»Wie reizend es für Sie sein wird, wenn die Mühle renoviert ist, Mrs. Brand«, hatte sie verkündet.

O Gott, wurde mir klar, das hieß, sie erwartete dann, den ganzen Tag hier zu sein, nicht nur vormittags.

»Es wird haargenau zu Mr. Brand passen. So ein attraktiver Mann, Ihr Gatte. Ich wette, bevor Sie ihn bekommen haben, waren alle Frauen hinter ihm her.«

»O ja, Mrs. Teape, das waren sie.«

O ja.

»Aber ich sehe deutlich, daß er Sie liebt. Niemals würde er jetzt noch eine andere anschauen.«

O doch.

»Die ganzen Jahre über hat er in Wirklichkeit nur darauf gewartet, daß die Richtige kommt, nicht wahr?«

O nein.

»Und jetzt werden Sie wohl bald eine ganze Kinderschar bekommen, nicht wahr?«

O nein.

Ich hatte wieder mit dem Malen angefangen, nicht aus irgendeinem mächtigen Gefühl innerer Berufung, sondern um Mrs. Teape aus dem Weg zu gehen – oder um es zumindest zu versuchen. Doch das war nicht so einfach.

»Das finde ich aber wirklich hübsch, was Sie da malen, Mrs. Brand. Sie haben doch nichts dagegen, wenn ich zusehe? Das hier muß Mr. Gants Haus sein; ich würde es überall erkennen, an den Kaminen. Er hatte so einen schlimmen Brand, wissen Sie, erst letztes Jahr. Furchtbar! Was für ein Schmutz das war! Wohlgemerkt, nicht so schlimm wie der Brand, den Commander Normington ein paar Jahre zuvor hatte.«

Wenn es wärmer wurde, würde ich draußen malen müssen, beschloß ich.

Unterdessen hatte ich jetzt eine Stunde Ruhe – und konnte meine zahllosen Gedanken sammeln. Scott hatte bei seinem Anruf näher erläutert, was er geschrieben hatte, und dabei die Sache noch dringlicher erscheinen lassen. Samantha hatte sich offenkundig bereits einen superscharfen Anwalt geangelt, der auf Abfindungsfälle spezialisiert war. Schlimmer noch, das Tittenbiest quatschte schon der Presse und allen, die es hören wollten, die Ohren voll. Die *Los Angeles Echo* hatte am letzten Freitag etwas in der Klatschspalte über sie gebracht. Nichts Sensationelles, sagte Scott, aber sicherlich genug, um die übrigen Revolverblätter auf den Plan zu rufen. Ms. Parsons – wie sie sich jetzt nannte (obwohl Mr. Parsons sich offensichtlich vor ein paar Jahren aus dem Staub gemacht hatte) – wurde als »schöne und begabte Frau« beschrieben, »die sich einen Namen als Model, dann als Schauspielerin und nun als eine von Amerikas maßgeblichen Expertinnen für die Zuberei-

tung von Meeresfrüchten gemacht hat«. Weiter wurde »ein geschmackloses Büchlein« erwähnt, »das nun landesweit einen gewissen Bekanntheitsgrad erreicht hat, dank der Rezepte darin, die sie (so erklärt Ms. Parsons) selbst kreiert hat, und das mit Illustrationen versehen ist, die eher zur Ausstattung eines Freudenhauses als in ein Kochbuch passen würden«. Was für eine schwülstige Sprache amerikanische Provinzreporter verwenden, dachte ich. Am Schluß entlarvte der Artikel die beiden Verfasser dieses »entlehnten« Werkes als den englischen Journalisten Thomas Brand, einen früheren Lebensgefährten von Ms. Parsons, und eine englische Künstlerin (wenn auch vielleicht keine Lady, deutete das Blatt an), die frühere Ehefrau des Washingtoner Fernsehreporters Harry Blakemore, die nun vermutlich »in vertraulichen Beziehungen« mit Mr. Brand stand.
Sollte die Formulierung »in vertraulichen Beziehungen« das empfindliche Zartgefühl der Amerikaner schützen, fragte ich mich, oder die Zeitung vor dem Risiko, wegen übler Nachrede belangt zu werden? Mir war danach zumute, dem Herausgeber zu schreiben, daß mein Knie sehr gerne in vertrauliche Beziehungen mit seiner Leistengegend kommen würde.
Nach Scotts Ansicht würde die englische Regenbogenpresse sehr bald hinter der Story her sein. Vielleicht konnte Tom seinen Einfluß in diesem Bereich nutzen, um die Sache klarzustellen, es sei denn, sein Anwalt warnte ihn, daß alle Informationen seinerseits seiner Sache schaden könnten. Eine solche rechtliche Zurückhaltung galt anscheinend, angesichts der kalifornischen Gesetze und Samanthas Fähigkeit zu Gefühlsausbrüchen, nicht für Ms. Parsons, fügte Scott hinzu.
Was den Ruhm der Frau als Meeresfrüchteköchin anbe-

langte, so erweckte ihr Bild in der Zeitung, behauptete Scott, ernsthafte Zweifel, ob Ms. Parsons überhaupt imstande sei, ein Meeresfrüchtegericht, das vor ihr auf dem Tisch stand, zu *sehen*, geschweige denn zuzubereiten. »Vielleicht könnte man Hummer als Silikonersatz auf den Markt bringen«, schlug er vor.

Er versprach, uns den Artikel zu schicken.

In dieser Nacht träumte ich unruhig. Ich war im Gerichtssaal, und Samanthas Anwalt sah aus wie Frankensteins Monster. Er rollte Tom die ganze Zeit in einem Zeugenstand herum – einem von der Sorte, die aussehen wie Autoskooter. Und der Gerichtssaal war voll von Frauen jeder Figur und Größe, die alle Toms Frauen gewesen waren und die nacheinander aufstanden, ihm mit den Fäusten drohten und Vergeltung forderten. Dann drehten sie sich alle zu mir um und lachten sich halbtot. Ich erwachte, in Angstschweiß gebadet – und hörte die Vögel singen. Die Erleichterung war so groß, daß es den Traum fast wert war.

Tom hatte nach dem Gespräch mit Scott brav Kyra Vansittart angerufen. Ich schnappte Fetzen eines peinlichen Gesprächs auf, in dessen Verlauf Tom eine Weile lang offenkundig für einen von Ruth Conways Liebhabern gehalten wurde, der Rat wegen der drohenden Scheidungsklage seiner Frau suchte.

Nach dem Gespräch wandte er sich ganz empört an mich.

»Weißt du, was diese Frau gesagt hat, Jan? ›Entschuldigen Sie das Mißverständnis, Mr. Brand, aber Sie dürften der erste von Mrs. Conway empfohlene Mandant sein, der *nicht* einer ihrer Liebhaber war.«

Tom, der fünfzehn Jahre lang versucht hatte, Ruths Liebhaber zu werden, sah äußerst verstimmt aus.

»Es tut dir sehr gut, Tom«, meinte ich, »wenn du daran erinnert wirst, daß es noch Frauen gibt, die du nicht gehabt hast.«
Er schien immer noch ein wenig aus der Fassung zu sein. Noch gut fünf Minuten dauerte es, bis er zugab, daß Kyra Vansittart seiner Ansicht nach ziemlich sympathisch klang und daß er sich für Mittwoch mit ihr in London verabredet hatte.
»Wie herrlich für dich, Tom«, setzte ich hinzu. »Von einer schönen Frau nach intimen Einzelheiten über dein Zusammenleben mit einer anderen schönen Frau gefragt zu werden, während eine dritte geduldig zu Hause sitzt und darauf wartet, daß du wiederkommst. Was willst du noch mehr?«
Das heiterte ihn auf.
»Die Kehrseite des Ganzen ist«, klagte er, »daß ich der zweiten schönen Frau ein Vermögen zahlen werde, um der ersten nicht ein noch größeres zahlen zu müssen, während uns die dritte bereits ein Heidengeld an Hypothekenzahlungen kostet, weil sie ihr verdammtes Haus nicht verkaufen kann.«
Das war am Montag. Am Dienstag überraschte mich Tom damit, daß er anscheinend alles, was mit Abfindungsklagen zusammenhing, vergaß und den ganzen Tag Lektüren zu seiner Byron-Biographie widmete. Ich war damit beschäftigt, mein Atelier einzurichten, und immer wieder ertönte eine Bemerkung durch die offene Tür wie: »Man kann sich kaum vorstellen, daß Byron Kricket gegen Eton gespielt hat, nicht wahr? Harrow hat verloren.« Oder ein Weilchen später: »Denk nur, man fängt an, in Cambridge zu studieren, und prompt schafft man sich einen Tanzbären an und sperrt ihn in einen Turm über der Studentenbude.«

Ich glaube nicht, daß er einen Kommentar von mir erwartete.
Und heute war er nun in London und traf sich mit Ms. Vansittart, und ich hatte das Haus ganz für mich – zumindest bis Teapot kam.
Ich hatte das Bedürfnis, eine Bestandsaufnahme zu machen. Es war das erste Mal, daß ich ganz allein hier sein würde. Und plötzlich wurde mir klar, daß ich auch das erste Mal in meinem Leben vollkommen frei war zu tun, was ich wollte. Es war eine verwirrende Aussicht. Vor einem Jahr hatte ich in einem Feinkostladen in Chiswick Parmaschinken geschnitten. Vor zwei Jahren hatte ich über Harrys neuesten Seitensprung geschluchzt und versucht, mit Clives erstem Rausschmiß aus der Schule fertig zu werden. Wenn ich an all die Jahre davor zurückdachte, kam es mir so vor, als sei mein Leben ständig von Ereignissen und Zwängen gesteuert worden, die außerhalb von mir lagen. Sogar das erste Verliebtsein schien von irgendeiner äußeren Instanz veranlaßt worden zu sein; es war, als hätte ein Dieb sich mein Herz geschnappt, als ich gerade nicht aufpaßte, und es so einem Scheißkerl in der sechsten Klasse gegeben, der es nur als Trophäe herumzeigen und damit angeben wollte. Damals hatte ich zum erstenmal erkannt, daß Ruth eine wahre Freundin war, weil sie, als sie mich schluchzend in einer Ecke gefunden hatte, einfach losmarschiert war und dem Jungen in die Eier getreten hatte.
Und jetzt war ich hier. Mein ganzes Leben gehörte mir; ich konnte damit anfangen, was ich wollte. Mein Gott, all diese Freiheit, dachte ich – hoffentlich ist es das wert. Wo sollte ich also anfangen? Ich konnte den Rest meines Lebens kaum damit verbringen, von meinem Fenster

aus Ansichten von Sarum Magna zu malen. Was sollte der nächste Schritt sein?
Schlagartig wurde es mir klar. Ich brauchte Arbeit. Arbeiten! Genau um das nicht mehr nötig zu haben, hatte ich dieses ganze Geld verdient. Es war wie ein Schock. Aber es gab kein Entrinnen vor der Erkenntnis; als Künstlerin würde ich wahrscheinlich nie mehr sein als eine Sonntagsmalerin, vielleicht nicht einmal das – eine Einmal-im-Jahr-Feiertagsmalerin, vorausgesetzt, die Sonne schien und ich ging nicht gerade nach einem besonders guten Mittagessen mit Tom ins Bett. Wenn ich vor der Wahl stand, zusammen mit Tom geil und ein bißchen beschwipst zu werden oder matte Aquarelle von Mr. Gants Bauernhof zu malen, war das Ergebnis jedenfalls schon klar.
Jetzt war ich mir selbst gegenüber wirklich ehrlich, und das war mehr als nur ein bißchen beängstigend. Hätten wir vielleicht doch in London bleiben sollen, wo es leichter war, Arbeit zu finden? Nein, entschied ich sofort. Dieses Anwesen war idyllisch, oder würde es sein, wenn die Mühle erst einmal fertig war und sich der Garten von seiner Überschwemmung erholt hatte. Schon jetzt konnte ich durchs Fenster ein paar winzige Purpurtupfer erkennen, die mir sagten, daß Frühling war. Später würde ich hinausgehen und nachsehen, was da sproß.
Arbeit – das stand also auf der Tagesordnung! Wie wäre es mit Howard Minton und seinem Angebot, einen Kinderbuchklassiker zu illustrieren? Das könnte ein Anfang sein – und würde mir nach den Ausschweifungen des *Krabbasutra* vielleicht wieder Respekt in den Augen meines Sohnes verschaffen. Wären die Zeichnungen nämlich von jemand anderem gewesen, hätte er sich

königlich damit amüsiert, aber weil sie von Mami waren, tat er schockiert, das scheinheilige kleine Biest.
Ich fand Mintons Brief und las ihn zum zweitenmal. Ja, ich würde an sein piekfeines Büro schreiben und vorsichtiges Interesse bekunden. Vielleicht würde ich sogar vorschlagen, daß er eines Tages, wenn er auf dem Land war, vorbeikommen sollte. Das Dinner bei Kerzenschein beschloß ich zu ignorieren, zumindest im Augenblick, obwohl ich zugeben mußte, daß ich bei dem Gedanken, von einem »Leitenden Redakteur« bei einer feinen Flasche Nuits St. Georges beruflich umworben zu werden, ein gewisses Prickeln verspürte. Vor einem Jahr hätte ich mich auf eine solche Einladung gestürzt und mir etwas absolut Unwiderstehliches angezogen für den Fall, daß sich der Mann als absolut unwiderstehlich entpuppte. Herrgott, Janice, du wirst alt, dachte ich. Nein, wurde ich nicht. Ich sah in den Spiegel und stellte fest, daß ich für siebenunddreißig gut aussah. Schmale Taille. Enge Jeans. Blondes Haar. Brustwarzen, die sich vielleicht zu sehr unter der Bluse abzeichneten (Mrs. Teape würde das nicht billigen, aber Tom ganz sicher). Insgesamt sah ich ganz schön sexy aus, und ich fühlte mich auch so.
Nein, mit Altwerden hatte das nichts zu tun. Es war etwas völlig anderes, etwas, das ganz neu für mich war. Ich war einfach entschlossen, das, was ich mit Tom hatte, nicht kaputtzumachen, denn das war etwas ganz Besonderes, das Allerkostbarste für mich – das, wonach ich immer gesucht hatte, obwohl ich nie geglaubt hatte, ich könnte es einmal haben. Und ich würde es haben; all diese anderen Frauen würden es *nicht* verderben können.
Mein Grübeln wurde unterbrochen, als Mrs. Teape kam,

in ihren üblichen Panzer gekleidet und mit zwei großen Paketen beladen.
»Ich habe den Postboten kommen sehen, Mrs. Brand. Was Ihnen da wohl jemand geschickt hat? Hoffentlich etwas Hübsches. Vielleicht eine Überraschung von Mr. Brand; er gehört genau zu der Sorte von Gentlemen, die ihrer Lady eine Überraschung bereiten.«
Ich verkniff mir die Bemerkung, daß er mir schon zu viele bereitet hatte.
»Nur ein Brief für Mr. Brand. Aus Frankreich. Madame Sowieso. Ein komischer Name. Ganz ohne Zweifel eine Verehrerin; Ihr Mann bekommt solche Leserpost bestimmt oft, und das überrascht mich gar nicht. Aber ich muß sagen, Mrs. Brand, wie können die Franzosen solche Sachen auf ihren Briefmarken zeigen? Die hier ist ganz hübsch; der Gentleman sieht nett aus – ich glaube, ich würde ihn mögen. Aber sehen Sie sich die *Frau* an – ekelhaft, wenn Sie mich fragen. Wahrscheinlich will sie schwimmen gehen, ohne einen Faden am Leib – noch dazu in der Öffentlichkeit. So sind sie, die Franzosen. Sexbesessen, das hab ich immer gesagt. Und außerdem ist sie ganz fleckig, kein Wunder, wenn sie so in der Sonne liegt. Wahrscheinlich bekommt sie Hautkrebs; bei dem ganzen Ärger mit der Auzonschicht.«
Sie reichte mir den Umschlag. Auf der einen Briefmarke war ein Porträt Napoleons, auf der anderen eine von Renoirs *Badenden*.
»Vielen Dank, Mrs. Teape«, sagte ich.
Den Namen auf der Rückseite von Toms Brief kannte ich nicht. Eine kindliche Handschrift hatte ihn an seine frühere Wohnung in London adressiert, und die Post hatte ihn nachgeschickt. Ich legte ihn auf Toms Schreibtisch und wandte meine Aufmerksamkeit den beiden an

mich adressierten Päckchen zu. Sie waren ziemlich dick, sahen fast gleich aus, und ich stellte fest, daß sie von der Literaturagentin stammten, die Tom und ich vor kurzem angeheuert hatten, damit sie unsere Interessen in Sachen *Krabbasutra* vertrat.

Außerdem lag ein separater Brief der Agentin bei, den ich zuerst aufmachte.

»Liebe Janice«, begann er, »tut mir leid, daß ich Ihnen diese Briefe aufbürde. Die BBC sagt, daß sie die Zuschauerpost auf Obszönitäten, unsittliche Anträge, Briefbomben und ähnliches hin überprüft, und man hat mir mitgeteilt, daß ein paar der Briefe, die auf Ihren Fernsehauftritt hin gekommen sind, in eine oder mehrere dieser Kategorien gefallen sind. Ich muß sagen, dem Ton von manchen nach zu urteilen, die die BBC für geeignet zum Weiterschicken hielt, wird einem ganz anders bei dem Gedanken, wie erst die zensierten wohl gewesen sein müssen. Ich frage mich ernsthaft, ob es sich vielleicht lohnen würde, einem Verleger à la Henry Root eine Auswahl dieser Zuschauerbriefe anzubieten. Ich könnte mir vorstellen, daß ein paar davon Ihre Talente als Illustratorin anregen könnten. Um es Ihnen leichter zu machen, habe ich sie nach allgemeinen Kategorien geordnet, als da sind: empörte Katholiken; blasierte Protestanten; Perverse, männlich; Perverse, weiblich; Verehrer, verliebte; Verehrer, künstlerische; Spaßvögel; Messerwetzer; Bekloppte etc. Falls Ihnen nicht danach ist, Ihre Zeit mit dem ganzen Zeug zu verschwenden, füge ich eine Aufschlüsselung bei, in der die verschiedenen Anregungen/Prophezeiungen/Vorschläge Ihres Fanclubs je nach ihrer Popularität aufgelistet werden. Manche davon verblüffen Sie bestimmt; mich haben sie jedenfalls verblüfft. Übrigens, Howard Minton hat mir gesagt, daß er sich mit einem interessanten Angebot für ein Kinderbuch direkt an Sie gewandt hat. Er ist ein außergewöhnlich gescheiter junger Mann, und ich bin neugierig, wie Sie sich entscheiden. Ich denke, wir können davon ausgehen, daß Sie mehr als angemessen bezahlt werden würden. Einstweilen alles Gute und viel Spaß beim Lesen! Viele Grüße, Valerie.«

Wegen Mrs. Teape machte ich vorsichtigerweise die Ateliertür zu, bevor ich die Päckchen öffnete. Valerie hatte ihren Job so gewissenhaft erledigt wie die Vorbereitung einer Aufsichtsratssitzung; jedes Briefbündel war sorgfältig etikettiert. Ich warf einen flüchtigen Blick darauf. Sie schienen alle auf billigem Papier geschrieben, von Rand zu Rand, und bei vielen bemerkte ich Schlüsselwörter, die unterstrichen oder groß geschrieben waren. Ausrufezeichen häuften sich ebenso wie die Wörter »gotteslästerlich«, »verderbt« und »ekelhaft«. Ich war ziemlich erschüttert. *Ich*? Gotteslästerlich. Verderbt. Ekelhaft. Erkannte ich mich selbst noch – diese goldige kleine Blonde, zärtliche Mutter eines Sohnes im Teenageralter, liebende Gattin (gut, zumindest eine Art Gattin), Hüterin von acht Hektar Land in den englischen Grafschaften, Malerin geschmackvoller Aquarelle des Avon-Tals, potentielle Illustratorin von Kinderbuchklassikern? Ich schob den Briefstapel beiseite und nahm die Aufschlüsselung zur Hand. Auch sie war getippt wie die Tagesordnung einer Sitzung:

Zuschauermeinungen über Janice Blakemore:

- Hure von Babylon: 296 Zuschauer;
- aus obengenannten und anderen Gründen zum Höllenfeuer verdammt: 312;

- im wahren Geist der lutherischen Reformation: 8;
- Verstoß gegen die öffentliche Moral: 428;
- hervorragendes künstlerisches Talent: 38;
- außergewöhnlich schöne Beine: 436;
- Heiratsanträge: 73;
- Anträge weniger konventioneller Art: 374;
- Grund, keine Fernsehgebühren mehr zu zahlen: 29;
- Grund, die Fernsehgebühren zu erhöhen, um mehr Programme dieser Art zu ermöglichen: 9;
- soll aufgehängt werden: 44;
- soll öffentlich ausgepeitscht werden: 124;
- soll privat gefickt werden: 13;
- soll heiliggesprochen werden: 3;
- soll Kultusministerin werden: 2;
- soll Königin von England werden: 1.

Ich war platt. Die Statistik erschien mir weit interessanter, als die Briefe es sein könnten; außerdem waren es viel zu viele Briefe, und herauszufinden, warum 124 Leute mich öffentlich auspeitschen und 312 mich zu ewigem Höllenfeuer verdammen wollten, war eine Erfahrung, die ich mir lieber ersparte. Und das alles nur deswegen, weil ich auf ziemlich phantasievolle Art ein Fischgericht mit Mönchspfeffer und einen Wein namens Blaue Nonne illustriert hatte – was nicht nur ein scheußliches Getränk war, sondern auch eins mit einem ziemlich blöden Namen für einen Wein; schließlich dürften echte Nonnen – blau oder sonstwie – nicht süffeln. Doch eins freute mich: Obwohl ein hoher Anteil der

Zuschauer der Ansicht war, ich hätte die öffentliche Moral verletzt, urteilte ein noch höherer Anteil, ich hätte außergewöhnlich schöne Beine. Da wir in einer Demokratie leben, schätzte ich, daß bei einem Volksentscheid meine Beine das Rennen gemacht hätten. Ich konnte es kaum erwarten, das Tom zu erzählen; vielleicht würde es ihn antörnen, wenn er die 436 Briefe zu diesem Thema las. Ich hätte auch Ruth angerufen, wenn irgendeine Chance bestanden hätte, daß sie um diese Tageszeit zu Hause war – Ruth, die immer behauptet hatte, ihre Beine seien schöner als meine, abgesehen davon, daß sie unbestreitbar einen üppigeren Busen hatte.

In diesem Augenblick klingelte das Telefon, und ich flitzte aus dem Atelier, um abzuheben, weil ich dachte, es sei vielleicht Tom. Es war Emelda.

»Ich will Sie nur vorwarnen, meine Liebe, daß mein einschläfernder Ehemann Sie heute nachmittag besuchen will.«

Ich erklärte, Tom sei in London, aber ich würde entzückt sein.

»Oh, das wäre ich an Ihrer Stelle nicht«, erwiderte sie. »Besuche von Ayrton sind eine Heimsuchung. Ich habe ihm gesagt, daß er sich Ihnen aufdrängt, aber er ist wild entschlossen. Das Problem ist, meine Liebe, wenn man aus einer Familie stammt, die seit Wilhelm dem Eroberer den Gutsherrn gespielt hat, gewöhnen die Abkömmlinge es sich an, ihren Kopf durchzusetzen. *Droit de seigneur*. Nicht, daß Sie in *der* Hinsicht irgendwie in Gefahr wären, das kann ich Ihnen versichern. Seine Triebe sind vor vielen, vielen Jahren nach einem kurzen Auftrieb in Winterschlaf verfallen – ein bißchen wie seine Libellen, bloß noch ein wenig kleiner, wenn ich mich recht erinnere.«

Emelda brachte es immer fertig, die gemeinsten Sachen über ihren Mann in einem so liebevollen Ton zu sagen, daß sie wie Komplimente klangen.
»Und wie geht es Ihnen, meine Liebe?« fragte sie.
Ich erzählte ihr von der Zuschauerpost und daß ich dreiundsiebzig Heiratsanträge bekommen hatte.
»Wie unangenehm für Sie«, meinte Emelda. »Was würde wohl passieren, wenn Sie zu allen ja sagen – und sie vielleicht alle bitten würden, am selben Tag zu kommen? *Das* wäre doch einmal ein gutes Fernsehprogramm. Vielleicht schlage ich es Marmaduke vor.«
Emelda kicherte entzückt. Ich erzählte ihr, daß ein Zuschauer der Meinung sei, ich sollte die Königin von England werden. Ihr Gegluckse wurde noch lauter.
»Oh, was für eine gute Idee. Die jetzige ist schon viel zu lange dran. Erst letzten Monat habe ich ihr gesagt, sie sollte mal jemand anderen einen Versuch machen lassen. Nicht ihren Sohn, diesen Typen, der mit Pflanzen spricht. Sie wären großartig; ich glaube, das schlage ich vor. Mischen Sie den Palast ein bißchen auf, lenken Sie die Typen von ihrem Scheidungskram ab. Aber ich wollte Sie eigentlich etwas fragen, meine Liebe«, fuhr Emelda ohne Atempause fort. »Ich sammle Rezepte von Leuten, eine Aktion für den Kathedralenturm von Salisbury – nur ein bescheidenes Bändchen, aber ich dachte mir, ob Sie nicht die Bilder machen könnten. Das wäre zu reizend von Ihnen. Ich frage natürlich nur Freunde, und fast alle haben zugesagt – außer Fergie, die mir ein Rezept für Plumpudding angeboten hat, aber ich hatte ›Plumpspudding‹ verstanden, und deswegen ist sie beleidigt abgezischt. Diese Emporkömmlinge sind so überempfindlich. Die Kirche ist auch nicht anders, das kann ich Ihnen sagen: George ist richtig zusammenge-

zuckt, als ich ihn gefragt habe – aber vielleicht hat Kochen nicht so ganz die evangelische Note. Und Philip war auch nicht besser, er glaubt, daß er schon vergessen hat, wie lange man ein Ei kocht. ›Kommen Sie, und was ist mit den herrlichen Grillparties auf Balmoral?‹ hab ich ihn gefragt. Aber er hielt verbrannte Würstchen anscheinend nicht für so besonders interessant. Egal, ich schicke jedenfalls allen Ihr Buch, damit sie sehen, wie toll Ihre Sachen sind. Denken Sie doch bitte mal darüber nach.«

Mein Gott, ich dachte allerdings darüber nach. *Krabbasutra,* ausgestellt in Sandringham und im Lambeth Palace. Gott sei Dank hatte ich ein Pseudonym benutzt.

Ich ging zurück ins Atelier und fand Mrs. Teape vor, Staublappen in der einen Hand und in der anderen einen Brief aus meiner Zuschauerpost.

»Ich hab mir gedacht, ich staub mal rasch ab, solange Sie am Telefon sind, und dieser nette Brief hat mir genau vor der Nase gelegen. Ich hoffe, es macht nichts, wenn ich da ein bißchen neugierig war, Mrs. Brand. Das Wort ›Kabinettsministerin‹ ist mir ins Auge gestochen. So ein guter Gedanke. Ich weiß, daß Mr. Major Wert darauf legt, mehr Frauen in seine Regierung zu holen; erst gestern hat es in der Zeitung gestanden. Ich werde ja so stolz sein, Mrs. Brand. Denken Sie bloß – eine Kabinettsministerin in Sarum Magna.«

Vermutlich sollte ich erleichtert sein, daß Mrs. Teapes begieriger Blick auf den Stapel »Bekloppte« gefallen war und nicht auf den Berg von Empörung über meinen »Verstoß gegen die öffentliche Moral«.

Als sie mittags schließlich ging, war ich der Meinung, daß ich an diesem Vormittag wirklich genug gehabt hatte, und ich schenkte mir einen großen Drink ein. Und fragte mich, wie Tom wohl mit Kyra Vansittart zurechtkam – oder vorankam.

Durch den Garten von Otters Mill liefen so viele Bäche, daß er von oben wie das Gangesdelta aussehen mußte. In der ersten Woche hatte ich ihn kaum betreten, weil man mindestens bis zu den Knien einsank, wenn nicht gar bis zu intimeren Teilen. Tom bezeichnete ihn immer nur als die Doggerbank und spähte jeden Morgen aus dem Fenster, um nachzusehen, welche spanische Galeone vielleicht bei Ebbe an die Oberfläche gekommen sei. Aber jetzt, nach mehreren schönen Tagen mit Wind, der den Boden trocknete, zeigte er sich von einer ganz anderen Seite. Etwas, das sogar Gras sein konnte, fing an, den Schlamm mit einem frischen Grün zu überziehen, und wenn man vorsichtig war, konnte man sogar einigermaßen sicher über den feuchten Boden platschen. Die Bäche hatten ihren Ursprung und ihr Ende alle im Avon, oberhalb und unterhalb der Mühle, die knappe fünfhundert Meter neben dem Fluß lag. Der Fluß wand sich in einer langgezogenen Biegung um den Rand unseres Grundstücks; über dunklen, unbewegten Stellen hingen tief die Zweige von Erlen und Weiden, in denen oft ein Eisvogel kauerte, bevor er mit einem lapislazuliblauen Aufblitzen im Tiefflug über das Wasser schoß. Ich nannte ihn Alkyon, weil ich mich an eine griechische Sage zu erinnern glaubte, aber Tom, der unerwartete Kenntnisse in humanistischer Bildung an den Tag legte, verbesserte mich. Alkyone, die in einen Eisvogel verwandelt wurde, sei eine Frau gewesen; unser Vogel war also entweder weiblich, oder ich mußte mir einen neuen Namen für ihn einfallen lassen. Besser fühlte ich mich gleich, als Tom mir sagte, daß der männliche Eisvogel seiner geliebten Vogeldame vor der Paarung immer einen Fisch anbot – »und ich habe zufällig gerade etwas Räucherlachs im Kühlschrank«, fügte er hinzu. Alkyonische Tage!

Und dann der Mühlbach. Er war vom Fluß abgezweigt worden und lief direkt am Haus vorbei durch eine Wasserrinne aus Stein, in der sich einmal das Mühlrad gedreht haben mußte. Jetzt war er nur noch ein wilder Sturzbach, der die steinerne Einfassung weiß wie Marmor poliert und die überhängenden Weidenzweige gestutzt hatte, was aussah, als wären sie mit einer Kettensäge zugerichtet worden.

Die Existenz der anderen Bäche konnte ich nur der Vorliebe irgendeines Hobbygärtners für Wasser zuschreiben. Sie strömten und mäanderten über das Grundstück, ein Sumpf hier, ein Miniatur-Wasserfall dort, und bildeten ein Archipel kleiner Inseln, untereinander verbunden durch schmale Holzbrücken, die seit der Überschwemmung vor kurzem gefährlich glitschig und schlammig waren.

Auf einer dieser Inseln stieß ich auf die berühmte Rosenlaube, die in der Maklerbeschreibung so hoch gelobt worden war. Kahl wie ein Skelett wuchs sie aus dem grauen Schlamm, und ich versuchte mir vorzustellen, wie sie sich in eine Blumenpracht verwandelte, die man in *Homes and Gardens* abbilden könnte, mit allen Düften des Orients, die einen Juniabend erfüllten. Auf einer Nachbarinsel entdeckte ich den Blütenteppich silbergrauer Krokusse, den ich schon vom Fenster aus gesehen hatte. Jetzt waren sie aufgegangen, als hätte man sie entblättert, die Staubfäden leuchteten orange, und hier und da senkte sich ein Blütenkopf unter dem Gewicht

einer Biene aus Mr. Gants Völkern. Italienische Bienen, hatte er mir stolz erklärt: »Blond wie Sie und fügsam, wie Sie es bestimmt nicht sind.« Ich sah zu, wie sie ihre Körbchen mit Blütenstaub füllten und dann in die nächste Blüte eintauchten, die sich zu Boden neigte und dann wieder aufrichtete.
Meine frühmorgendliche schlechte Stimmung war völlig verschwunden; ich fühlte mich überglücklich, als ich so um mich blickte. Ringsumher war leises Wasserrauschen zu hören. Ein Reiher kreischte gellend und flatterte unbeholfen über den Fluß, um sich dann wie ein Wachposten am anderen Ufer niederzulassen. Ich beobachtete ihn und stand ebenso reglos wie der Vogel. Dann blickte ich wieder zurück zur Mühle und versuchte sie mir so vorzustellen, wie sie noch vor Jahresende aussehen würde. Wie schön sie sein wird, dachte ich, mit ihrem freundlichen Backstein und der hellen Verschalung. Im ersten Stock, über dem Mühlbach, würden wir eine Terrasse bauen, und gegen Ende des Sommers würden wir dort bei Sonnenuntergang unser abendliches Glas Wein trinken.
Ich wünschte, Tom wäre hier, um meine Träume und mein Glück mit mir zu teilen. Und was diese verdammte Schnepfe in Kalifornien mit ihrem Megabusen und ihrem Neid anbelangte – die würden wir uns schon vom Hals schaffen.
Ich bemerkte Ayrton erst, als ein Hüsteln mich herumfahren ließ, und auch dann dauerte es noch einen Augenblick, bis ich den älteren Besucher erkannte, der etwas gebückt neben dem Fleck mit den Krokussen stand. Er trug einen zerknautschten Hut, dessen Krempe so tief hing, daß seine Augen kaum zu sehen waren. Darunter ragte eine spitze Nase heraus, und unter dieser schnellte

hin und wieder eine Zunge zwischen feuchten Lippen vor, während der Kopf hin und her ruckte, als wolle Ayrton einen Nasentropfen abschütteln. Er trug schwere, derbe braune Schuhe; seine Füße waren nach außen gedreht, und dazwischen hatte er seinen Stock aufgepflanzt, der sich aus einer Reihe derber Knoten zusammensetzte, zu denen noch die zahlreichen Knoten in seinen Händen kamen, die auf dem Griff ruhten. Sein Tweedanzug, der farblich zu dem Schlamm paßte, auf dem er stand, war nach dem traditionellen englischen Schnitt geschneidert, der keinen anderen Zweck zu haben scheint, als die Formlosigkeit formloser Männer noch zu betonen. In der Ausbuchtung seiner Hosentaschen hätten sich ein paar junge Känguruhs verstecken können.

Er deutete mit dem Stock auf die Blumen vor ihm.

»*Crocus tomasinianus*«, verkündete er. »Das sind immer die ersten. Meine Lieblingsblumen.«

Ayrtons Zunge schnalzte anerkennend.

»Ich hoffe, ich störe Sie nicht, Madam«, fügte er hinzu.

»Keineswegs«, erwiderte ich, worauf er ein wenig grunzte und mit dem Kinn auf den Mühlbach deutete.

»Ich wollte sehen, ob die Forellen schon steigen. Ein bißchen früh noch, aber bei dem schönen Wetter könnte es durchaus sein.«

Ich begleitete ihn ans Ufer, und er spähte nach unten. Diesmal bildete sich ein Tropfen an seiner Nasenspitze, den ich beobachtete, während Ayrton nach den Forellen Ausschau hielt. Der Nasentropfen löste sich, so daß sich für einen Augenblick ein Ring im Wasser bildete. Ayrton zog ein großes rotes Taschentuch hervor – schon wieder der Kröterich, dachte ich, Lieblingsfarbe Rot – und attackierte damit das anstößige Nasenloch, bevor er das

Tuch wieder zurück in eine der bauchigen Taschen steckte. Dann schüttelte er den Kopf.
»Zu früh. Noch eine Woche.« Er wandte sich mir zu. »Ihr Mann wird dann bestimmt hier draußen sein. Ich würde mich ihm gern anschließen. Dieses Bachstück hier ist ein ausgezeichnetes Fischwasser. Fein, daß jetzt noch ein Sportskollege da ist; der letzte Bewohner war ein Ignorant. Was ist mit Mr. Brands Fliegen? Wissen Sie zufällig Bescheid?«
Ich kapierte gar nichts, aber dann fiel mir ein, daß man Fische mit künstlichen Fliegen fängt. Davon verstünde ich leider nichts, erwiderte ich. Ich sei selbst keine Anglerin – »leider!«. Ob ich meinem adligen Besucher wohl erzählen sollte, daß sich Toms Anglererfahrungen darauf beschränkten, daß er als Kind mit dem Netz in Tümpeln nach Krabben gefischt hatte? Aber bevor ich eine Chance hatte, irgend etwas zu sagen, trat Ayrton, anscheinend erschrocken, plötzlich einen Schritt zurück.
»Großer Gott. Ich glaub's nicht.« Er sah zum Himmel auf und deutete mit dem Stock nach unten. »Sehen Sie ihn?«
Er ließ den Stock fallen und zog einen abgegriffenen Feldstecher aus der Jackentasche, dessen Schärfe er hastig einstellte.
»Ich hab ihn. Ein Prachtkerl. Der erste seit fünf Jahren. Er muß auf dem Weg nach Schottland zum Loch Garten sein und schnappt sich unterwegs einen Happen zum Fressen. Da habe ich mich mit den Forellen wohl geirrt. Der sieht besser als ich, und ein besserer Fischer ist er auch. Hier, sehen Sie mal.«
Freudestrahlend reichte er mir das Fernglas. Ich hatte außer ein paar Baumsilhouetten, die sich vor dem Himmel abzeichneten, überhaupt nichts gesehen, und durch das Fernglas waren sie jetzt auch noch verschwommen.

»Zu spät, er ist weg«, sagte Ayrton. »Zu schade. Ich habe gehofft, daß er vielleicht ein paar Tage bleiben würde. Na, Sie haben auch nicht erwartet, daß Sie in Ihrem eigenen Garten einen von dieser Spezies sehen würden, nicht wahr?«

Da ich keine Ahnung hatte, was »einer von dieser Spezies« war, stimmte ich zu.

Ayrton war mittlerweile richtig lebhaft geworden; er fuchtelte in der Luft herum, seine Nase tropfte vor Vergnügen, seine Augen tränten. Als hätte der seltene Vogel, was auch immer es für einer sein mochte, etwas in ihm zum Schmelzen gebracht, legte er mir zärtlich die Hand auf die Schulter und lächelte mich so strahlend an, daß er von diesem Moment an meine Zuneigung gewann.

»Wissen Sie, ich glaube, Sie bringen uns Glück«, sagte er. »Ich werde Sie wieder einmal besuchen, wenn ich darf. Wer weiß, was wir dann sehen werden?« Plötzlich wurde sein Gesicht ernst, und er nickte feierlich. »Die Menschen, die nichts von den Geschöpfen der freien Natur verstehen, tun mir zutiefst leid. Sie und ich, wir haben Glück – Sie vielleicht noch mehr als ich, weil Sie auch etwas von Menschen verstehen und ich nicht. Menschen sind mir ein vollkommenes Rätsel, waren es immer. Da sind mir Libellen jederzeit lieber – oder eine Forelle – oder ein Fischadler.«

Als er »Fischadler« sagte, blickte er nach oben zu der Stelle, auf die er vor einem Augenblick gestarrt hatte. Ich war so erleichtert, nun endlich den Namen des Vogels zu wissen, den ich gar nicht gesehen hatte, daß ich fast ehrlich erwidern konnte: »Danke, Lord Bustard, daß Sie mich auf den Fischadler hingewiesen haben.«

»Aber keine Ursache. Keine Ursache. Und in ein paar Wochen werden die Zugvögel hier sein. Meine besonde-

ren Lieblinge. Wir werden zusammen nach ihnen Ausschau halten, wenn es Ihnen recht ist. Kennen Sie sich mit Teichrohrsängern aus?«
Ich gab ein paar bescheidene Laute von mir und beschloß, bei der ersten Gelegenheit bei Waterstone's in Salisbury ein Vogelbuch zu kaufen. Außerdem könnte ich Tom einen Gefallen tun und ihm ein Handbuch über das Fischen mit künstlichen Fliegen besorgen. Ich stellte mir vor, wie ich Tom bei seiner Rückkehr aus London verkündete: »Übrigens, ich habe heute nachmittag einen Fischadler gesehen«; nur hatte Tom nicht mehr Ahnung als ich, wie ein Fischadler aussah. »Lord Bustard hat sich erkundigt, welche Fliegen du zum Fischen benutzt, Tom«, wäre weitaus wirksamer, entschied ich. Ich konnte den Schrecken auf seinem Gesicht vor mir sehen und hörte mein eigenes Lachen.
Die krumme, säbelbeinige Gestalt winkte noch ein letztes Mal mit dem Stock, als ich mich am Gatter von Ayrton trennte. Ich sah ihm voller Zuneigung nach, als er über unseren Pfad zur Straße hinaufmarschierte, die Beine großzügig nach außen gespreizt, als trüge er Kampfschwimmerflossen, wobei er mit dem Stock abwechselnd schwungvolle Parabeln beschrieb und in den Kies stach.
Immer noch lächelnd wandte ich mich ab. Die Dämmerung begann hereinzubrechen, und über Mr. Gants Feldern stieg bereits Nebel auf und ließ den Märzabend kühl werden. Fröstelnd wollte ich ins Haus gehen und fragte mich gerade, wie lange es wohl noch dauern würde, bis Tom zurückkam, als ich plötzlich etwas aus den Augenwinkeln sah. Ich drehte mich um, die Hand immer noch auf der Klinke. Auf der Fußgängerbrücke, ein paar hundert Meter entfernt, stand eine Gestalt in Grau. Sie

tat nichts, sah mich einfach nur an. Und sie starrte weiter.
Es war Mondkalb. Einen Augenblick lang überlegte ich, ob ich nicht hingehen und mit ihr reden sollte, mich als neue Nachbarin vorstellen. Doch dann fiel mir wieder ein, was Mrs. Teape gesagt hatte, und so ging ich ins Haus und zog die Vorhänge zu.
Ich kochte Tee und wartete auf Tom. Ich bin nicht gut im Warten, und Mondkalbs Anblick, wie sie einfach auf der Brücke gestanden hatte, hatte mich aus der Fassung gebracht. Was um alles in der Welt wollte sie? Hatte niemand ihr als Kind beigebracht, daß es unhöflich ist zu starren? Ausgerechnet wir hatten das Glück, neben der Dorfverrückten zu wohnen.
Eine halbe Stunde etwa war vergangen.
Nichts ist stiller als ein Telefon, das nie läutet. Aber warum hätte ich erwarten sollen, daß es läutete? Vielleicht, weil ich mich plötzlich einsam fühlte – einer dieser Momente voller Zweifel, in denen es der reinste Wahnsinn zu sein schien, daß wir uns hier in diesem Sumpf niedergelassen hatten. Wo waren die Läden, das Pflaster, die lebendigen Geräusche des Großstadtlebens? Wo waren die dröhnenden Radios, die Streitereien bei den Nachbarn, das hysterische Gekläffe der Jack Russells von nebenan, die ernsthaft dreinblickenden Kinder, die wieder einmal um Unterstützung für ein Sportfest zugunsten ihrer privilegierten Schule bettelten?
Hier war nur das ständige Rauschen des Wassers zu hören.
In meinem Atelier lagen die Zuschauerbriefe herum wie der Inhalt einer ausgeleerten Wahlurne. Ich warf den ganzen Haufen in den Wäschekorb, den ich für Abfallpa-

pier benutze, und trug ihn hinaus zur Mülltonne. Im letzten Tageslicht sah ich erleichtert, daß Mondkalb weg war. Wieder im Haus, legte ich meinen Brief an Howard Minton auf den Tisch neben der Eingangstür, neben Toms Brief aus Frankreich. In diesem Augenblick sah ich durch den Vorhang die Scheinwerfer seines Wagens; und plötzlich schien es das Herrlichste auf der Welt, in einem Sumpf zu leben.

Tom warf seine Aktentasche auf den Boden, und wir küßten uns wie Jungverliebte. Ich liebte ihn, weil er unversehrt aus der Welt zurückgekommen war.

Alles war gut gegangen, erklärte er, Kyra Vansittart sei mit allen Wassern gewaschen; sie hatte ihm genau die richtigen Fragen gestellt und dazu noch ein paar mehr, die er lieber nicht beantwortet hätte – »aber schließlich haben alle Anwälte eine lüsterne Ader, nicht wahr?«

Deutlich hatte sich die Notwendigkeit herauskristallisiert, einen Zeugen zu finden, der bereit war zu schwören, daß Tom unmöglich Samanthas Meeresfrüchterezepte geklaut haben konnte, weil sie zu dieser Zeit kaum imstande gewesen sei, ein Ei zu kochen, geschweige denn aufregende Sachen mit Süßwassermuscheln anzustellen.

Die Frage war nur – wer könnte dieser Zeuge sein?

Der naheliegende Kandidat war Scott, da er Samanthas Agent und anfänglich bestimmt nicht nur das gewesen war; aber da er sie an Tom weitergereicht und sich dankbar aus ihrem Leben davongestohlen hatte, war Scotts Zeugenaussage womöglich nichts wert, weil es um einen späteren Zeitpunkt ging – und außerdem konnte er als enger Freund des Angeklagten kaum als unparteiischer Zeuge gelten.

»Was ist mit dem getrennt lebenden Ehemann der

Frau?« hatte Kyra Vansittart vorgeschlagen; der mysteriöse Mr. Parsons. »Wo ist er?« Tom hatte keine Ahnung und Scott anscheinend auch nicht. Vielleicht konnte man ihn ausfindig machen. Ms. Vansittart wollte Kontakt zu einem Freund und früheren Kollegen in Los Angeles aufnehmen, der sehr versiert im schwer durchschaubaren Kleingedruckten des kalifornischen Rechts war, einem gewissen Abram Kollwitz. »Sie müssen hinfliegen und persönlich mit ihm reden. Sein Honorar ist hoch, aber seine Erfolgsquote ist noch höher. Die Sache ist es wert. Aber lassen Sie mich zuerst an ihn schreiben«, hatte sie beharrt.

Dann hatten sie zusammen in der Charlotte Street zu Mittag gegessen.

»Eine stattliche Dame, diese Kyra Vansittart«, erklärte Tom, »und nach diesem Mittagessen noch stattlicher.«

Tom versicherte mir, er habe nur in einem Salat herumgestochert, und ich war geneigt, ihm zu glauben, da Toms Taille ein wichtiger Bestandteil seiner Eigenliebe ist.

»Allerdings haben wir zusammen eine gute Flasche Pouilly Fumé getrunken«, fügte er hinzu, »was ein paar Enthüllungen über Ruth ans Licht gebracht hat.«

Zu ihrer Zeit hatten sie sich den einen oder anderen Lover geteilt, hatte Kyra zum besten gegeben. Ruth hatte es irgendwie immer fertiggebracht, diejenige zu sein, die zuletzt lachte – oder den letzten Fick hatte; und das nagte noch immer an Kyra, hatte sie zugegeben.

Ich nehme an, an Tom nagte das auch, denn Ruth war diejenige meiner Freundinnen, die konsequent nein zu ihm gesagt hatte. Sie hatte mir nie erklärt, warum, obwohl ich es zu wissen glaubte. Ruth suchte sich immer Liebhaber aus, die sie nie lieben konnte; auf diese Weise

war es unproblematischer. Zumindest wollte ich das glauben; es gab mir sowohl Tom wie auch Ruth gegenüber ein gutes Gefühl. Anderenfalls hätte ich sie vielleicht beide verloren.
Die Erinnerung an sein schmerzliches Scheitern bei Ruth veranlaßte Tom, sich auf die Suche nach einem Drink zu machen, und als er wiederkam, gab ich ihm seinen Brief aus Frankreich, den er übersehen hatte. Tom sah einen Augenblick lang verblüfft aus, dann zog ein Schatten über sein Gesicht, als er den Brief öffnete und las. In dem Brief lag ein zusammengefaltetes Flugblatt, auf das er einen flüchtigen Blick warf, bevor er ganz langsam den Kopf schüttelte, als hätte ihn große Müdigkeit überfallen.
»Was ist los, Tom?« fragte ich ängstlich.
Er stellte sein Weinglas ab, legte Brief und Flugblatt daneben und sah mich an.
»Er ist von Anne-Marie.« Einen Augenblick lang sagte mir der Name gar nichts. »Meine erste Frau«, erklärte er.
Anne-Marie! Von ihr hatte ich praktisch noch nicht gehört – die erste von den fünf. Eine Französin, erinnerte ich mich jetzt.
»Und was will *sie*?« fragte ich vorsichtig.
Tom schwieg einen Augenblick, sein Gesicht wurde nachdenklich.
»Das müssen wir jetzt erst mal ganz ruhig angehen«, sagte er dann. »es geht nicht um eine Abfindung. Ich versichere es dir. Es geht nicht um eine Strafanzeige. Es geht nicht um eine richterliche Verfügung. Es geht nicht um eine Erklärung unsterblicher Liebe. Es geht nicht um eine Drohung. Aber …« Tom hüstelte unschlüssig. »Es geht um Geld.« Dann nahm er plötzlich das Flugblatt

und brach in Gelächter aus. »Geld für … möchtest du es wissen? Für die madegassische Vampirfledermaus!«
Ich versuchte ernst dreinzusehen.
»Natürlich, Tom«, sagte ich. »Und jetzt könntest du mir die Sache vielleicht erklären.«
»Ich will's versuchen«, fuhr er fort und richtete den Blick auf das Flugblatt. »Offensichtlich sind die lieben kleinen Viecher vom Aussterben bedroht! Und weißt du, warum?« Tom hüstelte noch einmal und begann aus dem Flugblatt vorzulesen. »›Allen Organen der Fledermaus werden magische Eigenschaften zugeschrieben. Ihre Gallenblase soll Blindheit und grauen Star heilen; die Milz hilft gegen Impotenz und Unfruchtbarkeit.‹ Soso! Ich dachte immer, daß Vampire die menschliche Population verringern, nicht steigern. Aber jetzt wissen wir es.«
Tom sah mich ungläubig an. »Gott im Himmel! Jan, ich schreibe ein Kochbuch, und was passiert? In Kalifornien will man mich zu Abfindungszahlungen verdammen, und jetzt droht man mir mit Vampirfledermäusen auf Madagaskar.«
Hastig goß er sich ein zweites Glas Wein ein.
»Aber ich fürchte, das ist noch nicht alles«, fuhr er fort, und nahm den Brief wieder zur Hand. »Anscheinend könnte demnächst meine Tochter bei uns einfallen. Sie ist wohl zu dem Schluß gekommen, daß es Zeit sei, ihren Vater kennenzulernen. Sagt zumindest Anne-Marie.«
Ich sagte einen Augenblick lang gar nichts. Tom wich meinem Blick aus, was ganz gut war.
»Vielleicht solltest du mir erst einmal ein paar Sachen über Anne-Marie erzählen, Tom, meinst du nicht?«
Er sah mich an und nickte.

fünf

In unserer ersten Zeit hatte ich Tom nie gedrängt, über seine Ehen zu sprechen. Ich wußte, daß es ziemlich viele gegeben hatte, zog es aber vor, sie als eine Reihe unglückseliger Irrtümer beiseite zu schieben, zu denen es natürlich nie gekommen wäre, wenn Tom mich früher kennengelernt hätte. Ich wußte, daß dies naiver Unsinn war, aber nach meiner eigenen Katastrophe mit Harry sehnte ich mich eher danach, ein romantisches Feuer zu nähren, als mich selbst als die künftige Nummer sechs einzuordnen, deren Verweildauer möglicherweise ebenso kurz war wie die meiner Vorgängerinnen.
Schwieriger wurde dies durch die Erkenntnis, daß ein Mann, der bereits fünfmal verheiratet gewesen ist, eine phantastische Herausforderung darstellt. Es ist wie russisches Roulette, nur daß die Pistole, anstatt nur eine Kugel in der Kammer zu haben, voll geladen ist *außer* einer; und ungeachtet der hohen Selbstmordgefahr glaubt man doch genau die Frau zu sein, die es schaffen wird. Das ist natürlich äußerst schlecht für das männliche Ego und ebenso für die Selbstachtung der Frau, denn man ignoriert die Wahrscheinlichkeit, daß der Mann tatsächlich ein vollkommener Scheißkerl ist, den man schon beim erstenmal nicht hätte lieben sollen, geschweige denn beim vierten- oder fünftenmal.
Diese Gedanken gingen mir in der Zeit durch den Kopf, als ich zum erstenmal mit Tom geschlafen hatte und mir widerwillig eingestand, daß ich weiterhin mit ihm schlafen wollte, mehr als mit jedem anderen Mann, der mich

bisher angemacht hatte. Das Opfer war beträchtlich und auch die Risiken; doch der Gewinn – so hoffte ich – war größer.

Dann geschah das Unwahrscheinliche – ich stellte fest, daß er mich liebte. Und auch ich glaubte ihn zu lieben. Damals erwachte meine Neugier auf meine vielen Vorgängerinnen. Plötzlich wollte ich alles über sie wissen. Tom behauptete natürlich, daß er sich nicht mehr erinnerte, und schob meine Fragen beiseite, so daß ich nach einem Jahr immer noch nur eine höchst unzureichende Vorstellung davon hatte, wer und wie sie gewesen waren. Mich machte das zwar wütend, aber schließlich gab ich es auf und versenkte sie in der Mülltonne von Toms Vergangenheit.

»Der springende Punkt ist doch, mein Liebling«, hatte Tom stets resolut, meistens mit einer Flasche Wein in der Hand, auf meine Fragen geantwortet, »daß sie alle nichts mit uns zu tun haben.«

Da hatte er sich allerdings getäuscht. Tag für Tag wurde es klarer, daß sie sehr viel mit uns zu tun hatten. Und nun, da sich Nummer eins in Gestalt einer Vampirfledermaus bei uns eingenistet hatte, wurde mir klar, daß ich besser daran tat, diese alten Gespenster als Teil meines Lebens zu akzeptieren, da sie darauf beharrten, ein Teil seines Lebens zu bleiben. Zumindest öffnete die Erfahrung, verfolgt zu werden, Toms Lippen. Es war eine zermürbende Erfahrung, den Mann, den ich liebte, durch die Augen einer anderen Frau kennenzulernen – noch dazu einer Frau, die mir immer unsympathischer wurde, je länger er von ihr sprach. Während er von Anne-Marie erzählte, stellte ich mir vor, eine Fliege auf der Wand seiner Vergangenheit zu sein – eine extrem neugierige Fliege, die alle möglichen intimen und eifersüchtigen Fragen stellen wollte. Was hatte ihn zuerst an ihr gereizt? War es dasselbe, was ihn an mir anzog? Hatte er auf dieselbe Art mit ihr geschlafen? Und wie oft? *Öfter?* Hatte sie jede Menge Orgasmen gehabt, und waren sie anders als meine? Sogar banale Fragen wollte ich stellen – welches Parfum benutzte sie? Und worüber sprachen sie beim Frühstück?

Der Abend wäre vielleicht besser verlaufen, wenn Tom nicht so ausweichend und spröde gewesen wäre – zum Wahnsinnigwerden. Er hütete seine Erinnerungen, schob sie außer Sichtweite. Ich mußte ihn weiter anstupsen.

»Was soll das heißen: ›*Und so haben wir geheiratet*‹?« fragte ich ärgerlich. »Vor einer Minute hast du gerade noch deinen ganzen Mut zusammengenommen, um sie in einer Studentenkneipe auf ein Glas einzuladen, und verzweifelt gewünscht, dein Französisch wäre besser, so daß du sie anquatschen könntest. Irgendwie scheinst du eine ganze Menge auszulassen, Tom.«

Er zuckte die Achseln und seufzte tief.

»Nun, die Wahrheit ist wohl, daß ich jeden Tag nur noch an Anne-Marie denken konnte.«

Das klang schon wahrscheinlicher, dachte ich.

»Du meinst, daß du wahnsinnig scharf auf sie warst.«

Wieder ein Seufzer. Tom machte das offenbar gar keinen Spaß.

»Nun … ja!«

Blut aus einem Stein herauszuquetschen wäre leichter gewesen. Unter Umständen ging das noch die ganze Nacht so weiter.

»Also, damit ich es recht verstehe«, rekapitulierte ich. »Du bist für irgendeine Reportage in Frankreich. Allein. Unverheiratet. Keine Frau in deinem Leben – zumindest keine, von der ich etwas hören will. So weit richtig? Okay?« Tom nickte ein wenig unbehaglich. »Du bist zufällig in Aix-en-Provence und hast Zeit. Es ist Juni. Du bist allein und spitz wie Nachbars Lumpi, und die Stadt ist voll von üppigen Studentinnen. Sieht dir ja gar nicht ähnlich, daß du gerade an einem solchen Ort bist, Tom. Egal, plötzlich ist da dieses Mädchen in dem Café, das aussieht wie die junge Juliette Greco, und sie hat große Titten, Superbeine und ...«

Nervös fuchtelte Tom nun mit den Armen vor mir herum.

»He! Nein, nein! Warte!« rief er. »Das hab' ich nicht gesagt.« Dann setzte er sein vertrauliches Lächeln auf und machte sich damit zu schaffen, noch ein Holzscheit aufs Feuer zu legen. »Obwohl, um die Wahrheit zu sagen«, fuhr er fort, »sie *hatte* große Titten und Superbeine ... Aber das war's nicht.«

Ich lachte.

»Natürlich nicht, Tom!« höhnte ich. »Es war ihr Intellekt, nicht wahr? Das hätte mir gleich klar sein müssen.«

Er beachtete mich nicht.

»Eigentlich waren es ihre Augen«, erklärte er. Er wurde ganz träumerisch bei dem Gedanken. »Riesige dunkle Augen – wie griechische Oliven.«

Ich fing an, mich ziemlich gemein zu benehmen.

»Augen wie griechische Oliven! Gütiger Himmel! Eins ist klar – Essen und Sex sind in deiner Laufbahn ziemlich schnell zusammengekommen. Das *Krabbasutra* war schon Jahre, bevor du mich überhaupt kennengelernt hast, geboren.«

Tom sah mich geduldig an.

»Jan, du hast mich gefragt. Wenn du es nicht hören willst ...«

»O doch, ich will«, erklärte ich. Und ich legte die Arme um ihn. »Ich will alles hören.« Ich lachte und küßte ihn. »Alles. Sie hatte also große Titten, tolle Beine, Augen wie griechische Oliven. Warum um Himmels willen *griechische* Oliven? Olive ist Olive. Tut mir leid, daß meine blau sind.«

Einen Augenblick glaubte ich, Tom sei vielleicht böse. Er sah mich nur an.

»Blau«, sagte er leise. »Ja, deine *sind* blau. Saphire. Härter als Oliven. Und viel gefährlicher – zum Sterben schön, mein Liebling.« Er zog mich sanft an sich und streifte mit den Lippen meine Lider. »Zum Sterben schön«, sagte er noch einmal. Mit den Fingerspitzen begann er meine Wangenkontur nachzuzeichnen. Ich hob unwillkürlich den Kopf. Meine Augen waren geschlossen, und ich spürte, wie ich mich willenlos treiben ließ; spürte seine Hände, die meine Kinnlinie nachfuhren und schließlich den Hals hinunterglitten, leicht wie eine Feder. »Anne-Maries Hals war wie der eines Babys«, flüsterte er halb, »ganz verletzlich. Deiner ist weich wie Seide, aber stark – wie eine Säule.« Und er fing an, meinen Hals zu küssen, immer tiefer und als hätte er Angst, ihm weh zu tun. Ich bebte. »Deine Haut – nie habe ich eine Haut wie die deine berührt. Nie.« Mittlerweile war ich völlig verloren; ich hoffte, er würde nie mehr aufhören. »Ihre Haut hatte nie einen solchen Duft wie deine.« Er knöpfte meine Bluse auf – es war, als hätte mich niemand je zuvor ausgezogen; Harry nicht, meine Liebhaber nicht, niemand. Seine Zunge fuhr die Rundung meiner Brüste nach, zuerst die eine, dann die andere, dann wieder die erste. »Ihre Brüste waren schwer, deine sind fest, straff.« Ich hatte das Gefühl, den Klang seiner Stimme durch meine Haut zu hören. »Hart,

wie deine Brustwarzen«, und seine Lippen umschlossen sie, seine Zunge zog sie in seinen Mund. Ich dachte, sie würden explodieren.
Statt dessen explodierte *ich*. Ich hatte einen Orgasmus und verlor den Boden unter den Füßen. Lange Zeit hielt er mich einfach fest, die Arme um mich geschlungen, sein Gesicht in meinen Brüsten vergraben. All meine Gedanken von zuvor lagen wie Scherben um mich herum. Ich war überrascht, daß das Zimmer noch intakt war. Warum war es nicht in die Luft geflogen wie ich? Würde ich je aufhören zu zittern?
Als Tom den Kopf hob und lächelte, schienen Stunden vergangen zu sein.
»Wo waren wir stehengeblieben?«
Ich blinzelte und versuchte meine Gedanken wieder zu sammeln.
»Du hast mir von Anne-Marie erzählt«, antwortete ich ein wenig atemlos. »Erinnerst du dich? Du bist bis zu ihren Brüsten gekommen.«
»Hmmm«, antwortete Tom und ließ seine Hände über meinen Busen gleiten, las ihn wie Brailleschrift und umkreiste die Warzen mit den Fingern. »Nichts ist so schön wie deine Brüste. Vollkommen.«
Ich preßte meine Hand auf die seine.
»Ich freue mich«, sagte ich. »Ich freue mich sehr. Sie gehören dir.« Ich sah ihn an. »Alles an mir gehört dir.«
Er stand auf und zog mich auf die Beine; ich fühlte mich ein wenig wacklig.
»Und ich gehöre dir«, erwiderte er leise. »Das weißt du.«
Ich nickte. Ich wußte es. Er war alles, was ich wollte, und ich wollte, daß es immer so sein würde.
Einen Augenblick später fing Tom an zu lachen, und ich wußte, worüber.

»Und wir sind nur bis zu ihren Brüsten gekommen«, lächelte ich. »Vielleicht ganz gut so; ich wäre womöglich gestorben.« Dann begann *ich* zu lachen. »*Petit mort!* Was würde Anne-Marie denken, wenn sie das wüßte? Wie wir ihren Körper mißbraucht haben? Sag mir – ernsthaft –, ist sie je so gekommen, wenn du sie berührt hast?«

Tom sah überrascht aus.

»Gütiger Himmel, nein!«

»Wirklich nicht?«

»Ich versichere es dir. Sie mochte es nicht, wenn ich ihre Brüste berührt habe.«

»Nie?«

»Sie waren privates Territorium; sie hat versucht, sie zu verstecken.«

»Kann nicht leicht gewesen sein.«

»O doch. Ihre BHs hätten von Banham entworfen sein können. Sie hatte ein ganzes Alarmsystem eingebaut.«

Ich lachte.

»Was *hat* sie dann gemocht?«

Nachdenklich schürzte Tom die Lippen.

»Zwei Meter Abstand zwischen ihr und mir.«

Ich schüttelte den Kopf.

»Warum um alles in der Welt hast du sie geheiratet, Tom? Sag es mir.«

Ich kochte Kaffee, während er erzählte, und hörte fasziniert zu. Es war verblüffend zu sehen, wie diese beiden von Anfang an überhaupt nicht zueinander gepaßt hatten und wie quälend lange es bei beiden gedauert hatte, bis sie es zugaben. Aber ich hatte bei Harry ja dasselbe getan, oder nicht? Mich an das Wrack unserer Ehe geklammert und geglaubt, irgendwie würden wir es am Ende schon schaffen. Erste Ehen sind wie Treibgut nach dem Sturm. Aber sie sind auch der Sturm selbst, nicht wahr? O Gott, und wie!

Die Story klang ein bißchen wie ein alter romantischer Roman, einer von denen, die jemand in einer Pension liegengelassen hat, und man fragt sich, was das wohl für Leute gewesen sein mögen. Es begann auf traurig vertraute Weise: Da ist unser Held, ungebunden, in einer Stadt im Süden. Er hat das Gefühl, eine permanente Erektion zu haben, selbst wenn er keine hat. Und die Welt ist voller Frauen, die er nicht haben kann.

»Und eines Abends habe ich diese Sirene mit dem rabenschwarzen Haar im Café sitzen sehen«, erklärte er und begann wieder ein wenig verträumt auszusehen.

Endlich wurde es vielversprechend. Ich saß ganz still, voll Furcht, er könnte die Geschichte wieder vergessen. »Sie war allein.« (Das hatte ich mir schon gedacht.) »Ich ging an ihren Tisch, wunderbar ruhig und lässig wie immer.« (Verdammter Lügner, die Zunge hat dir rausgehangen.) »Und sie ließ sich auf einen Drink einladen. Und auf einen zweiten. Und schließlich auch noch zum Essen.« (Herrgott! So wie du das beschreibst, Tom, könnte man meinen, du hättest dich lediglich für ihre politischen Ansichten interessiert.)

Er verstummte und sah sich um, als suche er nach einem Ausweg. Aber er wußte, daß er in der Falle saß, und redete stockend weiter, was ihm mehr Spaß machte, als er zeigen wollte. Ich konnte ihn mir so gut vorstellen, wie er damals gewesen war: hochgewachsen, großspuriges Auftreten, dunkle Haarmähne, braungebrannt, auf eine verwegene Art attraktiv, bereits welterfahren, anders als die Kommilitonen des Mädchens am Biologischen Institut, die alle Marx lasen, sich flaumige Bärte wachsen ließen und gerade so viel von der Welt gesehen hatten, wohin sie auf ein paar Protestmärschen gekommen waren. Zweifellos schmachteten sie Anne-Marie alle an und schrieben ihr die üblichen Liebesbriefe voller Zitate von Alfred de Musset. Aber dieser Engländer sei hochinteressant und außergewöhnlich, hatte Anne-Marie ihren Freundinnen wohl erzählt, alle ebenso jungfräulich wie sie, denn damals war noch das Zeitalter der Jungfräulichkeit, besonders in Vichy, wo Anne-Maries Familie offenbar herkam.

»Ihr Vater hatte eine Fabrik, in der irgendwelche Metallteile verarbeitet wurden«, sagte Tom, als hätte das eine besondere Bedeutung. (Vielleicht bekam seine Tochter ihre BHs von dort, wollte ich schon bemerken.) »Ihre Mutter hat viel gebetet, auch viel für Anne-Marie. Bald hatte sie dann auch Grund dazu«, fügte er mit einem Grinsen hinzu.

Nach dem zweiten Rendezvous küßte Tom sie öffentlich auf dem Cours Mirabeau, und bald darauf küßte er sie vertraulicher im Park der Römischen Bäder.

»Und ich habe mir gesagt, daß ich verliebt sei. Ich war es auch, glaube ich.«

Unter den nächtlichen Bäumen ließ sie sich von ihm gerade so weit ausziehen, daß er ganz sicher war, auf Gottes Erde könne kein schöneres Geschöpf existieren.

»Ich war überzeugt, das Leben würde unerträglich sein, wenn irgendein anderer Mann als ich sie besäße.«

O Tom, du warst wirklich ein Romantiker, nicht wahr? Selbst jetzt noch, so viele Jahre später, beschrieb er sie immer noch, als wäre sie eine Art Landschaft mit bestimmten dominanten Zügen, die zu bewundern waren – Beine, Brüste, Lippen und natürlich Augen (die berühmten griechischen Oliven). Als Person war Anne-Marie nur die Summe all dieser begehrenswerten Teile, und

wenn er diese gesamte Sammlung besaß, glaubte Tom, daß er irgendwie *sie* besitzen würde, wer immer sie auch sein mochte.
»Ich habe natürlich nicht gewußt, was für eine Person sie eigentlich war, aber sie wußte es ebensowenig.«
Tom dachte, er würde es herausfinden, und alles würde wundervoll sein. Und Anne-Marie dachte, er würde es ihr sagen können, und alles würde wundervoll sein. Es war insgesamt eine berauschende Zeit, und daß sie keine hinlängliche gemeinsame Sprache hatten, machte sie noch berauschender. Nach viel Gefummel und Geseufze machte er ihr binnen einer Woche einen Antrag.
»Es war die einzige Möglichkeit, ihren BH runterzubekommen.«
Zu seinem Erstaunen nahm sie seinen Antrag binnen einer Minute an.
»Es war die einzige Möglichkeit für sie, aus Aix-en-Provence herauszukommen.«
Von einem so entschlossenen Ausländer per Luftbrücke in die Ehe befördert zu werden, befreite Anne-Marie auf einen Schlag von all den verworrenen Zweifeln und kleinen Ängsten, die ihr das Hirn vernebelten. Plötzlich wurden ihr Gewißheiten geboten. Hier war ein Mann, der sie erkennen lassen würde, wer sie war. Jetzt würde sie nicht mehr so tun müssen, als mache Biologie ihr Spaß; und bald würde sie in einem Ort namens Kilburn leben. Sie würden reisen; sie würden Kinder bekommen. Tom seinerseits entdeckte zu seinem Erstaunen, daß er im Herzen immer schon römisch-katholisch gewesen war, und so wurde in Vichy eine angemessene Hochzeit arrangiert. Am Morgen ihrer Hochzeit nahm Anne-Maries Vater Tom beiseite; und nachmittags weinte die

Mutter. Abends hatte Anne-Marie ihre Jungfräulichkeit verloren und weinte ebenfalls.

»Nein, natürlich hat es nie funktioniert«, meinte Tom jetzt und hob den Blick vom Feuer. »Wie sollte es auch? Ich hatte einen Reliquienschrein geheiratet.« Er nahm meine Hand und lachte. »Außerdem haßte sie Kilburn. Wenn ich's mir recht überlege, war das ungefähr das einzige, das wir gemeinsam hatten.«

Er ging nicht besonders ausführlich auf ihr gemeinsames Leben ein. Ich war eher froh – es klang so trostlos. Hin und wieder stellte ich eine Zwischenfrage.

»War es Sex?«

»Auf eine einseitige Art, ja!« erwiderte er. »Anne-Marie hatte Orgasmen, als ob sie sich selbst dafür haßte. Dann arbeitete sie verbissen darauf hin, nie wieder einen zu haben, und warf mir vor, ich würde sie wie eine Nutte behandeln. Ich entgegnete, mit einer Nutte könnte man vielleicht wesentlich mehr Spaß haben, was bei ihr nicht besonders gut ankam. Danach zog sie ihr Nachthemd immer im Badezimmer an. Kannst du dir das vorstellen? Leben im Kriegsgebiet.« Ich nickte. Ich mochte nicht zugeben, daß ich mir mein Nachthemd auch im Badezimmer angezogen hatte, als ich mit Harry zusammen war.

»Und sie war so schön«, seufzte Tom kopfschüttelnd. »Ich wollte sie lieben wie ein Löwe.«

»Vielleicht sind Löwen lausige Liebhaber«, meinte ich.

Tom sah überrascht drein.

»Ja. Vielleicht war ich ein lausiger Liebhaber«, antwortete er nach einem Augenblick. »Zumindest für sie. Aber trotzdem habe ich den Verdacht, das wäre jeder Mann gewesen.«

»Wie traurig«, sagte ich. »Was für eine Verschwendung.

Was war der Grund, warum dann endgültig Schluß war?«
Er sah plötzlich sehr müde aus.
»Das Kind ... so seltsam es klingt. Daß wir Solange bekamen.« Er brachte ein Lächeln zustande. »Weiß der Himmel, wie das nach sechs Jahren passiert ist. Anne-Marie muß geschlafen haben, oder ich habe an jemand anderen gedacht.« Tom schnaubte und warf noch ein Holzscheit ins Feuer. »Na egal, das war dann das Ende. Solange war die Schutzmauer, die sie brauchte. Und eines Tages ging sie einfach – mit dem Kind. Solange war noch kein Jahr alt. Sie sollte in Frankreich aufwachsen, erklärte Anne-Marie, nicht in Kilburn. Wohlgemerkt, da hatte sie nicht ganz unrecht, glaube ich.«
Zurück in Frankreich, war Anne-Marie eine völlig veränderte Frau. Sie entschied sogar, daß ihr Biologie doch Spaß machte. Sie wurde Lehrerin.
»Eine leidenschaftliche Lehrerin, ihren Briefen nach zu urteilen«, fuhr Tom fort. »Ich hätte geschworen, daß sie keinerlei Leidenschaft hatte. Aber da hast du's – Frösche hatten offenbar etwas freigelegt, das ich nicht finden konnte.«
Er lachte grimmig.
Sie habe nie wieder geheiratet, erklärte er; sie erkannte nicht einmal die Scheidung an, da sie eine fromme Katholikin war. Was sie betraf, blieb Tom der abwesende Ehemann und Vater, der Geld für Solange schickte – die er nur selten sehen durfte.
»Immerhin war ich ja Bigamist. Multi-Bigamist sogar. Ich hätte das Kind verderben können.«
»Hat es dir sehr weh getan, daß du deine eigene Tochter kaum gesehen hast?« fragte ich.
Ein Schatten huschte über Toms Gesicht.

»Ja«, gab er zu. »Dann habe ich mich daran gewöhnt – ich kannte sie nicht, ich dachte nicht einmal mehr, daß sie meine Tochter war.«
Ich fragte ihn, wann er Solange zuletzt gesehen hatte. Vor drei oder vier Jahren, erwiderte er; sie war mit ihrer Schulklasse in London gewesen.
»Sie war dick und pickelig. Überhaupt nicht wie ihre Mutter. Und ich wußte nicht, was ich ihr sagen sollte. Sie war einfach irgendein linkischer Teenager.«
Mehr sagte er nicht. Das Mädchen fing an, mir leid zu tun – keinen Vater und eine Mutter, die Vampirfledermäuse rettete. Nicht daß ich ihrer Ankunft mit Freude entgegengesehen hätte. Ich wußte nicht einmal, wie lange Solange bleiben wollte. Hatte sie etwa vor, bei uns zu *leben*, um all die verlorenen Jahre aufzuholen? Diese gottverdammten Frauen hörten nicht auf, wie Holzwürmer aus dem Balkenwerk zu kriechen. Wann konnte unser neues Leben beginnen?
»Du hast nur noch eins ausgelassen, Tom«, sagte ich. »Was hat deine Exfrau dazu gebracht, sich vom Biologieunterricht auf die Rettung madegassischer Vampirfledermäuse zu verlegen?«
Tom reagierte seine Wut noch immer am Feuer ab, das ihm mit zischenden Funken antwortete, als er darin herumstocherte.
»Ich glaube, Anne-Maries Leidenschaft hat sich einfach verlagert«, erwiderte er resigniert. »Nachdem sie weiß Gott wie viele Jahre Frösche und Mäuse seziert hatte, beschloß sie, daß sie sie nun retten würde. Ich hätte gedacht, daß es schon ein bißchen spät sei, aber sie offensichtlich nicht. Es wurde ihr Lebensinhalt. Egal, was in Gefahr war, sie würde es retten. Ich sag's dir, sie würde eine Kampagne zur Rettung von Kopfläu-

sen anzetteln, wenn sie vom Aussterben bedroht wären.«
Das alles war so absurd, daß ich mir das Lachen nicht verkneifen konnte.
»Vom *Krabbasutra* kann sie ja nicht viel gehalten haben«, meinte ich. »Denk an die ganzen armen Hummer, die wir in Gefahr bringen.«
Toms Lippen brachten die Andeutung eines Lächelns zustande.
»Es war sicher Anlaß für ein paar Gegrüßet-seist-du-Maria. Ich frage mich, wie sie überhaupt herausbekommen hat, daß ich es geschrieben habe. Ich kann mir so richtig vorstellen, wie sie bei dieser Verherrlichung fleischlicher Genüsse gebebt hat. Bis sie dann schließlich an das Geld gedacht hat, natürlich.«
Ich lachte immer noch.
»Geld für Vampirfledermäuse. Ich sag dir was, Tom. Warum lassen wir nicht eine auf sie los? Wir könnten sie ihr zusammen mit deiner Tochter zurückschicken.«
Diesmal gelang ihm ein richtiges Lächeln, und er nahm wieder meine Hand.
»Es tut mir leid«, sagte er. »Ich würde dir das alles lieber nicht zumuten. Komm, ich hab Lust auf dich.«
Es gab Augenblicke, in denen ich Tom fast alles verzeihen könnte.
»Solange dein Harem sich uns nicht anschließt«, antwortete ich. »Versprochen?«
Seine Hände verscheuchten die Vampirfledermäuse aus meinen Gedanken, als wir uns vor dem Feuer liebten.

»Langweile mich noch ein bißchen mehr«, sagte Ruth am Telefon. »Ich find's himmlisch.«
Sie lachte.

Ich tat mein Bestes. Ich erzählte ihr, wie Commander Normingtons Frau uns zum Essen eingeladen hatte, um ein paar »liebe Freunde aus der Nachbarschaft« kennenzulernen, und wie das Tom dazu bewogen hatte, seinen Flug nach Los Angeles »leider genau für diesen Tag« zu buchen. Weiter berichtete ich, daß unsere Bauarbeiter nächste Woche mit der Arbeit an der Mühle beginnen sollten und daß Clive in zwei Wochen für die Osterferien nach Hause kommen würde. Und schließlich überraschte ich sie mit der Neuigkeit von Emeldas Kochbuch zugunsten des Kathedralenturms von Salisbury und von Mr. Gants beharrlicher Aufforderung, ich solle ihn John nennen, obwohl ich für ihn sein »hübsches Füllen« blieb. Ruth legte immer noch nicht auf, also erzählte ich von den Krokussen und Narzissen, die im Garten herausspitzten, von Ayrton und dem Fischadler, von Mondkalb, die mich von der Brücke aus angestarrt hatte, und von Howard Minton, der heute vormittag angerufen und sich bei mir eingeladen hatte, um über »Geschäfte« zu reden. Und da ich fand, Ruth habe ein fetziges Finale verdient, hatte ich mir die Invasion der madegassischen Vampirfledermaus für den Schluß aufgehoben.
»Herrlich!« rief Ruth. »Das erinnert mich an zu Hause. Im diplomatischen Dienst hat man kein Zuhause. Nur das anderer Leute.«
Es schneite immer noch in Liechtenstein, klagte sie. Piers hatte sich einen Knöchel verstaucht, als er auf dem Schnee ausgerutscht war, daher waren sie und ihr neuer Skifahrer-Freund allein übers Wochenende weggefahren. Er sah unerhört gut aus und bevorzugte ältere Frauen – »Gott sei Dank!« meinte Ruth –, und wenn er auf diese Weise für die Olympischen Spiele trainiert habe, sei es kein Wunder, daß er nur die Silbermedaille

gewonnen hatte. »Noch nie zuvor hatte ich das Gefühl, eine Piste zu sein.«
Sarum Magna kam mir plötzlich richtig lahm vor. Als ich Ruth so reden hörte, wurde mir klar, wie sehr ich wünschte, sie wäre nicht so weit weg. Ich liebte ihr überschäumendes Temperament, ihre Maßlosigkeit, ihre Gabe, Ereignisse zu provozieren, wie katastrophal diese Ereignisse auch sein mochten. Und ich liebte ihre Freundschaft. Der Preis war nur, daß Ruth mir selbst zu meiner verruchtesten Zeit noch das Gefühl gegeben hatte, im Vergleich zu ihr nur ein gut abgerichtetes Haustierchen zu sein.
»Und Tom – benimmt er sich?« erkundigte sie sich, was sofort zur Folge hatte, daß ich mich wegen seines Flugs beunruhigt fühlte. Okay, er wollte nur mit seinem Anwalt, dem legendären Abram Kollwitz, zusammenkommen, aber wer weiß, welches einsame Geschöpf er unterwegs vielleicht kennenlernte – nun, als gefeierter Autor des *Krabbasutra*? Und ich saß in einem Weiler in Wiltshire fest, inmitten der blühenden Narzissen und »umsorgt« von Mrs. Teape. Kein sehr glanzvolles Leben.
»Mein Schatz, du solltest es mal mit Liechtenstein probieren«, konterte Ruth. »Der schärfste Ort in der ganzen Stadt ist das Foyer der Kowloon and Hong Kong Bank.«
Nach ihrem Riesenslalom mit dem olympischen Silbermedaillengewinner war ich davon nicht überzeugt. Ruth würde überall Glamour finden, selbst in der Kowloon and Hong Kong Bank.
Die ganze Woche schon war der März mild gewesen wie sonst der Mai. Während Tom laut und stöhnend Vereinbarungen für seinen Flug nach Kalifornien traf, gewöhnte ich es mir an, die Trampelpfade zu erkunden, die sich über die hinter dem Dorf aufragende Hügelkette schlän-

gelten, und nahm dabei die Superzoom-Kamera mit, die Tom mir zum Geburtstag geschenkt hatte. Ich hatte nie ganz begriffen, warum er das getan hatte oder was für Aufnahmen ich damit schießen sollte, aber ich entschied, nun sei der Augenblick da, es zu versuchen. Also wanderte ich umher und suchte nach Motiven, die ich fotografieren konnte. Nachdem ich mich eine Weile frustriert umgesehen hatte, holte ich mit der Linse ein paar Büschel Wildblumen heran, bis ich schließlich entdeckte, daß ich exakt dasselbe Bild hätte schießen können, wenn ich ein paar Schritte näher herangegangen wäre – ohne mich um den Zoom zu scheren. Dann versuchte ich es mit einem schwebenden Turmfalken, der mir vielversprechender erschien. Ich bekam den Vogel perfekt vor die Linse, aber in dem Moment, als ich auf den Knopf drückte, schoß der Turmfalke wie ein Stein nach unten und ich knipste ein preisverdächtiges Foto von einer Wolke in dreifacher Vergrößerung. Besonders toll machte ich meine Sache nicht.

Aber ein Morgen war wie verzaubert. Ich war früh losgegangen und blickte nun vom Hügelkamm aus in die Richtung der verstreuten Dorfhäuser unter mir. Nur – da war kein Dorf. Alles, was ich sehen konnte, war ein See aus Nebelschwaden, auf dem Dutzende von Dächern trieben, wie umgekippte Schiffe. Und auf dem Kiel jedes Schiffes thronte ein geschnitzter Fasan, als hätten sie alle einen Sturm überlebt. Die Nebelschwaden umwaberten und umspülten sie, drohten manchmal sie zu verschlucken, und ließen sie dann wieder stolz in die Sonne ragen. Ein irrealer, wunderbarer Anblick.

Das war genau das, wofür meine Kamera geschaffen war, entschied ich. Ich zoomte in die Fasane auf den Dächern, bis mein Bildsucher mir eine Aufnahme nach

der anderen lieferte, alle höchst spektakulär. Das waren Bilder, die der Titelseite des *Independent* würdig wären, vielleicht sogar einen Preis bekämen. Hatte ich die Fotografie bisher immer als die banalste Beschäftigung auf Gottes Erde betrachtet, so war ich nun hingerissen. Zum erstenmal begriff ich das Prickeln, das Profi-Fotografen empfinden. Vielleicht würde ich es ihnen sogar gleichtun, dachte ich, und stolz Vergrößerungen meiner schiffbrüchigen Fasane gerahmt an unsere Schlafzimmerwände hängen. Ob Tom sich darüber freuen würde? Würde er mein Genie zu schätzen wissen? Vielleicht wäre es eine nette Überraschung für ihn, wenn er aus Kalifornien zurückkam.
Dann hatte ich eine bessere Idee – eine glänzende Idee. Ich würde zwei oder drei meiner eher dynamisch wirkenden Aufnahmen von Sarum Magnas geschnitzten Fasanen auswählen und sie an Anne-Marie schicken. O ja! Brillant! Ich würde ausführlich erklären, daß all unsere Finanzmittel im Augenblick für die Rettung des geschnitzten Wiltshire-Fasans draufgingen – so genannt wegen seiner einzigartigen Angewohnheit, im Winter seinen Energieverbrauch zu drosseln, indem er in völliger Reglosigkeit auf den Dächern der örtlichen Dorfhäuser verharrte. Bedauerlicherweise, würde ich fortfahren, würden sie oft von der extremen Kälte unseres nördlichen Klimas überrascht, die sie steiffrieren ließ, woraufhin sie von ihren Hochsitzen fielen und in tausend Stücke zersprangen. Um diesen einzigartigen Bewohner unserer Region zu retten, sännen wir daher nach einer Methode, diese Tiere mit beheizten Hochsitzen zu versorgen. Ein teures Unterfangen, doch nichtsdestotrotz zweifellos der Mühe wert.
Ich fragte mich, ob Tom vielleicht denken würde, daß ich

die blöde Kuh nur noch zu weiteren Verrücktheiten anstachelte – oder sie könnte womöglich auftauchen, um die unglückseligen Kreaturen zu inspizieren –, aber dennoch würde mir der Witz einen Heidenspaß machen. Ich würde es tun. Die Frau hatte offenkundig keinerlei Sinn für Humor – um so mehr würde es Spaß machen, sie auf den Arm zu nehmen.

Höchst übermütig gelaunt, blickte ich hinunter auf das Dorf. Der Nebel löste sich rasch auf; hier war schon die Kirche zu sehen, wie gemeißelt im Sonnenlicht. Da war das *Milton Arms*. Und dort, umgeben von funkelndem Wasser, lag unsere Mühle. Unser Zuhause. Von hier oben wirkte sie ruhig und friedlich, wie eine Insel der Geborgenheit. Bei ihrem Anblick wurde mir ganz warm ums Herz, ich spürte, dorthin gehörte ich. Unser Leben hier würde glücklich und von Dauer sein. Toms Vergangenheit würde hier nicht eindringen. Nein, ganz bestimmt nicht!

Mittlerweile völlig fasziniert von meinem neuen Spielzeug, hob ich die Kamera erneut und drückte auf den Zoom. Unsere Mühle kam auf mich zugesaust. Und plötzlich sah ich Tom. Er las im Garten eine Zeitung. Dem Format nach vermutete ich, es sei die *Daily Mail*; in diesem Fall war er sicher in die königlichen Seitensprünge vertieft. Neuerdings hatte ich bemerkt, daß man schon ein erklärter Anhänger der Republik wie Tom sein mußte, um derart nach allen Details der lange gespielten Schlafzimmerfarce des Hauses Windsor zu lechzen; während ich, eine heimliche Royalistin, nicht das geringste Interesse an ihren Affären zeigte, außer daß ich mich fragte, ob ihre Lover das Gütesiegel »Königlicher Hoflieferant« auf den Hintern tätowiert hatten. Jedenfalls kommt es mir so vor, daß sich die königliche

Familie genauso benimmt wie alle anderen Ehepaare, nur daß sie irgendwie glaubt, das dürfe sie nicht. Sie kapieren anscheinend nicht, daß das der einzige Grund ist, warum wir sie mögen: weil wir uns mit ihnen identifizieren können. Sie lassen unsere eigenen schmutzigen Scheidungen königlich erscheinen.
Ich spähte weiter durch meinen Superzoom. Tom hatte die Seite umgeblättert; wahrscheinlich las er seinen vielbewunderten Keith Waterhouse, bei dessen Lektüre er sich immer wünschte, er hätte den Artikel selbst geschrieben. Es sah jedenfalls so aus, als studierte er ihn sehr genau. Dann sah ich, daß er die Zeitung auf den Boden warf und aufsprang. Ich konnte mir nicht vorstellen, warum, bis ich Mrs. Teape sah, die durch den Garten kam, in der Hand eine Tasse mit irgendwas drin – wahrscheinlich ihre Spezialität, aufgekochter Kaffee mit Kondensmilch. Armer Tom, das ist der Preis dafür, wenn man so verehrt wird. Er sah ganz aufgeregt aus und hatte wohl auch Grund dazu. Ja, ich hatte recht. Mrs. Teape blieb stehen, um die beiden Jumbo-Kämme in ihrem Haar festzustecken, bevor sie widerstrebend wieder ging. Ich sah, daß Tom ein oder zwei Sekunden wartete, bevor er den Kaffee vorsichtig in ein Blumenbeet goß. Dann nahm er die Zeitung wieder, überflog die Seite und faltete sie mit einer ärgerlichen Geste zusammen. Das paßte überhaupt nicht zu Tom. Nun, vielleicht waren es die Rennergebnisse, und er hatte verloren. Oder gewonnen. Zweifellos würde ich es bald erfahren.
Tom verließ den Garten. Ich vermutete, daß das Telefon geläutet hatte; die Leute haben eine besondere Art zu gehen, wenn sie zum Telefon hasten – als hätten sie Angst, es sei womöglich jemand gestorben. Da es nun nichts mehr zu sehen gab, wanderte ich mit dem Zoom

über John Gants Felder auf das Dorf zu und bekam mehrere Kühe und die komischen Hühner vor die Linse, bis etwas anderes meinen Blick fesselte. Ich senkte die Kamera, blinzelte und sah noch einmal hin. Kein Zweifel. Eine liegende Frau, splitternackt. Eine Nackte in Wiltshire? In Sarum Magna? Direkt vor den Augen der Kirche? Im März? Die Erscheinung lag im Garten eines der Cottages am Fluß auf einer Art Sofa, einen Ellbogen aufgestützt und den Kopf in der Hand ruhend. Dunkles Haar wogte über ihren Körper, und auch ihre Brüste wogten.

Während ich mir über dieses Phänomen den Kopf zerbrach, tauchte ein Mann auf, der in der Hand etwas schwenkte, das wie ein kurzes Stöckchen aussah. Wollte er sie schlagen? Ich stand da wie festgenagelt. Der Mann war kahlköpfig und sah ziemlich alt aus. Er trat auf sie zu, griff nach unten und drapierte mit der freien Hand ihre Brust neu, bevor er sich wieder ein wenig entfernte, um die Wirkung aus der Distanz zu bewundern. Einen Augenblick später wiederholte sich die Prozedur bei der zweiten Brust. Er ging mit ihnen um, als wären es Kissen; fast hätte ich erwartet, daß er sie aufschüttelte oder den Reißverschluß aufzog. Die Frau schien sich von diesem Gegrapsche nicht stören zu lassen. Sie gähnte, kratzte sich am Schenkel und lag dann wieder vollkommen reglos da. In diesem Augenblick erschien der Postbote; ich sah, wie er die Mütze lüftete und dem Mann einen Brief aushändigte. Dann machte er wohl eine Bemerkung übers Wetter, weil alle drei zum Himmel aufsahen. Diese plötzliche Bewegung ließ die Brüste der Frau wieder seitwärts gleiten, woraufhin sich der Mann beiläufig vorbeugte und sie wieder richtig plazierte. Der Postbote wartete, bis alles wieder in Ord-

nung gebracht war, lüftete seine Mütze ein zweites Mal und ging wieder.
Jetzt kapierte ich. Das mußte der Künstler sein, von dem ich gehört hatte und den Mrs. Teape so heftig mißbilligte. Ich erinnerte mich sogar an seinen Namen – Winston Cash. Und die Frau war diejenige, die ich vor einer Woche barfuß über die Felder gehen gesehen hatte. »Die beste Milchwirtschaft in ganz Wiltshire«, hatte John Gant geäußert. Zumindest konnte ich jetzt sehen, was er gemeint hatte.
Mittlerweile hatte ich genug von meinem Treiben als Voyeuse und machte mich den Kalksteinhügel hinunter auf den Weg ins Dorf. Der Pfad stieß genau gegenüber der Kirche auf die Straße, und als ich am Friedhofstor vorbeikam, erblickte ich Emelda Bustard, die gerade die Kirchentür hinter sich schloß und einen leeren Korb am Arm hängen hatte. Sie mußte die Blumen versorgt haben.
Sie sah mich, und nachdem sie Lloyd George von seinem Grabstein losgebunden hatte, schritt sie energisch auf mich zu.
»Der vierte Sonntag in der Fastenzeit«, rief sie aus. »Mein Martyrium ist fast vorbei. Am Passionssonntag übernimmt Wendy Normington die Blumen. Komische Zeiteinteilung; in Wendys Leben gibt es nicht viele Passionen – außer Bridge. Ich hoffe, sie hat Sie noch nicht an der Angel, meine Liebe.«
Emelda stellte ihren Korb ab und atmete tief aus, als wären die Blumen außergewöhnlich schwer gewesen. Sie trug ihr gewohntes purpurrotes Tweedkostüm, aber ich bemerkte, daß der Reinigungszettel weg war, möglicherweise hatte sie also ein zweites. Auf ihrer weißen Bluse war ein Eifleck.

»Ein Morgenspaziergang mit der Kamera, wie?« fuhr sie fort.
Ich erklärte ihr, was es mit dem Zoom auf sich hatte und daß man ihn wie ein Fernrohr benutzen konnte.
»Wirklich?« fragte sie erstaunt. »Und was haben Sie in Sarum Magna gezoomt?«
»Tom beim Zeitunglesen und eine nackte Frau«, antwortete ich wahrheitsgemäß.
Emelda lachte schallend und fing an, energisch an dem Eifleck herumzureiben, den sie gerade bemerkt hatte, wodurch sie die Sache jedoch nur schlimmer machte – ein freilaufender Eifleck, dachte ich und versuchte, mir ein Lächeln zu verbeißen.
»Eine nackte Frau!« rief sie. »Na, in Sarum Magna gibt es nur eine nackte Frau, und das ist Concha. Die hat aber dieses Jahr früh angefangen. Muß das warme Wetter sein. Winston malt sie immer im Freien. Vermutlich hält er sich für Renoir«, fuhr Emelda fort. »Ich wollte ihn immer fragen, was er im Winter macht, aber das könnte indiskret sein. Im Sommer lockt sie jedenfalls eine ziemliche Menschenmenge an den Aussichtspunkt, wo Sie eben waren. Männer mit Ferngläsern, die so tun, als würden sie Vögel beobachten. Sie haben sogar Bier und Sandwiches dabei. Ayrton glaubt, daß sie *wirklich* Vögel beobachten und lädt sie ein, mit ihm zu kommen und sich unsere Teichrohrsänger anzusehen; er kapiert nicht, warum sie nein sagen und wollen, daß er verschwindet.« Sie kicherte und rückte dem Eifleck noch einmal mit ihrem Taschentuch zu Leibe. »Ich kann Ihnen sagen, an warmen Nachmittagen ist das ein regelrechtes Dorfereignis. Ich habe den Fremdenverkehrsheinis in Salisbury schon gesagt, sie sollten das mit in ihren Prospekt aufnehmen. Die Japaner wissen nie, was sie

noch tun sollen, wenn sie die Kathedrale fotografiert haben, und auf dem Weg nach Stonehenge könnten sie Concha doch leicht mitnehmen, meinen Sie nicht? Es muß doch etwas geben, das wir Briten den Japanern beibringen können. Schließlich haben ihre Frauen keinen solchen Busen, oder? Flach wie Pfannkuchen. Kein Wunder, daß sie alle den Mikrochip verehren.«

Emelda nickte abschließend und nahm ihren leeren Korb.

»Ich muß gehen und für Ayrton etwas zum Mittagessen auftreiben«, verkündete sie und zerrte an Lloyd George, der für sich bereits etwas im Abfall am Straßenrand aufgetrieben hatte.

Plötzlich blieb sie stehen.

»Oh, übrigens, Sie haben gesagt, Tom hat eine Zeitung gelesen. Ich *habe* ihn doch heute morgen in der *Mail* gesehen, oder?« Emelda blickte gen Himmel, als säße ihr Gedächtnis dort oben. »Ging um irgendeine Affäre, die er vor einiger Zeit gehabt hat. Ja, das war's. Natürlich lange vor Ihrer Zeit, meine Liebe. Ich muß sagen, es klang wie ein Riesenhaufen Unsinn, aber sehr spaßig zu lesen. Was er in Los Angeles alles mit Mayonnaise angestellt hat. Raffiniert, ich seh das Zeug jetzt mit ganz anderen Augen. Viel interessanter als Marlon Brando mit seiner Butter. Wie hieß der Film noch mal? *Der letzte Tango in Paris*. Ja, der war's.« Sie lachte entzückt. »Wissen Sie, ich habe damals Ayrton ins Kino mitgenommen, aber er hat überhaupt nicht begriffen, was eigentlich Sache war; er sagte nur, für ihn sehe es mehr nach Margarine aus als nach Butter, und wie typisch für die Amerikaner, daß sie nicht fähig sind, den Unterschied zu erkennen. Das muß das letzte Mal gewesen sein, daß ich ihn ins Kino mitgenommen habe. Danach habe ich ihn seinen Libellen überlassen, den goldigen Kerl.«

Aber ich hörte nicht zu. Ich murmelte Emelda einen Abschiedsgruß zu und eilte nach Hause.

Ich hatte also recht gehabt, was Toms absurdes Benehmen im Garten betraf. Als ich die Eingangstür aufmachte, geriet ich mitten in einen Ausbruch blinder Wut, und Opfer war eine Zeitung, die völlig zerfleddert auf dem Küchentisch lag, als hätte Tom sie gerade gemeuchelt. Er brachte offenbar keinen zusammenhängenden Satz mehr heraus; seine Ausdrucksweise war auf das Wort »Scheiße« reduziert, das er an allen möglichen Stellen wie ein Flächenbombardement einsetzte.

»Was für eine Scheiße ist denn hier los, Tom?« fragte ich, um ihm Gesellschaft zu leisten.

Nun versiegte sein Wortschatz völlig, und er deutete nur mit dem Finger auf die anstößige Seite. Ich nahm sie; es war die Klatschspalte. Als erstes fiel mein Blick auf das Foto einer Frau mit einem Lächeln, das erst an den Ohren endete, und mit einem Körper, der ihr Kleid zu sprengen drohte. »Samantha – nach Rache lechzend«, lautete die Bildunterschrift.

Schweigend las ich den Artikel, den Toms Augen regelrecht versengt hatten. Ganz Kalifornien, hieß es, spreche von der Eine-Million-Dollar-Abfindungsklage der »schönen Schauspielerin und jetzigen Kochkünstlerin Samantha Parsons gegen ihren früheren Geliebten, den englischen Journalisten Tom Brand. Die kurvenreiche Ms. Parsons«, ging es weiter, »beharrt darauf, daß die Rezepte in Mr. Brands Bestseller, dem Meeresfrüchtekochbuch *Krabbasutra*, während der Zeit, als er mit ihr in Los Angeles zusammenlebte, von ihr kreiert worden seien.« Weiterhin behauptete der Artikel, Freunde von

Ms. Parsons hätten sich an Abende in Brands Wohnung erinnert, an denen Gäste neuerfundene Gerichte probierten, als Vorspiel zu wahren »Orgien«, wie es hieß. Hier kam der Verweis auf Mayonnaise und ihre unübliche Verwendung, auf die Emelda angespielt hatte. »Mr. Brand«, schloß der Artikel, »hat jeden Kommentar verweigert«.

»Hast du das?« fragte ich, leicht überwältigt.

Tom hatte seinen Armer-schwarzer-Kater-Blick aufgesetzt und tapste mit hängenden Schultern im Zimmer auf und ab.

»Niemand hat mich je gefragt. Sie wissen nicht, wo ich bin, Gott sei Dank. Aber Valerie sagt, das Agenturtelefon habe pausenlos geklingelt. Sie ist etwa vor einer halben Stunde zu mir durchgekommen. Und weißt du was, dieses verfluchte Weib findet das *lustig*! Vor allem das mit der Mayonnaise. Sie sagt, das wird die Verkaufsziffern gigantisch in die Höhe treiben. Und sie wollte wissen, ob es stimmt.«

»Und stimmt es?« fragte ich.

Der Kater hörte auf, im Zimmer herumzuschleichen, und sah mich fast flehend an.

»Nein, kein Wort. Ich schwöre es dir. Kein einziges Wort. Samantha und ich haben kaum je Parties gegeben, und wenn, dann waren sie für *meine* Freunde, nicht für ihre. Und *ich* habe gekocht – immer; bei Samantha hätten sie alle Salmonellenvergiftung oder Schlimmeres bekommen. Und außerdem war sie normalerweise hackedicht. Und wenn ich Mayonnaise gemacht habe, dann für den Fisch und nicht zum Ficken. Das ist ... das ist ...« – Toms Hände umklammerten einen imaginären Hals – »das ist ein totaler Scheiß. Die Frau macht bloß Wirbel. Sie ist reif für die Klapsmühle.«

»Aber vielleicht ist sie auch gefährlich«, gab ich zu bedenken.
Tom kaute auf seiner Lippe herum, weil es ihm gegen den Strich ging, zuzugeben, daß ich vielleicht recht hatte.
Dann läutete das Telefon. Tom hob abwehrend die Hände und wich zurück. Ich opferte mich und nahm den Hörer ab. Es war Scott Campbell aus L.A., nicht ganz nüchtern und gerade von einer späten Party heimgekommen. Ob er Tom sprechen könne? Es sei wichtig, beharrte er.
Ich reichte Tom den Hörer.
Tom hörte mit ausdrucksloser Miene zu und sagte kaum etwas. Ich machte Kaffee und fühlte mich hilflos und wütend. »Gut, ich komme am Donnerstag rüber, dann können wir darüber reden, und ich werde hören, was Kollwitz zu sagen hat. Herrgott noch mal, ich hoffe bloß, *daß* er was parat hat.«
Er legte auf und schlürfte eine Weile schweigend seinen Kaffee. Schließlich war er imstande, mir zu erzählen, was Scott gesagt hatte. Auf der Party, von der er gekommen war, waren auch einige Medien-Heinis gewesen, die sich über die ganze Samantha-Story schadenfroh die Hände rieben – affengeiles Material, sie konnten gar nicht genug davon kriegen. Niemand kriegte genug davon. Samantha hielt Pressekonferenzen ab wie andere Frauen Tupperware-Parties. Für jeden etwas. Wenn man Titten wollte, gut, dann Titten. Wenn man Mayonnaise wollte, dann eben Mayonnaise. Das neueste Angebot waren Bananen – die Story war, daß Tom es erotisch gefunden habe, ihr beim Schälen zuzusehen. Und dann war da noch etwas, das er gerne mit Hummern anstellte – Scott konnte sich nicht mehr genau erinnern, was.

Natürlich wußte jeder, daß dieses Tittenbiest sich das ganze Zeug aus den Fingern sog, aber egal, es war ein phantastischer Stoff. Nach Scotts Ansicht hatte sie sich meine alles andere als sittsamen Illustrationen für das *Krabbasutra* angesehen und behauptete nun, so sei es wirklich gewesen – »poetische Ungerechtigkeit«, wie er es formulierte.

Aber es ging noch um Ernsteres, erklärte Scott. Mindestens sechs Leute, die Samantha kannte, waren nun bereit, vor Gericht zu schwören, daß Tom alles in dem Buch ihr verdankte – daß er alles geklaut hatte. Wahrscheinlich dächten sie alle, der Fall sei schon gewonnen, und hätten daher schon einen Prozentsatz als Judaslohn vereinbart. Tom solle sich besser schnell etwas einfallen lassen, wenn nicht alles, was er verdiente, in einem Mayonnaisesee versinken sollte.

Eine gute Nachricht gab es: Scott hatte Samanthas Ex-Gatten aufgestöbert.

Die schlechte Nachricht war, daß der Mann sich in ein Kloster geflüchtet hatte. Noch dazu war es ein Schweigeorden.

Tom stöhnte.

Auf dem Haus lastete den ganzen Tag lang bedrücktes Schweigen, als wären wir selbst einem Schweigeorden beigetreten.

Um ein wenig Normalität aufrechtzuerhalten, ging ich am Spätnachmittag in den Dorfladen, um ein paar Sachen zu kaufen, die ich nicht brauchte. Als ich eintrat, blickte die Frau des Ladeninhabers von der *Daily Mail* auf.

»Guten Abend, Mrs. Brand«, sagte sie spitz. »Ich vermute, Sie brauchen eine Tube Thomys.«

sechs

Abschiednehmen auf dem Flughafen ist wie eine Art Sterben. Ich hasse es. Sogar »Liebling, es ist nur für ein paar Tage«, schien ein leeres Versprechen, als Tom verschwand und mit Bordkarte und einem zerfledderten Paß in der Hand winkte. Ich fühlte mich beraubt; so vieles, das mir leidenschaftlich viel bedeutete, wurde diesen jungen, als Piloten verkleideten Männern mit den frischen Gesichtern anvertraut – *we fly the friendly skies* –, als gäbe es keine solchen Dinge wie Gewitterstürme, falsche Computerinformationen, Plastiksprengstoff oder – der Himmel steh uns bei – »menschliches Versagen«.

Keiner von uns beiden ist gut im Abschiednehmen. Dabei ist unser Verhalten so verschieden, wie es nur geht. »Lady Caroline Lamb hat Byron eine Locke ihres Schamhaares geschickt, als er fort war«, war Toms Beitrag zu unseren liebevollen letzten Minuten. »Fühl dich bitte nicht verpflichtet, dasselbe zu tun; sie hat sich geschnitten.«

Na super!

Ich meinerseits bemühte mich krampfhaft, nicht in Tränen auszubrechen, und tat es dann doch.

Als ich anschließend aus Heathrow heraus auf die M4 fuhr, verspürte ich eine spontane Regung, rechts nach London abzubiegen, anstatt westwärts in die hügeligen Shires und »nach Hause« zu fahren. London kannte mich so gut – so tröstlich gut. Es hatte meine guten und meine schlechten Zeiten miterlebt; dort hatte man mich gehegt,

in Stücke gerissen und wieder zusammengeflickt; es war meine Wiege und mein Bett gewesen. London war ein Spiegel, der mir verläßlich immer sagen würde, wer ich war. All meine Erinnerungen, meine gesamte Vergangenheit war London. Aber jetzt hatte die Vergangenheit ein Schild »Zu verkaufen« an der Tür hängen, so wie das kleine Haus in Chiswick, wo ich gelebt und mit Harry gestritten hatte, wo ich Clives Zimmer in den Farben der Tottenham Hotspurs dekoriert und wo ich mit der Katze Spindle gespielt hatte, bis sie eines Tages überfahren worden war; das Haus, in das ich heimgekommen war, nachdem ich das erste Mal mit Tom geschlafen hatte und wußte, daß er der Mann war, mit dem ich für immer schlafen wollte.
Ich spürte den Drang, schnell zurückzufahren und das »Zu verkaufen«-Schild abzureißen. Warum sollte ich meine eigene Vergangenheit begraben, wenn meine einzige Belohnung darin bestand, daß ich immer tiefer und tiefer in die von Tom hineingezogen wurde?
Genau in diesem Augenblick entfernte er sich in einer Geschwindigkeit von sechshundert Meilen pro Stunde von mir, um noch ein bißchen mehr davon aufzurühren. Samantha, dieses gottverdammte Weibsstück, mit ihrer Mayonnaise! Ich wünschte, ich könnte ihr das Zeug da hineinstecken, wo es weh tut, alle siebenundfünfzig Sorten, die es gibt.
Kurz nach der Ausfahrt Basingstoke fiel mein Blick auf eine Reklametafel, die eine Frau zeigte, die mit einer Meute von Schreckgespenstern in einer Gefängniszelle eingesperrt war. Sie sollten die Schrecken von Verdauungsstörungen darstellen. Ich litt nicht an Verdauungsstörungen, aber ich verstand etwas von Schreckgespenstern. Meine waren weiblich; sie kamen aus Toms Pri-

vatzoo, und irgend jemand hatte die Käfigtür offengelassen.
Das erinnerte mich an unser Gespräch vom frühen Morgen. Tom bringt mir immer Tee ans Bett und tischt mir dazu irgendeine komische Bemerkung auf, die ich in meiner Schläfrigkeit jedoch meistens nicht beantworte. Heute war es folgendes gewesen: »Weißt du, Jan, ich glaube doch nicht, daß ich so viel mit Lord Byron gemeinsam habe. Außer in einer Hinsicht: Beide sind wir eines Tages aufgewacht und haben festgestellt, daß wir berühmt sind – der Unterschied ist, daß Byron vierundzwanzig war und ein romantisches Gedicht verfaßt hatte, während ich vierundfünfzig bin und ein Kochbuch geschrieben habe.«
Er seufzte, als würde der Vergleich ihm kaum gerecht.
»Und als Folge davon seid ihr beide von Frauen belästigt worden«, knurrte ich halbwach.
»Ah«, seufzte Tom und schlürfte an seinem Tee, »aber da ist noch ein Unterschied. Byrons Frauen wollten ihn alle heiraten; meine sind alles Frauen, die ich schon geheiratet habe – zumindest vor Gott.«
»Ich hoffe um deinetwillen, daß Gott ein Auge zudrückt«, murmelte ich. »Ich wünschte, ich könnte es.«
Es war also nicht die beste Art gewesen, den Tag zu beginnen. Und allein an Basingstoke vorbei heimzufahren machte die Sache nicht viel besser. Ich dachte an die Tage ohne Tom, die vor mir lagen, und was ich in der Zeit tun sollte. Himmel, morgen in aller Herrgottsfrühe sollten die Bauarbeiter kommen und anfangen, die Mühle herzurichten. Und der mysteriöse Mr. Minton kam zum Lunch, um mich für die Illustrationen eines Kinderbuchs anzuheuern. Vermutlich sollte ich mich geschmeichelt fühlen, daß dieses große Tier in der Verlagsbranche

hinter meinen Talenten her war. Du *bist* geschmeichelt, tu nicht so obercool, sagte ich mir; selbst wenn er sich als blutleerer alter Schwächling entpuppt, dem man schon von Ferne seine jahrzehntelange Mitgliedschaft im Club ansieht. Und es war mir nur zu recht, wenn er bemerkte, daß ich hübsch war und keinen Ehering trug – wenn das sein Angebot erhöhte.
Zwischen Andover und Amesbury plante ich bereits, was ich Mr. Minton zum Lunch vorsetzen wollte, und fragte mich, ob hinter der äußeren Fassade dieser süßen kleinen Blondine nicht das Herz eines ausgekochten Luders steckte. Dann fiel mir Tom ein, und ich wußte, daß das nicht stimmte.
Südlich von Amesbury stieg die Straße bergan durch die umgepflügten Grasflächen, die einmal die Ebene von Salisbury gewesen waren. Dort hatten sich einst jene großen Trappenvögel, die Ayrton Bustards Namensvettern waren, versammelt, bis – zweifellos – seine eigenen Vorfahren den Vogel durch die Jagd ausgerottet hatten, so daß nur noch sein Bild auf dem Familienwappen übrigblieb. Die Straße fiel wieder ab und schlängelte sich durch Felder mit smaragdgrün leuchtendem Winterweizen, auf denen breitbeinig die Hochspannungsmasten mit ihren himmelwärts gespannten Leitungen aufragten. Und vom letzten Hügel aus sah ich plötzlich unser Dorf; dicht gedrängt ruhten die Häuser träge dort unten am Fluß. Und da war unsere Mühle; von morgen an sollte sie in ein Zuhause umgebaut werden, das zu unserem neuen Leben paßte, vorausgesetzt, wir bekamen je die Chance, es zu verwirklichen.
Beim Anblick der Mühle vergaß ich Minton und meine Träume von dezenter Verführung. Ich wollte Tom wiederhaben. *Jetzt.* Und ich lachte, als ich mich daran

erinnerte, wie wir uns vor dem Feuer geliebt hatten, bis es heruntergebrannt war und wir fröstelten, so daß Tom es schüren mußte, noch während er *mich* schürte.

Da meine Gedanken offenbar ständig unlogische Ketten bildeten, kam mir plötzlich die Idee, Tom eine Überraschung zu bereiten. Ich würde sein neues Arbeitszimmer zu einem sensationellen Raum voll Wonne und Entzücken gestalten. Als Ruth im letzten Sommer hiergewesen war, hatte sie hingerissen von einem absoluten Top-Innenarchitekten geschwärmt, den sie kennengelernt hatte. Wenn sie nur ein eigenes Haus hätte, um ihm darin freie Hand zu lassen! Sehr schön und sehr jung, aber ein wahres Genie – »ein Raffael des Schlafzimmers«. Ich war wie immer skeptisch gewesen gegenüber Ruths Beurteilung schöner junger Männer – »Genie« tendiert bei ihr dazu, ein Synonym für »Genitalien« zu sein –, aber dennoch hatte ich mir seinen Namen und seine Nummer notiert und ihn dann prompt völlig vergessen.

Aber morgen würde ich ihn anrufen, ihm Fotos von dem Raum schicken, der Toms auf den Fluß hinausblickendes Arbeitszimmer werden sollte, und dann mal sehen, welchen erstaunlichen Plan er präsentieren würde. Jetzt erinnerte ich mich sogar an den Namen des Mannes – Ashley de Vere. Er klang außergewöhnlich aristokratisch und war zweifellos außergewöhnlich teuer. Egal, ich würde es tun. Wenn Tom Lord Byron sein sollte oder Lord Byrons Biograph – und selbst wenn er sich mit einem Lord-Byron-Kochbuch begnügte –, dann sollte er diesen Neigungen auch in einem würdigen Rahmen frönen können.

Der Matsch quietschte vertraut unter den Reifen, als das Auto über die Schlaglöcher unseres Pfades holperte, den nicht einmal ein Grundstücksmakler als Auffahrt zu bezeichnen gewagt hätte. Es war fast ein Uhr. In ein paar Minuten würde ich mir etwas zu trinken einschenken. Ich war allein. Ich stellte fest, daß ich noch nie längere Zeit allein hier gewesen war.

Ich war es nicht.

Drei Autos parkten nebeneinander auf der kleinen Fläche, die wir dadurch geschaffen hatten, daß wir den Schlamm vor unserem Cottage mit Kies überstreuten. Bevor ich Zeit hatte, mich zu fragen, was es mit diesen Besuchern wohl auf sich hatte, kamen hinter Büschen und Mauern sechs Männer hervor und liefen auf mein Auto zu. Drei davon schwenkten Notizbücher, während die anderen sich mit Kameras auf mich stürzten, als ich die Autotür öffnete.

Instinktiv hielt ich mir die Hand vors Gesicht, und in diesem Sekundenbruchteil begriff ich, warum so viele Pressefotos Leute zeigten, die genau das taten, als wären sie auf frischer Tat ertappte Mörder. Ich war halb im Auto, halb draußen, wie gelähmt, den Blick zum Selbstschutz gesenkt, und murmelte irgend etwas, ich hatte keine Ahnung, was. Fragen prasselten auf mich ein. Ich brachte es fertig aufzustehen – lächelte ich? Noch mehr Aufnahmen. Mir wurde bewußt, daß ich einen sehr kurzen Rock anhatte, der während der langen Fahrt noch weiter nach oben gerutscht war. Ich versuchte, ihn nach unten zu ziehen, ließ meine Tasche fallen, bückte mich, um sie aufzuheben, und mir wurde klar, daß die Kerle jetzt wahrscheinlich meinen Busen sehen konnten. Noch mehr Fotos. Noch mehr Fragen. Hatte ich irgend etwas gesagt? Vielleicht, und ich wußte nicht, was.

Irgendwie mußte ich mich zusammenreißen. Ich hörte Fragen, ohne sie zu verstehen.

»Meine Herren«, sagte ich (warum um alles in der Welt war ich denn auch noch so höflich?), »ja, ich *bin* Janice Blakemore.«

Meine Antworten kamen jetzt wie aus der Pistole geschossen.

»Ja, ich lebe mit Tom Brand zusammen.«

»Nein, wir sind nicht verheiratet.«

»Nein, er ist nicht hier.«

»Nein, er versteckt sich nicht irgendwo, er ist in Kalifornien, um sich mit seinen Anwälten zu treffen.«

»Ob das mit den Orgien stimmt – was meinen Sie damit? Ich war nicht dort; das müssen Sie ihn fragen.«

»Nein, ich sage Ihnen nicht, wo er in Kalifornien wohnt.«

»Nein, er hat keine Affäre mehr mit Ms. Parsons.«

»Ja, ich *bin* ganz sicher.«

»Die Mayonnaise? Woher soll ich wissen, ob das stimmt? Ich bezweifle es sehr.«

»Nein, wir verwenden sie nur für Salatsoßen.«

»Bananen? Jeder schält sie, oder nicht? Wie soll man sie denn sonst essen, Herrgott noch mal?«

»Hummer! Ich habe keine Ahnung, was Tom mit Hummern gemacht hat! Vermutlich hat er sie gekocht.«

»Nein, Sie dürfen unser Schlafzimmer nicht fotografieren, und selbst wenn Sie dürften, würden Sie keine Hummer darin finden – oder sonst irgend etwas, das Ihre dreckigen Gemüter anheizen könnte. Und jetzt verpissen Sie sich!«

»Ja, ich weiß, Sie tun nur Ihren Job; suchen Sie sich halt einen besseren.«

»Nein! Guten Tag, meine Herren!«

Noch mehr Fotos, während sie rückwärts eilten, um zwischen mich und die Eingangstür zu kommen. Mir wurde bewußt, daß sie mich beim Weinen geknipst ha-

ben mußten. Ich konnte nichts dagegen tun, ich schluchzte einfach – zum zweitenmal an diesem Tag.
Dann waren sie fort.
Ich heulte immer noch, als ich mir einen großen Wodka-Tonic einschenkte. Dann erinnerte ich mich, daß Ruth einmal gesagt hatte: »Wenn dir jemals die Presse vor der Tür auflauert, Darling, dann vergiß nicht, bezaubernd zu lächeln und absolut nichts zu sagen außer ›Guten Morgen‹.« Na schön, zumindest hatte ich sie »meine Herren« genannt, auch wenn ich gesagt hatte, sie sollten sich verpissen.
O Gott, dachte ich, welche Fotos würden sie verwenden – die Beine, den Busen oder die Tränen?
Aber wer war das überhaupt gewesen? Falls sie es gesagt hatten, hatte ich es nicht registriert.
Da fiel mein Blick auf eine Notiz, die Mrs. Teape hinterlassen hatte – das hatte mir im Augenblick gerade noch gefehlt. Mrs. Teape hatte mir einmal erzählt, sie habe große Probleme mit den Regeln der Groß- und Kleinschreibung gehabt, und es habe Jahre gedauert, bis sie es begriffen hatte. Das Ergebnis war, daß sie sich angewöhnt hatte, in einem stetigen Rhythmus fast alle Wörter groß zu schreiben. Manchmal variierte sie diese Methode, indem sie auch den letzten Buchstaben groß schrieb, und um die Verwirrung noch größer zu machen, hatte sie die Neigung, dafür Großbuchstaben dort wegzulassen, wo sie tatsächlich hingehört hätten. Und nie unterbrach auch nur ein Ansatz von Interpunktion den Schreibfluß. Mrs. Teapes bizarre Mitteilungen waren eine Kunstform, und sie zu entschlüsseln war so, als versuche man jemandem zu folgen, der ohne Punkt und Komma redet und einen chronischen Schluckauf hat. Glücklicherweise war die Notiz nur kurz:

»liebe mrs brand, Ich Hoffe Ich Habe Richtig Gehandelt Drei jungE herren Aus london Sind Zu Besuch GekommeN Als Ich AbgestaubT Habe Und Haben Nach mr brand Und nach ihnen GefragT Weil Sie Die Ganze Lange strecke GefahreN Sind Habe Ich Ihnen tee GemachT Ich Hoffe sie HabeN Nichts Dagegen Aber Ich Habe GedachT Es Ist Weil sie Doch ministerin in mr majors regierung Werden Sollen Sie HabeN Gesagt Davon WisseN Sie Nichts Und Sie WollteN Etwas Anderes Wissen Vielleicht Haben Sie Noch Ein Anderes Kleines geheimnis mrs brand Aber Wie Ich Immer Sage Ich Will Nicht Neugierig Sein Wir BraucheN Bitte Wieder persil Und meister proper Viele Grüße Nora Teape.«
Aus irgendeiner Laune heraus hatte sie am Schluß die Großbuchstaben richtig gesetzt. Zum erstenmal sah ich, daß sie mit Vornamen Nora hieß.
Ich verbannte alle anderen Dinge, die Mrs. Teape möglicherweise zu den »drei jungen Herren« gesagt hatte, aus meinen Gedanken und kam zu dem Schluß, daß ich einen sehr ruhigen Nachmittag brauchte.
Mittlerweile hätte ich wissen sollen, daß Entschlüsse dieser Art fatal sind. Gegen halb drei klopfte es an der Tür. Aus Sorge, es könnten wieder Reporter sein, spähte ich vorsichtig aus dem Badezimmerfenster, aber es stand kein Auto draußen, und ich konnte zunächst niemanden entdecken. Ein wenig ängstlich öffnete ich die Eingangstür einen Spalt. Die Gestalt, die vor mir stand, hätte direkt einer Karikatur des frühen *Punch* entstiegen sein können. Zwei große Füße waren im Abstand von fast einem Meter auf dem Kies aufgepflanzt. Darüber verschwanden zwei dünne Beine in Knickerbockern, und die wiederum verschwanden unter einer langen Norfolk-Jacke, deren Seitentaschen wie Eselskörbe nach außen

standen. Aus der feuchten Mundöffnung schnellte die Zunge hin und her und verfehlte dabei nur um Haaresbreite die Spitze eines gewaltigen Zinkens, auf dessen Rücken die Krempe eines Tweedhuts auflag. Augen konnte ich nicht entdecken. Der Mann trug in der einen Hand einen großen Korb und in der anderen ein Bündel, das auf den ersten Blick aussah wie junge Bäumchen. Jede Frage erübrigte sich: Ayrton Bustard war zum Angeln gekommen.

»Guten Tag, Madam«, begrüßte er mich mit einem ruckartigen Kopfnicken. Die Zunge schnellte noch lebhafter hin und her. »Ist Mr. Brand vielleicht zu Hause?«

»Nein«, erklärte ich. »Aber kommen Sie doch bitte herein.«

Reichlich ungestüm schüttelte er den Kopf. Mehrere Nasentropfen spritzten nach rechts und links.

»Nein, nein. Zu freundlich von Ihnen. Aber nein«, rief er. »Ich habe nur gehofft, ich könnte mir zusammen mit Ihrem Mann ein wenig die Zeit vertreiben.«

Mir lag die Bemerkung auf der Zunge, daß alle Leute, die dies bisher wollten, Frauen gewesen waren. Emelda hätte das gefallen, aber Ayrton wahrscheinlich nicht. Daher erklärte ich, daß Tom in Kalifornien sei und erst in ein paar Tagen wiederkommen werde.

Ayrton nickte traurig, und diesmal fiel ein Nasentropfen senkrecht nach unten.

»Wie schade. Ich scheine nie Glück zu haben«, meinte er und wandte sich schon halb zum Gehen.

Ich lud ihn noch einmal ein und bot ihm Tee an.

»Sehr freundlich von Ihnen, aber nein«, beharrte er. Dann zögerte er. »Aber vielleicht haben Sie nichts dagegen«, fügte er hinzu, »wenn ich Ihr Wasser einmal inspiziere?« Bei ihm klang das wie ein Urintest, und ich

mußte mir ein Lächeln verbeißen. »Wie gescheit von Ihrem Mann, daß er das beste Fischwasser im Umkreis von Meilen gekauft hat. Er muß sehr geschickt mit der Rute sein.«
In der Tat, dachte ich. Vor allem, wenn man an den Schlamassel dachte, in den wir deswegen hineingeraten waren.
Es war unmöglich, Ayrton nicht gern zu haben. Obwohl Emelda die gemeinsten Sachen über ihn sagte, nannte sie ihn immer liebevoll den »goldigen Kerl«. Und er war goldig. Ich beschloß, meinen Mantel anzuziehen und ihn zu begleiten. Eifrig ging er voran zum Fluß. Gebückt, wie er ging, war seine lange Nase hinunter zum Wasser gerichtet, und es wirkte, als schnuppere er nach Forellen.
Nachdem er so eine Weile in den Fluß gespäht hatte, schien Ayrton zufriedengestellt.
»Ja, sie kommen schön nach oben«, meinte er. »Sobald Ihr Mann zurück ist ...«
Dann wandte er sich fast lebhaft zu mir um.
»Emelda hat mir erzählt, daß sein Name sehr dick in der Zeitung war. Wie interessant. Ich sehe mir nie die Zeitung an, aber darf ich fragen, um welches Thema es ging? Angeln vielleicht? Schreibt er über den Angelsport? Das würde ich zu gerne lesen.«
»Nein, eigentlich ging es nicht ums Angeln«, erwiderte ich. »Er ist in Kalifornien, um sich mit Anwälten zu treffen.«
Ayrton nickte beifällig und fing sorgfältig einen Nasentropfen mit seinem riesigen Taschentuch auf.
»Als Angler muß Ihr Mann Kalifornien natürlich gut kennen.« Wieder nickte er, so daß seine Nase erneut tropfte. »Gescheite Leute, diese Amerikaner. Kennen

sich bemerkenswert gut mit Libellen aus, wissen Sie.«

»Tatsächlich?« staunte ich.

»O ja! Vor allem mit den *Zygopterae*, was man gar nicht erwarten würde, nicht wahr?«

Hoffnungsvoll schüttelte ich den Kopf.

»Nein, vermutlich nicht.«

Er grunzte befriedigt, dann nahm er seine Angeln und seinen Korb.

»Ich habe Sie schon zu lange mit meinem Geplapper aufgehalten. Ich werde warten, bis Ihr Mann wieder zurück ist.« Höflich tippte er mit den Fingern an den Hutrand. Als er sich zum Gehen wandte, warf er den Kopf zurück und suchte forschend die Bäume am Ufer ab. Wieder grunzte er. »Haben Sie wohl schon den Zilpzalp gehört?« fragte er dann.

Ich sah ihn verwirrt an – was zum Teufel war ein Zilpzalp? Aber Ayrton schien das nicht zu bemerken.

»Der erste Zugvogel. Sobald er da ist, weiß ich, daß es Frühling ist. Ein prächtiger kleiner Kerl, der Zilpzalp, denke ich mir immer. Meinen Sie nicht auch?«

Ich murmelte irgend etwas, aber Ayrton hoppelte schon über das Gras, Angel über der Schulter, und blickte hin und wieder auf die Bäume.

»Guten Tag, Madam«, rief er. »Und vielen Dank für Ihre reizende Gesellschaft. Meine Empfehlung an Ihren Gatten. Ich freue mich darauf, mit ihm das Wasser zu teilen.«

Ich wandte mich ab, um nicht zu lachen.

Der Nachmittag ging weiter, wie er begonnen hatte, nur daß die Unterbrechungen nun finsterer Natur waren. Etwa alle zehn Minuten läutete das Telefon. Beim erstenmal war nur Schweigen zu hören – nicht einmal

schweres Atmen, nur Schweigen. Genau dasselbe passierte beim zweitenmal, und ich legte den Hörer schnell wieder auf. Als es wieder läutete und wieder nur Schweigen zu hören war, knallte ich den Hörer auf die Gabel. Mittlerweile war ich reichlich nervös. Ich war allein im Haus; Tom war zigtausend Meilen weg, in zwölftausend Metern Höhe. Den ganzen Vormittag hatten mir die klatschhungrigen Geier von der Boulevardpresse aufgelauert, und nun wurde ich von einem anonymen Anrufer terrorisiert. Zum erstenmal in meinem Leben verspürte ich so etwas wie Verfolgungswahn.
Dann klingelte es zum viertenmal. Ich holte tief Luft und packte den Hörer. »Fick dich ins Knie!« brüllte ich hinein, ohne auf das Schweigen zu warten. Triumphierend blickte ich ein oder zwei Sekunden lang auf den Hörer – gerade lange genug, um eine Frauenstimme stammeln zu hören: »Ist dort Mrs. Brand?«
Ich schluckte.
»Am Apparat«, sagte ich, so ruhig ich konnte. »Wer ist dran?«
»Wendy. Wendy Normington«, kam die Antwort; die Stimme klang schon erholter.
O Gott!
»Oh, hallo!« sagte ich mit zitternder Stimme. »Es tut mir leid, irgendwie müssen wir in ein anderes Gespräch geraten sein.«
»Ja, wirklich.« Ich merkte, daß sie das nicht glaubte, und fühlte mich schrecklich. Was um alles in der Welt konnte ich tun?
»Ich wollte Sie nur fragen, ob es nicht möglich wäre, daß wir uns bezüglich des Dinners bei uns auf einen Abend einigen, an dem Sie und Ihr Mann gemeinsam kommen können«, fuhr sie fort.

Jetzt saß ich in der Klemme.
»Natürlich«, erwiderte ich schwach. »Kein Problem. Wir kommen gerne.«
Wie durch einen Nebel hörte ich mir selbst zu, wie ich für einen Abend in der kommenden Woche zusagte. Mir kam es vor, als erwähnte sie noch einen früheren Gouverneur der Bermudas und den Aufsichtsratsvorsitzenden von irgend etwas, das wie ein Zischen klang.
»Reizende Leute«, versicherte Wendy. »Wahrscheinlich kennen Sie die Mogg-Barlows.«
Ganz bestimmt nicht.
»Keine Abendgarderobe, ganz zwanglos«, fügte sie hinzu. »So ist es uns lieber.«
Ob Abendgarderobe oder pudelnackt, ich konnte mir auf keine Art vorstellen, daß es mir gefallen würde. Und auch wenn Tom im Augenblick über dem nördlichen Polarkreis in der Club Class saß und sich vollsüffelte, hatte ich doch jetzt schon Angst, was er sagen würde.
Oh, London; bitte, laß mich zurückgehen nach London, dachte ich, als ich auflegte. Das war das Schlimmste am Landleben – ich wurde wohl für immer von Leuten mit Beschlag belegt, von deren Existenz ich in London nicht einmal etwas wüßte und die ganz sicher meine Existenz nicht bemerken würden. Aber hier herrschte diese Oasenmentalität: Teile meine Dattelpalme!
Ich kauerte mich in einen Sessel und beschäftigte mich wieder mit der Frage, wer mich mit den anonymen Anrufen terrorisiert hatte. Eine Welle der Angst überflutete mich. Vielleicht war es die Fluglinie, die mir mitzuteilen versuchte, daß Toms Flugzeug über dem Atlantik verschollen war. Oder Clives Schule, die mich davon in Kenntnis setzen wollte, daß man Clive wieder hinausgeworfen hatte. Oder meine Mutter, die nicht

mehr dazu in der Lage war, mir zu sagen, daß sie einen Schlaganfall gehabt hatte.
Wieder läutete das Telefon. Diesmal war es mein Makler in Chiswick. Er habe einen ernsthaften Kaufinteressenten für mein Haus, verkündete er. Der Preis, den ich verlangt hatte, sei akzeptiert worden, und das Gutachten sei prima. Noch dazu wollten sie in bar zahlen; keine Kette von weiteren Käufern war im Hintergrund versteckt, es bestand noch nicht einmal irgendwelcher Hypothekenbedarf. Die idealen Umstände, versicherte mir der Makler; höchst ungewöhnlich mitten in einer Rezession, es könnte wirklich nicht besser sein. Nur noch ein paar kleine Details waren zu klären, bevor man zum Vertragsabschluß kommen könnte. Wäre es mir möglich, zu einem Treffen mit den Interessenten nach London zu kommen? Sie wollten zum Skifahren, würden aber in ein paar Wochen wieder dasein. Würde mir das passen?
Ich fühlte mich, als sollte meine Lebensader abgeschnitten werden. Bye-bye, London!
»In Ordnung«, antwortete ich. »Rufen Sie mich doch an, wenn sie zurück sind.«
Ich konnte nicht anders, ich hoffte, daß er nie anrief; daß die Käufer entgegenkommenderweise in eine Gletscherspalte stürzten; daß er auf den Skipisten eine Frau wie Ruth kennenlernte und mitten beim Après-Ski erwischt würde; daß sie eine unheilbare Leidenschaft für das Leben auf Haiti entwickelten; daß sie beide gleichzeitig einen Hirntumor bekamen. Irgend etwas. *Irgend* etwas.
Ich machte mir einen Tee. Fast wäre mir nach einem doppelten Scotch gewesen, aber ich hatte Angst, daß ich dann weinerlich werden könnte. Ich blies in den Dampf, der aus der Tasse stieg, und sah lustlos aus dem Fenster.

Schon wieder klingelte das Telefon. Ich hob ab und dachte, diesmal könnte es vielleicht eine Freundin sein. Es knackste in der Leitung und piepste, dann hörte ich Wortfetzen von weit entfernten Gesprächen in verschiedenen Fremdsprachen; vielleicht war ich mit der UNO verbunden. Ich sagte mehrmals »Hallo« und wollte schon auflegen, als mich plötzlich eine Männerstimme auf französisch anschrie.

»Allo! Monsieur Brand?«

Mein Französisch reichte nicht aus, um mich mit jemandem zu unterhalten, der mich für einen Mann hielt. Ich brachte ein *»Non!«* heraus, dann wechselte ich wieder auf Englisch über.

»Wer ist dran?«

Wieder ein Mischmasch von Lauten und Silben, dann folgte ein langes Räuspern.

»Er ist nischt dort, Monsieur Brand?«

»Nein, er ist nischt 'ier oder dort«, erwiderte ich. »Mit wem spreche ich?«

»'ier ist Professor Montblanc von der Université de Montpellier«, fuhr die Stimme fort. »Isch rufe auf Vorschlag von Mrs. Brand an. Wer bitte sind Sie?«

Ich sah bereits rot. Der heutige Tag wurde immer lausiger.

»Hier *ist* Mrs. Brand«, erklärte ich energisch.

»*C'est impossible*, Madame. Mrs. Brand ist 'ier in Montpellier.«

»Es gibt eine ganze Menge Mrs. Brands, Monsieur«, erklärte ich und fragte mich, wie ich mich aus dieser Sache herauswinden sollte. »Verschiedenen Alters und Gesundheitszustands.«

»Ah, maintenant je comprends.« Die Stimme klang erleichtert. »Sie sind also seine Mutter – natürlisch.«

Ich weiß nicht, ob Professor Montblanc mich lachen hörte oder nicht, aber da er nun einmal festgelegt hatte, daß ich Toms Mutter war, fing er an, mir eine lange Mitteilung durchzugeben, die ich meinem Sohn, der – wie ich erklärte – geschäftlich unterwegs war, ausrichten sollte. Er sei Embryologe – ein bedeutender Embryologe, betonte er. Sein Spezialgebiet seien vom Aussterben bedrohte Tiere, *les animaux mis en danger*, und so sei er in Kontakt mit Mrs. Brand gekommen – *une femme très engagée, bien sûr*. Er nehme an, die Notlage der madegassischen Vampirfledermaus sei uns bewußt. Die Krise dieser unglückseligen Kreaturen sei verursacht durch den schlimmen Raubbau an den männlichen Fledermäusen. Daher plane er ein Projekt für eine *banque de sperme* dieser Tiere – ein schwieriges und kostspieliges Unterfangen, nicht nur wegen der todbringenden Bisse der betroffenen *chauve-souris*, sondern auch wegen ihrer äußerst winzigen Sexualorgane. Der Professor war sicher, daß ich fähig sei, meinem Sohn die außergewöhnliche Bedeutung dieses Projekts und die dringliche Notwendigkeit zu erklären, es finanziell zu unterstützen. Er würde in Kürze zu einigen Konferenzen mit dem World Wildlife Fund – der in dieser Angelegenheit bisher bedauerlicherweise wenig entgegenkommend gewesen sei – nach England kommen und würde Monsieur Brand gerne besuchen, um über seinen Beitrag zu sprechen. Würde ich bitte Mrs. Brands Grüße und Empfehlungen an ihren Gatten ausrichten – und daß er, Professor Montblanc, darauf vertraue, daß Monsieur Brand bald der *grand sauveur de la chauve-souris vampire de Madagascar* werde.
Bevor ich auflegte, bat ich Professor Montblanc, Mrs. Brand die herzlichsten Grüße von ihrer Schwiegermut-

ter auszurichten. Sogar jemand, der so blöd wie Anne-Marie war, würde sich wahrscheinlich daran erinnern, daß Tom seine Mutter im zarten Alter von drei Jahren verloren hatte.
Ich hatte es dringend nötig, aus dem Haus zu kommen. Es war früher Abend, und vom Fluß her begann Nebel aufzusteigen und sich wie Buttermilch über die feuchten Felder zu legen. Ich zog Gummistiefel und einen Anorak an und wünschte mir plötzlich, ich hätte einen Hund, der mich begleiten könnte. Vielleicht sollten wir uns einen zulegen – einen Hund, der einen besonderen Abscheu gegen pensionierte Marinekommandeure und ihre Frauen hatte; der alle gefährdeten Arten anfallen würde; ein Hund, der bei Abfindungsanwälten und ihren megabusigen Mandantinnen das Bein heben würde. Ein Hund, der mich liebte und vor dem ganzen Sauhaufen beschützte.
An der Flußböschung wuchs üppig und weich das Gras. Wasserratten unterhielten einen Fährdienst vom einen Ufer zum anderen und kräuselten dabei das Wasser V-förmig. Aus Nestern im Schilf hörte man ein Kreischen, das Ayrton zweifellos in helle Aufregung versetzt hätte. Ein Schwan glitt lautlos durch den Nebel. Wie schön es hier war! Aber wie konnte ich das Leben dazu bringen, daß es zu dieser Schönheit paßte?
Ich wünschte, Tom wäre hier. Mittlerweile müßte er in Los Angeles gelandet sein, und heute abend würde er anrufen. Der einzige Anruf des Tages, auf den ich mich freute. Heute nacht im Bett würde ich ihn vermissen.
Als ich zurückkam, dämmerte es. Ich würde mir ein großes Glas zu trinken einschenken – mehrere Gläser; mir dann ein Omelette machen und den heutigen Tag zu vergessen versuchen, außer den Abschied von Tom am

Flughafen und seine Stimme, die sagte: »Liebling, es ist nur für ein paar Tage.«
Und morgen würde ich Howard Minton kennenlernen. Ein ernsthaftes Gespräch. Arbeit. Darauf würde ich meinen Verstand konzentrieren – damit ich zurechnungsfähig blieb.
Als ich den Schlüssel im Schloß umdrehte, warf ich noch einen Blick auf den Fluß; ich konnte gerade noch eine Gestalt auf der Brücke erkennen. Ich schrak zusammen, dann begriff ich, daß es Mondkalb war. Schon wieder. Was *wollte* sie? Plötzlich wurde ich wütend, rannte den Weg hinunter auf sie zu und winkte mit den Armen, daß sie bleiben solle. Aber als sie mich sah, verschwand sie im Wald.
Der passende Abschluß eines absoluten Scheißtages.

Ich wachte zeitig auf, mit verquollenen Augen, weil ich zu wenig geschlafen hatte. Toms Anruf aus Los Angeles war erst um zwei Uhr morgens durchgekommen – wegen eines Erdbebens, das alle Dienstleistungsbetriebe in L.A. durcheinandergebracht hatte. Er klang fröhlich; das Erdbeben sah er als Symbol für seine Ankunft, und er machte eine unfeine Bemerkung über Samanthas San-Andreas-Graben und das Vibrieren, das die örtliche Presse und jeder andere, der ihn seiner ganzen Länge nach erforschen wollte, darin spüren konnte. Dann wurde er ernster und versicherte mir, daß er am Morgen als erstes Abram Kollwitz aufsuchen würde.
Ich erzählte ihm, wie mir die Presse aufgelauert hatte, und er fluchte.
»Warum zum Teufel belästigen sie *dich*? Ich bin derjenige, der angeblich im Schlamassel steckt.«
»Weil ich schönere Beine habe«, schlug ich vor.

Ich hörte, wie er in sich hineinlachte. Aber er hielt das für keinen besonders guten Grund.
»Du fehlst mir«, sagte ich.
»Was fehlt dir?«
»Deine Arme um mich.«
»Sonst nichts?«
»Doch, aber ich verrate es nicht, damit die Telefonleitungen nicht in ein noch größeres Durcheinander gestürzt werden.«
Toms Lachen klang sexy. Ich erzählte ihm weder von der Dinnerparty bei den Normingtons noch von dem verrückten Professor aus Montpellier, der mich für Toms Mutter hielt. Die konnten warten. Dafür erklärte ich, daß am nächsten Morgen die Bauarbeiter kamen, so daß wir bald das Haus unserer Träume haben würden.
»Ich habe nur einen Traum«, erwiderte er.
Danach war ich sanft in den Schlummer geglitten.
Die Erinnerung an Toms Anruf wurde getrübt durch den Gedanken, was wohl die morgendlichen Boulevardblätter bringen würden. Ich wagte es nicht, sie im Dorfladen zu kaufen, daher beschloß ich, nach Salisbury zu fahren. Es war noch nicht einmal acht Uhr, ich würde also leicht zurück sein, bevor die Bauarbeiter gegen neun Uhr kamen, und rechtzeitig, um alles Peinliche in den Zeitungen vor Mrs. Teape zu verstecken.
Das erste Geschäft, das ich fand, war in Bahnhofsnähe. Vor mir – und bald auch hinter mir – stand eine Schlange von ernst dreinblickenden Pendlern in dunklen Anzügen, die darauf warteten, den *Daily Telegraph* und die *Financial Times* zu kaufen. Der Ladeninhaber, ein Inder mit ausdrucksloser Miene, reichte ihnen die Zeitungen, fast ohne einmal zu fragen. Als ich an die Reihe kam, stellte ich fest, daß ich nicht wußte, welche Zeitungen ich

kaufen sollte, und auf der Ladentheke lag eine riesige Menge an Boulevardblättern ausgebreitet. Ich mußte sie wohl alle kaufen. Mir war klar, daß man hinter mir mit den Füßen scharrte und hektisch auf die Uhr sah, und so schnappte ich mir von jedem Stapel eine, so schnell ich konnte. Ein junger Mann hinter mir mit aufgedunsenem Gesicht griff über meine Schulter nach seiner *Financial Times* und sah mich herablassend an: »Anspruchsvolle Lektüre heute, wie?« Hinter ihm erklang Gekicher.

Ich hatte nun den Arm voll mit rund einem Dutzend Revolverblättern, die ich kaum halten konnte. Und wie sollte ich so meinen Geldbeutel herausholen? Noch mehr Leute griffen an mir vorbei nach der *Financial Times* oder dem *Telegraph* und warfen mir belustigte Blicke zu. Der indische Ladeninhaber zeigte keinerlei Belustigung. Ich mühte mich immer noch damit ab, an meinen Geldbeutel zu kommen.

Ich hatte ihn nicht dabei. Keinen Penny hatte ich in der Tasche. Hastig trat ich zur Seite, damit die Schlange vorrücken konnte, und stieß an einen Postkartenständer. Snoopy-Karten verteilten sich auf dem Boden. Als ich sie aufzuheben versuchte, rutschten mir die Zeitungen aus dem Arm, Nummer um Nummer, und flatterten wie Herbstblätter zu Boden.

Ich hatte mehr als genug. Ich ließ die Snoopy-Karten liegen, knallte den durcheinandergeratenen Zeitungsstapel auf den Ladentisch und hastete aus dem Laden. Ein Mann mit Bauch und Fliege grinste anzüglich, als er mir übertrieben höflich die Tür aufhielt.

»Hatten eine stürmische Nacht, wie, meine Liebe?« Es roch durchdringend nach After-shave, als der Mann sich lachend an seinen Kumpel wandte: »Der Loverboy hat offensichtlich nicht bezahlt, bevor er gegangen ist, was?« fügte er laut hinzu.

Alles lachte. Ich brachte ein liebenswürdiges Lächeln zustande und ließ ihm die Tür auf die Finger knallen, als ich ging.

Als ich wieder zurück in Sarum Magna war, fühlte ich mich bereits ruhiger; das Ganze kam mir sogar lustig vor. Aber nicht lange. Es war Viertel vor neun, der Lastwagen der Bauleute stand bereits auf dem Kies, und die Eingangstür war offen. Mrs. Teape sah mich kommen und eilte mit einem glückstrahlenden Lächeln herbei.

»Oh, Mrs. Brand«, verkündete sie, »ich habe die Bauarbeiter kommen sehen, und Sie waren nicht da, deswegen bin ich schnell rübergekommen und hab sie reingelassen, weil es geregnet hat; ich hoffe, Sie haben nichts dagegen. Ich mache ihnen gerade Tee.« Sie sah ungewöhnlich selbstzufrieden aus. »Und ich habe ihnen die Zeitungen gegeben. Die Herren gestern haben mir gesagt, für welche sie schreiben, deswegen hab ich extra alle drei gekauft und mitgebracht, weil ich wußte, daß Sie drinstehen. Ich wollte, daß die Bauleute wissen, was für eine bedeutende Persönlichkeit Sie sind, damit sie auch gute Arbeit machen. Genau dasselbe habe ich zu Mrs. Normington gesagt. Es schadet nie, den Leuten zu zeigen, wer man ist. Klasse bleibt Klasse, sage ich immer.«

Als wolle sie ihrem Standpunkt Nachdruck verleihen, stieß sie sich fest den Kamm ins Haar.

Ich eilte ins Haus.

Ein halbes Dutzend Bauarbeiter saß um den Wohnzimmertisch herum. Keiner von ihnen blickte auf; sie schienen meine Existenz gar nicht zu bemerken. Dann sah

ich, warum. Eine Reihe tätowierter Arme hielten drei Boulevardblätter aufgeschlagen, die alle Fotos von mir zeigten. Gestern hatte ich mich gefragt, welche Fotos sie wohl verwenden würden – meine Beine, meinen Busen oder meine Tränen.
Eins von jedem.
Während ich dastand, fingen sie an, die Zeitungen weiterzureichen. Sie bemerkten mich immer noch nicht, und ich beobachtete sie. Ein entsetzlich konzentriertes Schweigen herrschte. Dann gab einer einen knurrenden Laut von sich.
»Sapperlot! Schau dir das an, Fred!«
Und er stieß mit dem Zeigefinger auf den Tisch. Ich zuckte zusammen. Es war die Aufnahme, die mich zeigte, als ich mich bemühte, aus dem Auto zu steigen, Beine voran.
»Tolle Beine, was?«
Allgemein zustimmendes Gemurmel.
»Ja, Klasse!« kam das Echo von den anderen.
Ein anderer zog einen Bleistift hinter dem Ohr hervor und beugte sich tiefer über die Zeitung, die vor ihm lag. Dann sah er zu den anderen auf und grinste.
»Die ist rundherum ganz schnucklig, würd' ich sagen.«
Es war das Foto, auf dem ich mich bückte und tiefe Einblicke von oben gewährte.
»Ha!« sagte der erste. »Hätte nichts dagegen, die Titten mal in der Hand zu haben.«
Alle feixten. Mrs. Teape erschien mit einem Tablett voller Teetassen in der Tür. Ich nahm es ihr ab und trat lächelnd an den Tisch.
»Vielleicht nehmen Sie auch die gern in die Hand.«
Die Männer blickten auf, erkannten mich und erstarrten. Ich reichte die Tassen herum. Der mit den »Tit-

ten« murmelte etwas, das wie eine Entschuldigung klang.
»Schon gut«, sagte ich und kippte ihm den heißen Tee mit einer ruckartigen Bewegung direkt über den Hosenlatz.
Mit einem Jaulen sprang er auf.
»O je!« rief ich. »So eine Sauerei! Aber machen Sie sich nichts draus. Sie wollten doch bestimmt schon immer mal einen heißen Ständer haben.«
Die anderen verbargen ihre Verlegenheit hinter Gelächter, warfen mir verblüffte Blicke zu und grinsten begeistert über den begossenen »heißen Ständer«. Dann stürzten sie ihren Tee hinunter und schlurften verlegen hinter ihrem Kollegen hinaus in den Regen. Ich sah, daß das Auto des Poliers eben neben ihrem Lastwagen hielt.
»Danke für den Tee!« riefen ein paar.
Mrs. Teape faltete die Zeitungen geschäftig zu einem ordentlichen Stapel und räumte die Tassen ab.
»Ein wenig ungehobelt, manche von denen«, erklärte sie spitz. »Sind eben Bauernlümmel.«
Dann eilte sie zurück in die Küche.
Heute mittag sollte Howard Minton kommen. Ich fühlte mich eigentlich nicht recht in der Verfassung, jemanden zu empfangen – noch weniger mit der quasselnden Teapot, die um mich herumwuselte, während ich das Essen vorbereitete. Bestrebt, weitere Indiskretionen zu vermeiden, sagte ich ihr, es wäre mir recht, wenn sie früh ginge.
»Sind Sie ganz sicher, Mrs. Brand? Ich könnte gerne bleiben und das Essen servieren.«
Mir schauderte bei dem Gedanken, daß Mrs. Teape Minton erzählte, ich würde Kabinettsministerin in Mr.

Majors Regierung werden. Ich hatte sowieso schon einige Stoßgebete gen Himmel gesandt, daß ein so vornehmer Verleger sich nicht herabließ, die Regenbogenpresse zu lesen.

»Ganz sicher, Mrs. Teape. Vielen Dank.«

Sie sah enttäuscht aus.

Jetzt war es halb zwölf. Was sollte ich anziehen? Minton hatte garantiert eine Hühnerbrust und Schuppen; trotzdem mußte ich Eindruck schinden. Schließlich war das mein neues Leben – erfolgreiche freiberufliche Künstlerin, umworben von seriösem Verleger. Die verrufene Illustratorin des *Krabbasutra* gehörte der Vergangenheit an.

Ich entschied mich für enge Jeans und einen hinreißenden Joseph-Pulli, den ich mir an dem Tag geleistet hatte, als meine Scheidung ausgesprochen wurde – pink und weit, mit riesigen aufgestickten Rosen. Ich war vernarrt in ihn. Die Leute drehten schon auf hundert Meter Entfernung die Köpfe. Sexy, aber nicht so offensichtlich; gewollt salopp. Und in letzter Minute natürlich – ein Hauch *Giorgio*.

Ich lachte. Gleich würde ich mein erstes Geschäftsessen geben.

Eine Flasche weißer Mâcon Villages war im Kühlschrank. Das Essen stand, mit Folie abgedeckt, auf dem Küchentisch. Die Bauarbeiter waren nebenan zugange – ich hörte das Dudeln eines Transistorradios. Mrs. Teape war gegangen. Tom war Zehntausende von Meilen fort.

Es war Mittag.

Zehn nach zwölf.

Zwanzig nach zwölf.

Kein Minton.

Noch ein hastiger Tupfer *Giorgio* hinters Ohr.

Dann läutete das Telefon. Das Baugeschäft in Salisbury. Lief alles zu meiner Zufriedenheit?

»Ja!«

Würde es mir etwas ausmachen, dem Polier etwas auszurichten?

»Hat es Zeit bis heute nachmittag?« Herrgott, beeil dich!

»Na schön, wenn es nicht lange dauert.«

Es dauerte lange! Ein weißer Alfa Romeo fuhr vor. Der Mann am Telefon leierte weiter, sagte immer dreimal dieselben Sachen. »Tut mir leid, ich muß Schluß machen«, sagte ich schließlich.

Es läutete an der Tür, während ich immer noch erklärte, daß ich *wirklich* Schluß machen mußte. Es läutete zum zweitenmal.

Vor der Tür stand, mit einem Lächeln und einem großen Blumenstrauß, der junge Harrison Ford.

sieben

Später ließen Ruths neugierige Fragen die Telefonleitung heißlaufen. Ich hätte Harold Mintons Besuch nie erwähnen sollen.

»Wie alt war er, sagst du?«

»Um die Dreißig; vielleicht sogar jünger«, antwortete ich. »Beängstigend jung jedenfalls.«

»Und beängstigend attraktiv. Erfolgsmensch. Unverheiratet. Nun, mein Schatz, was gedenkst du damit anzustellen?«

Ich sagte, daß ich die Absicht hatte, absolut nichts anzustellen. Ich hatte Tom, und ich wollte Tom.

»Ja, ja, natürlich.« Ruths Stimme wurde energisch. »Aber man kann ja trotzdem ein bißchen die Phantasie spielen lassen, meinst du nicht? Es macht Spaß, eine neue Speisekarte zu studieren, selbst wenn man sich entschließt, nichts zu bestellen. Hast du Mr. Minton gefallen?«

Ich sagte ja, ich glaubte schon, und Ruth klang erfreut. »Dann mag er Frauen, die älter sind. Das ist in unserem Alter immer eine gute Nachricht. Und er hat dir außerdem einen Job angeboten?«

»Anscheinend mehrere«, erwiderte ich. »Als erstes Hilaire Belloc – *Matilda, die so schrecklich log*, weißt du.«

»Und wie schrecklich wirst du Tom anlügen?«

»Gar nicht«, sagte ich. »Oder wenigstens erzähle ich ihm keine faustdicken Lügen.«

Ruth lachte.

»Nicht mal halb-faustdicke?«

Ruth, die einen Mann hatte, den sie zärtlich liebte, schwor nämlich trotzdem auf folgendes Rezept: Um wahrhaft glücklich *in* der Ehe zu sein, müsse man wahrhaft glücklich *außerhalb* der Ehe sein. Liebhaber waren für Ruth ein Lebenselixier, Treue dagegen eine Art Tod – ihre Ehe ginge daran zugrunde, erklärte sie beharrlich. Die Aids-Panik hatte ihren Lebensstil keineswegs gedämpft, sondern lediglich ihre Safaris wählerischer und ihre Vorsichtsmaßnahmen gründlicher gemacht. Weiß der Himmel, was alles in die Diplomatentasche für die Reise nach Liechtenstein gestopft wurde.

»Ich wollte noch nie mit einem Verleger schlafen«, fuhr sie nachdenklich fort. Ich versuchte zu erklären, daß ich das auch nicht wolle, aber Ruth verfolgte bereits ihre eigenen Gedankengänge. »Ein seltsamer Beruf. Ständig befaßt man sich mit den Leidenschaften anderer Leute, nie mit den eigenen. Man fragt sich, ob Verleger überhaupt Leidenschaften haben. Es muß sein, als würde man in Stellvertretung gevögelt – heute abend D. H. Lawrence, morgen Tolstoi. Obwohl das vermutlich für Abwechslung sorgt. Vielleicht sollte ich es einmal versuchen. Warum schickst du mir deinen Mr. Minton nicht mal her? Ich könnte ihm als Gegendienst einen sehr dünnen Liechtenstein-Führer schreiben – oder vielleicht sogar einen dickeren, wenn seine Gunstbeweise entsprechend sind. Vielleicht könntest du das für mich herausfinden.«

Als sie schließlich auflegte, hatte ich ihr fast nichts über Howard Minton erzählt, was mir nur recht war. Ich hatte im übrigen tatsächlich keine besonderen Pläne, meinen neuen Verleger zu verführen.

Aber bei Gott, es wäre leicht gewesen. Und ich mußte zugeben, daß er außergewöhnlich attraktiv war. Dichter dunkler Haarschopf. Eindrucksvolle Backenknochen. Sinnlicher Mund. Gefährliche Augen – ich dachte an Toms »griechische Oliven« und lächelte. Howard hatte mich offen angesehen und sich wohl gefragt, worüber ich lächelte, und ob das vielleicht eine Art Aufforderung sei. Und er sah mich weiterhin an, zweifellos in der Hoffnung, das noch herauszufinden.

Es war einer dieser fesselnden Augenblicke, wenn man an einer Kreuzung steht und die absolute Entscheidungsfreiheit hat. Ich konnte jeden Weg wählen, der mir gefiel. Während Howard mich durchdringend ansah, wurde mir bewußt, daß ich schon bei zahllosen Gelegenheiten an diesem Punkt gestanden hatte und – zu verschiedenen Zeiten in meinem Leben – schon alle Wege eingeschlagen haben mußte, die mir offenstanden. Als ich als hysterische Jungfrau auf der Kunstschule war, hatte jeder Weg vor mir prickelnd gefährlich gewirkt, so sehr, daß ich meistens panikartig den Rückzug antrat – gewöhnlich bedeutete das einen raschen Besuch auf dem Klo – und mich hinterher verfluchte, weil ich so ein Feigling war.

Als ich Harry kennenlernte, war es ganz anders gewesen. Da hatte ich überhaupt keine Wahl gehabt. Er hatte mich einfach den Weg entlanggeschleppt, der direkt in sein Schlafzimmer führte, und nicht lange darauf zum Standesamt und dann in den Kreißsaal.

Danach kamen die Jahre als vorbildliche Ehefrau, in denen ich alle Blickkontakte mit einem sittsamen Senken der Lider abwürgte und der einzige für mich einzuschlagende Weg der gerade und schmale zurück ins Ehebett war, selbst wenn Harry wahrscheinlich zur selben Zeit das Ehebett eines anderen Mannes usurpierte. Dann kamen die rauschenden Monate nach Harry. Und plötzlich war keiner der Wege auch nur im geringsten gerade oder schmal, und nach dem Prinzip, daß alle Wege nach Rom führen, schienen sie unvermeidlich in das Ehebett einer anderen Frau zu führen, das mich am Ende erwartete – was für mich völlig in Ordnung war, vorausgesetzt, sie befand sich zu dem Zeitpunkt nicht gerade darin.

Und jetzt? Verblüfft erkannte ich, daß ich mich in einer vollkommen neuen Lage befand. Vor mir saß ein umwerfend attraktiver Mann. Er gefiel mir verdammt gut – natürlich. Es wäre phantastisch, eine Affäre zu haben, und ich bräuchte nur den Augenkontakt so lange zu halten, bis es richtig funkte. Das Haus war leer und der Nachmittag lang. Der Weg zu meinem Bett war kurz und verlockend; der einzige Wegweiser, der nötig gewesen wäre, war das Hochziehen einer Augenbraue. Ruth hätte sich das nicht zweimal überlegt.

Ich überlegte kaum *ein*mal. Ich senkte den Blick.

»Kennen Sie eigentlich Tom?« fragte ich lächelnd, als er wie zufällig meine Hand berührte.

»Ich glaube nicht«, erwiderte er und zog die Hand zurück.

»Sie müssen einmal kommen, wenn er da ist.«

»Sehr gerne.«

Howard Minton war also ein Mann, der die Regeln des Spiels perfekt beherrschte und offensichtlich auswendig konnte, wie sicher die meisten weiblichen Angestellten seines renommierten Verlages bestätigen könnten.

Aber er war sehr, sehr attraktiv.

Ich erzählte Ruth so wenig wie möglich von alldem, und ich hatte ganz bestimmt nicht die Absicht, es Tom zu erzählen. Die Abwesenheit des Partners erlaubt einem gewisse diskrete Freiheiten, und ich war glücklich, ein kleines Flirtgeheimnis zwischen mir und meinem jungen neuen Verleger zu wahren, das hübsch auf kleiner Flamme bleiben sollte. Ich hatte nicht die Absicht, die Temperatur zu erhöhen. Diese Zeiten waren vorbei, und ich war erleichtert darüber. Ich wollte Tom zurückhaben. Heute sollte er mich anrufen und mir sagen, wann er wiederkam.

Hätte ich Tom gefragt, wie er den ersten Abend nach seiner Rückkehr aus Kalifornien auf keinen Fall verbringen wollte, hätte die Antwort wahrscheinlich gelautet: »Dinner bei den Normingtons.«

»Rat mal!« sagte ich und versuchte, heiter zu klingen. Dann sagte ich es ihm.

Der Jet-lag war seinem Sinn für Humor nicht gerade förderlich, und es half auch nichts, ihn daran zu erinnern, daß er zwei Tage später als beabsichtigt zurückgekommen war; er zog eine Fratze und stöhnte leise. Zuerst erklärte er, daß er überhaupt nicht zu der Dinnerparty gehen würde.

»Sag ihnen, daß ich k.o. bin. Sag ihnen, ich habe Fleckfieber. Sag ihnen, ich leide an heftiger Dipsomanie. Sag ihnen, beim Abendessen mit Marineleuten werde ich seekrank. Sag ihnen irgendwas.«

Es hat keinerlei Zweck, mit Tom zu diskutieren, wenn er in dieser Laune ist. Ich habe gelernt, ihm zuzustimmen.

»In Ordnung. Ich sage ihnen das alles und gehe allein. Du kannst dich dann morgen mit den Anrufen herumschlagen – einschließlich einer Einladung für mich, das nächste Wochenende auf einer Luxusjacht zu verbringen.«

Tom zog ein saures Gesicht. »Vermutlich muß ich mich

ins Dinnerjacket werfen, oder? Orden. Ich steck mir meinen alten Anti-Atomwaffen-Button an.«
Ich sagte ihm, daß es zwanglos sein werde.
»Wenigstens etwas.«
Toms Interpretation von »zwanglos« hieß, daß er Jeans und ein T-Shirt anzog, das ich ihm einmal in Italien gekauft hatte – mit einer Fotomontage von Prinz Charles, der eine Hand auf Prinzessin Dis nackten Busen legt. Ein unwahrscheinliches Szenario, wie ich fand, aber Tom war begeistert davon.
»Ich weiß nicht recht, ob es *so* zwanglos ist«, meinte ich.
»Scheiß drauf.«
Als Kompromiß erklärte Tom sich bereit, eine lässige Strickjacke darüberzuziehen, die, wenn sie halb zugeknöpft war, den anstößigen Busen verbarg und nur ein patriotisches Doppelporträt unseres Thronerben und der lächelnden Königin in spe zeigte.
»In Ordnung?«
Solange er sich nicht streckte oder die Jacke aufknöpfte, schon, erwiderte ich.
Neugierig sah Tom dann zu, was ich für passend für einen Abend mit der Marine hielt, und gab mir hin und wieder hilfreiche Anregungen: »Du könntest natürlich, passend zu meinem T-Shirt, oben ohne gehen, dann könnte ich dir die Hand auf den Busen legen, so wie Prinz Charles bei Di. Das würde unsere Verbundenheit mit dem Königshaus zeigen, meinst du nicht? Die Royal Navy würde das sicher gutheißen.«
»Danke, Tom.«
Ich entschied mich für seidig-schwarze Leggings – hauteng – und eine gelbe Seidenbluse, zu der ich einen schwarzen Gürtel mit schmalen Schmuckriemen trug.
»Herrgott, du hast eine superschmale Taille, Jan.«

»Hände weg«, sagte ich und schubste ihn weg.
Ich steckte mein Haar hoch und befestigte baumelnde schwarze Ohrringe. Zum Schluß kamen hochhackige schwarze Schuhe.
Tom gab Schlafzimmerlaute von sich.
»Nein, wir können nicht ›vor dem Gehen noch schnell eine Nummer schieben‹, wie du es so zartfühlend nennst. Wir sind schon spät dran, Tom.« Ich blieb eisern. »Du weißt genau, daß es dir Spaß machen wird.«
»Es würde mir viel mehr Spaß machen, mit dir ins Bett zu gehen. Es ist fast eine Woche her.«
»Deine Schuld, wenn du nach Kalifornien abhaust. Und heute morgen hast du gesagt, du seist zu müde und würdest wahrscheinlich keinen hochkriegen. Ich frage mich, *was* genau du in Los Angeles gemacht hast.« Ich sah ihn fragend an. »Du hast mir bisher noch kaum etwas erzählt, weißt du.«
Es regnete, daher nahmen wir das Auto.
»Es gibt sehr wenig zu erzählen«, sagte Tom resigniert, als er in die stockfinstere Dorfstraße einbog – keine Menschenseele war unterwegs. »Kollwitz hat es klipp und klar gesagt. Samanthas Anschuldigungen sind juristisch hieb- und stichfest, es sei denn, wir kriegen ihren Ex-Mann irgendwie dazu, daß er redet. Jemand anderen gibt es nicht; ich habe drei volle Tage lang gesucht.«
»Kann der Mann nicht unter Strafandrohung vorgeladen werden? Kronzeuge oder so?« schlug ich vor.
»Kollwitz ist das alles durchgegangen. Die Antwort ist nein! Es geht nicht um einen Strafprozeß. Wenn Samantha mich körperlicher Gewaltanwendung bezichtigen würde, sähe die Sache anders aus.«
»Ist es dafür jetzt zu spät?« fragte ich. »Wie wär's mit

einem netten Arschtritt? Vielleicht würde sie ihre Klage dann ändern.«

Tom antwortete nicht. Wir bogen in die Einfahrt der Normingtons ein. Zwei andere Autos standen bereits in exaktem Winkel eingeparkt auf dem Kiesweg – ein Rover und ein Oldtimer-Bentley, beide naß und dunkel im Licht der beiden Laternen glänzend, die an dem Portal im nachgemachten Stil des 18. Jahrhunderts hingen.

Tom spannte den Regenschirm auf, und wir eilten fröstelnd zur Eingangstür.

»Mann Gottes«, sagte er in einem Tonfall, als solle er gleich zum Schafott geschleift werden. »Da soll ich jetzt Sherry nippen, in Gesellschaft der Frau eines pensionierten Gouverneurs von Bermondsey oder was auch immer« – der *Bermudas*, erinnerte ich ihn –, »und erst gestern bin ich in der Mohavewüste schier vor Hitze umgekommen, als ich versucht habe, eine Gemeinde von kuttentragenden Spinnern zu überreden, mich mit ›Bruder Michael‹ sprechen zu lassen. So nennt sich Samanthas Ex-Mann jetzt. Die Bruderschaft der göttlichen Zeugen – nicht zu glauben. Schließlich habe ich dann den Vater Superior, oder wie immer der heißt, gefragt, ob denn nicht einmal einer ein *irdischer* Zeuge sein könnte? Und ich würde auf ihre fliegenden Untertassen scheißen. Wahrscheinlich hab ich da was Falsches gesagt. Jedenfalls hat er mir sofort einen Wink gegeben, daß ich verschwinden solle, und hat an der Stelle, wo ich gestanden hatte, mit dem Weihrauchkessel gewedelt.«

Tom drückte auf die Klingel.

»Wenn ich Glück habe, geben sie mir vielleicht auch gleich einen Wink, daß ich verschwinden soll«, fügte er lachend hinzu.

O Gott, dachte ich, das kann ja heiter werden.

Die gegenseitige Vorstellung brachten wir noch ganz gut hinter uns. Außer Commander Normington und seiner Frau – unseren Gastgebern – waren nur noch zwei andere Paare da. Der pensionierte Gouverneur der Bermudas war von oben bis unten grau und bewegte beim Sprechen kaum den Mund, als wäre er eher daran gewöhnt, mit der Nase zu reden. Er hieß Fludde – Sir Hector Fludde –, was sich anhörte wie ein nasales Echo. Lady Fludde, passend zu ihm ebenfalls in Grau, stand seitlich ein wenig hinter ihrem Gatten und hielt die Hände leicht gefaltet, eine Haltung, die sie sich wohl bei zahllosen feierlichen Paraden angewöhnt hatte. Tom war erstaunlicherweise reizend zu beiden, obwohl er beharrlich Bermondsey statt Bermudas sagte, was nicht besonders gut aufgenommen wurde. Es gelang ihm sogar, an seinem fingerhutgroßen Sherry zu nippen, als wäre es sein Lieblingsgetränk, obwohl ich bemerkte, daß sein Blick mehrmals zu dem Tablett mit den Getränken schweifte, um zu sehen, ob dort nicht etwas Stärkenderes angeboten wurde.
Fehlanzeige.
Das zweite Paar waren die Mogg-Barlows. Er war ein drahtiger kleiner Mann mit einem triefäugigen, schweifenden Blick, der ziemlich oft auf meinem Busen ruhte, aber nie auf dem seiner Frau, die aber auch keinen hatte, soweit ich sehen konnte. Sie trug ein dezentes kleines Schwarzes, das brav bis zum Knie reichte. Mrs. Mogg-Barlow war der Prototyp der Frau eines Aufsichtsratsvorsitzenden. Die starre Traurigkeit ihres Lächelns verriet mir, daß in jeder Sprosse der Erfolgsleiter ihres Mannes die Initialen von Damen eingraviert waren, die *kein* dezentes kleines Schwarzes trugen, das brav am Knie endete. Die Miene stiller Resignation, die sie zur

Schau trug, deutete jedoch darauf hin, was insgeheim ihr Trost war: Bald würde sie Lady Mogg-Barlow sein, und all die anderen Dämchen nicht.
Tom langweilte sich bereits und wünschte, wir könnten wenigstens mit dem Essen und – noch entscheidender – mit dem Wein weiterkommen. Er hatte einen genervten Blick und blinzelte gelegentlich verzweifelt in meine Richtung. Die Unterhaltung quälte sich so zäh dahin, daß mir schließlich nichts anderes mehr einfiel als eine Bemerkung über die russischen Eier, die Wendy Normington als Appetithappen herumreichte.
»Prima, die Eier«, verkündete ich laut.
Tom sah überrascht drein. »Danke!« erwiderte er ebenso laut.
Ich wurde zur Salzsäule.
Sir Hector schöpfte aus seiner Erfahrung aus dem Dienst in den Kolonien und lenkte die Aufmerksamkeit geschickt auf Toms T-Shirt. Plötzlich zeigte er sich ganz jovial.
»Ich muß sagen, ich mag diese neue Art von lässiger Kleidung«, preßte er zwischen seinen dünnen Lippen hervor. »Und Ihre Königlichen Hoheiten sind wirklich gut getroffen, meinen Sie nicht, Normington? Wo haben Sie das her, Mr. Brand, wenn ich fragen darf?«
Tom erklärte, daß ich es ihm in Italien gekauft hatte.
»Italien! So, so!« Die Augenbrauen hoben sich erstaunt. »Eigentlich kann man sich diese Itaker nicht so sehr als Monarchisten vorstellen, wie? Vermutlich bewundern sie unsere althergebrachten Institutionen, da sie selbst ja nicht allzu viele haben.« Er besah sich die Sache ein wenig näher. »Wirklich, sehr ehrerbietig.«
Mittlerweile bewunderten alle Toms T-Shirt.
Aber Sir Hectors Neugier war noch nicht ganz zufrieden-

gestellt. Er streckte die Hand aus, um den Stoff zu berühren.
»Wie haben die Leute das bloß gemacht? Mit einem Foto als Vorlage, vermute ich. Wirklich raffiniert!«
Er zog Toms Strickjacke ein wenig zur Seite, um das gesamte Bild zu würdigen. Sieben Leute blickten auf den nackten Busen, begrapscht von den königlichen Fingern. Ein dumpfes Grollen klang durch den Raum, wie ein fernes Gewitter, unterbrochen von Gehüstel. »Ooh«, seufzte Lady Fludde.
Wendy Normington tat ihr Bestes, um den Abend zu retten, kündigte das Essen an und scheuchte ihre Gäste vor sich her wie ein Schäferhund seine Herde. Neben den Gedecken standen Namensschilder. Sir Hectors Nachname wurde »Ffludde« geschrieben. Auch Tom bemerkte das, und ich sah ihn im Geiste üben, wie ein gewisses vierbuchstabiges Wort mit zwei F am Anfang klingen würde.
Nachdem man uns höflich auf unsere Plätze manövriert hatte, saßen wir vor einer trüben Suppe, die Tom und ich dankbar in uns hineinlöffelten, bis uns das Schweigen am Tisch mitteilte, daß Commander Normington darauf wartete, das Tischgebet zu sprechen. Wir wischten uns den Mund ab und wechselten erschütterte Blicke, während wir die fast vergessenen Worte murmelten. Nachdem wir einen weiteren Ozean des Schweigens überquert hatten, wurden kleine Gläser mit Bordeaux gefüllt. Tom stürzte sich auf das seine, als hätte er gerade eine Wüste hinter sich. Ich bemerkte, daß Wendy ihm einen eisigen Blick zuwarf.
»Mr. Brand, bestimmt wollen Sie sich doch noch etwas für den Hauptgang aufheben?«
Aber Toms Glas war leer, und das blieb es auch.

Leer und freudlos blieb auch der Abend. Messer und Gabeln kratzten ohrenbetäubend laut auf den Tellern. Als das Dinner sich schon seinem gnädigen Ende näherte, wurde es kurzzeitig noch einmal etwas lebendiger, was jedoch wenig dazu beitrug, Toms Laune zu heben. Der Hund der Normingtons, zweifellos entflammt durch das königliche T-Shirt, entwickelte eine plötzliche Leidenschaft für Toms linkes Bein und war entschlossen, es zu vergewaltigen. Eine Weile ignorierte Tom das Gerammel unter dem Tisch und warf mir nur entsetzte Blicke zu, die ich auf die Tischgesellschaft oder das Gulasch bezog, das man uns gerade vorgesetzt hatte; doch schließlich hatte er genug. Er stand auf und hob für alle sichtbar das Bein – an dem immer noch der Hund hing und in die Luft rammelte.

Jetzt lief Wendy Normington zu Hochform auf. Mit einem spitzen Schrei stürzte sie sich auf den Hund und zwang das arme Tier zum Coitus interruptus, indem sie es von Toms Bein zerrte und (immer noch mit einem Ständer) zur Tür hinauswarf.

»Es tut mir so furchtbar leid, Mr. Brand. Was soll ich bloß sagen? Was kann ich tun?«

Tom ist nicht der Dümmste.

»Vielleicht könnte ich noch ein Glas Wein haben?«

Ich fühlte mich versucht, Wendy zu erklären, daß momentan nicht nur Toms Bein umklammert wurde; vielleicht hätte ich dann auch noch ein zusätzliches Glas Wein bekommen. Statt dessen versetzte ich Mr. Mogg-Barlow einen gehörigen Tritt gegen das Schienbein, anstatt ihn in Verlegenheit zu bringen.

Toms Mißgeschick hatte den belebenden Effekt, daß die Gesellschaft enger zusammenrückte. Um uns herum plätscherte eifrige Konversation, als wäre nichts geschehen. Besonders lustig war sie zwar nicht; die lähmende Nüchternheit der Gäste erinnerte eher an eine Methodistenversammlung. In der Hoffnung auf ein göttliches Wunder schwenkten Tom und ich hin und wieder unsere leeren Gläser. Das Wunder blieb aus.

Schließlich schleppte sich das Tischgespräch weiter zu den Ehen im Königshaus und den öffentlichen Katastrophen, von denen sie fast täglich begleitet wurden. Voller Überzeugung wurden drei verschiedene Lösungen vorgetragen. Unser Gastgeber vertrat den Standpunkt des ehemaligen Marineoffiziers. Seiner Ansicht nach funktionierten Ehen – königliche oder andere – stets am besten, wenn der Ehemann über längere Zeiträume hinweg im aktiven Dienst unterwegs und nur jeweils für kurze Zeit zu Hause war. Das ermöglichte – obwohl er es nicht ganz so kraß ausdrückte – eine maximale Konzentration an Lust bei minimaler Gelegenheit zu Langeweile oder Streit. Mit anderen Worten, die Mitglieder des Königshauses hätten in den Streitkräften bleiben sollen, dann wäre alles in Ordnung.

Ich bemerkte, daß womöglich weder Prinzessin Di noch Prinzessin Anne besonders erbaut gewesen wären, ihr Leben mit dem Abschießen von Haubitzen oder dem Fliegen von Tornados zu verbringen, aber der Commander war anscheinend nicht der Ansicht, daß sein Argument dadurch weniger schlagkräftig wurde.

Sir Hector vertrat eine strengere Richtung. Die jüngeren Mitglieder des Königshauses hätten ganz einfach jeden Sinn für öffentliche Pflichten verloren; mit seinem Partner auszukommen sei eine Frage der Übung und der Selbstdisziplin. Wenn ich mir Lady Ffludde anschaute, wußte ich, was er meinte.

Mogg-Barlow war wiederum anderer Ansicht: Er gab die

ganze Schuld der Presse. Ohne die Aufmerksamkeit herumschnüffelnder Journalisten stünde im Hause Windsor alles zum besten. Es sei schändlich, daß jede kleine Unbesonnenheit auf den Titelseiten dieser widerlichen Revolverblätter breitgetreten werde. Ich setzte mein süßestes Lächeln auf und stimmte ihm zu, daß es wirklich höchst verhängnisvoll wäre, wenn ein Mann, der unter dem Tisch Fußkontakt mit einer Frau suchte, damit jedesmal in die Schlagzeilen der *Sun* käme. Mogg-Barlow sah in die andere Richtung. Seine Frau starrte auf ihren Teller.

Dann richteten sich alle Blicke auf Tom, der seit der Episode mit dem Hund nichts gesagt hatte, wofür ich sehr dankbar war.

»Was ist Ihre Ansicht, Mr. Brand?« fragte der Commander.

Jetzt war ich an der Reihe, auf meinen Teller zu starren.

Tom setzte seine missionarische Miene auf, die immer Ärger verspricht.

»Meine Ansicht ist ganz einfach«, erklärte er ruhig. »Alles dreht sich um Sex, und unsere Prinzen und Prinzessinnen haben anscheinend keinen Spaß dabei, wenn sie's miteinander treiben – warum sollten wir uns da nicht die Wunder der modernen gynäkologischen Forschung zunutze machen? So könnte man den nötigen Thronerben sichern, ohne daß jemand den unangenehmen Job wirklich *tun* muß, und unsere Windsors könnten ungehindert alle ihre Lover und Mätressen haben wie eh und je.«

Tom sah voll freundlicher Neugier in die Gesichter um den Tisch.

»Ein Retortenprinz«, fügte er hinzu, »ist schließlich nicht

weniger königlichen Geblüts als ein anderer – genetisch gesehen.«

Wendy Normington kam mit dem Käse herbeigeeilt, als wäre sie bei einer Hungersnot im Hilfseinsatz.

»Ich habe sogar Blue Vinny bekommen«, verkündete sie atemlos. »Aber hier ist auch Double Gloucester, wenn Sie möchten. Und diese kleinen runden sind französische *crottins*.«

Hier leistete Lady Ffludde ihren einzigen Beitrag zum Abend.

»Wie köstlich, Wendy«, zirpte sie. »Aber mir hat noch nie jemand erklären können, was *crottin* eigentlich bedeutet.«

Tom sah sie gleichmütig an.

»Es bedeutet ›Ziegenkötel‹, Madam.«

Das Schrillen der Türglocke rettete schließlich den Abend. Wir nippten zu diesem Zeitpunkt Kaffee aus winzigen Blümchentassen, alle weiteren Konversationsversuche waren aufgegeben worden. Wendy Normington sprang mit unverhohlener Erleichterung auf.

»Das ist bestimmt mein Sohn Gerald. Er sollte eine entfernte Cousine von uns vom Bahnhof abholen. Aber er hat angerufen, daß der Zug zwei Stunden Verspätung hat. Ein Bombenalarm am Bahnhof Paddington.« Sie warf theatralisch die Arme hoch. »Deswegen habe ich vorgeschlagen, daß beide zum Kaffee kommen sollen. Sie ist Schauspielerin – ein reizendes Mädchen, obwohl wir sie wenig zu Gesicht bekommen haben. Sie hat einfach angerufen und sich selbst eingeladen – ganz aus heiterem Himmel.«

Egal wer, dachte ich, jedes frische Blut würde eine willkommene Transfusion sein; und in drei Minuten könnten Tom und ich uns dann loseisen und vergessen, daß

es diesen Abend je gegeben hatte. Tom sah mittlerweile aus, als stünde er unter dem Einfluß eines starken Narkotikums.
Lächelnd erschienen die späten Gäste in der Tür. Gerald war gertenschlank und um die Vierzig; der Kragen saß ihm ein bißchen zu locker, und sein Haar versuchte in der Länge wettzumachen, was ihm an Fülle fehlte. Geralds Begleiterin war eine vollschlanke, attraktive Frau etwa im selben Alter, deren Designerklamotten geschickt so geschnitten waren, daß sie einen riesigen Hintern kaschierten.
Tom kam mit einem Ruck wieder zu sich.
»Das ist mein Sohn Gerald«, erklärte Wendy Normington. »Und das ist unsere entfernte Cousine Harriet.«
Mittlerweile war Tom auf den Beinen.
»Wir müssen gehen«, zischte er.
Plötzlich verabschiedete er sich mit eiligen Dankeschöns von der Runde. Mir fiel auf, daß er die gerade angekommene Frau keines Blickes würdigte, und ebenso fiel mir auf, daß sie ihn mit ihren Blicken fixierte.
»So, so!« hörte ich sie sagen, als er an ihr vorbeikam. »Der berühmte, reiche Mr. Brand.«
Wendy Normington versuchte, Cousine Harriet zu den anderen Gästen zu dirigieren, und nahm sie resolut beim Arm. Plötzlich sah unsere Gastgeberin jedoch verwirrt drein.
»Es ist mir ganz peinlich, meine Liebe, aber ich fürchte, ich kenne Ihren Nachnamen gar nicht.«
Diese Harriet drehte sich um und sah statt Wendy oder die anderen Gäste mich an. Ihr Gesicht war wie aus Granit.
»Ich bin Harriet Brand«, teilte sie mit.

acht

Ich fragte mich, ob mir Alpträume nicht vielleicht lieber wären. Da hatte man wenigstens immer nur einen, während wir nun gleich von mehreren Schreckensbildern heimgesucht wurden. Zuerst Samantha. Dann Anne-Marie. Und jetzt Harriet. Langsam kamen sie mir vor wie die drei Hexen in *Macbeth*.

»Ich lerne deine Frauen ziemlich gut kennen, Tom«, stellte ich säuerlich fest. »Wir könnten eine Party steigen lassen. Ein Familientreffen.«

Es war vier Tage nach dem unsäglichen Abendessen, und ich fühlte mich immer noch verletzt.

»Harriet haßt mich«, fügte ich hinzu. »Der Blick, den sie mir zugeworfen hat! Reinster Haß!«

Tom nickte.

»Das paßt zu ihr. Haß ist ihr Treibstoff, war es immer schon. Ich sag dir, nach den Vampirfledermäusen geht es jetzt erst richtig zur Sache.« Argwöhnisch sah er aus dem Fenster. »Auf der Lauer liegende Reporter sind nichts im Vergleich zu Harriet. Diese Frau hat Giftzähne. Neben ihr ist Samantha bloß eine fette Tussi.«

»Immerhin eine fette Tussi, die uns einen Haufen Ärger macht«, erinnerte ich ihn.

Seit mehreren Tagen war heute der erste Morgen, an dem die Presse nicht auf uns lauerte, sobald wir aus dem Haus traten. Kaum hatten sie mitbekommen, daß Tom zurück war, hatten sie Statements und Interviews gewollt, Häppchen von allen möglichen Neuigkeiten und saftige Leckerbissen vom neuesten Tratsch – das

ganze Geschmiere eben, mit dem man Zeitungsseiten füllt.
»Wie wollen Sie gegen die Abfindungsklage vorgehen, Mr. Brand?«
»Wer sind die Zeugen Ihrer Verteidigung, Mr. Brand?«
»Seit wann sind Sie und Samantha kein Liebespaar mehr, Mr. Brand?«
»Was ist schiefgelaufen, Mr. Brand?«
»Hatten Sie Sex, während sie gekocht hat, Mr. Brand?«
Und manchmal kam obendrein noch die Frage: »Wie ist die Mayonnaise in letzter Zeit geraten, Tom?«
Wenn sie ihn Tom nannten, war es garantiert eine obszöne Frage.
Mich sahen sie an, als wäre ich seine neueste kleine Mieze. Die kleine Blonde vor dem Frühstück. (»Zieh dir was an, Darling. Die Presse ist da.«) Ich fühlte mich besudelt.
Gott sei Dank hatte ich nichts mehr mit ihnen zu tun. Meine Hauptsorge war Mrs. Teape, die andauernd mit ihnen zu tun haben wollte. (»Da kommen wieder diese Männer aus London, Mrs. Brand. Sie sind *wirklich* berühmt.«) Und wenn es nicht Mrs. Teape war, dann waren es die Bauarbeiter, die Tom kaum je gesehen hatten, aber die Gelegenheit, sich in seinem Namen an die Nation zu wenden, unwiderstehlich fanden. Zumindest waren sie loyal: »Mr. Brand ist ein wahrer Gentleman.« – »O ja, immer sehr höflich.« – »Nein, ich könnte nicht sagen, daß ich je etwas von Orgien gemerkt hätte – oder wie Sie das nennen.« – »Mrs. Brand? Oh, eine reizende Dame.« – »Nein, verheiratet wohl nicht, aber na wenn schon; geht mich nichts an. Ist schließlich ein freies Land; die Leute können tun, was sie wollen, meine ich.«
(Zu meiner Belustigung hatte mein kleiner Racheakt mit

dem kochendheißen Tee mir bei der Belegschaft unterwürfigen Respekt eingebracht.)
Einer der Typen, die uns auflauerten, war ein unerfahrener junger Reporter, der vor ein paar Jahren einmal für Tom gearbeitet hatte. Tom nahm ihn beiseite und versprach ihm eine Exklusivstory über sein Zusammenleben mit Samantha, für den Fall, daß er den Prozeß verlor. Mir kam das wie eine riesige Summe Geld für nichts vor. Tom fand den Gedanken abscheulich, sagte aber, das würde wenigstens die Anwaltskosten decken und schon einmal ein klein wenig von dem ausgleichen, was er Samantha womöglich von den Buchtantiemen zahlen mußte.
Aber heute morgen waren sie alle fort. Wirklich fort.
Plötzlich klingelte das Telefon. Es war bezeichnend für unsere gegenwärtige Situation, daß wir sofort erstarrten und uns ängstlich anblickten. Etwa nach dem achten Läuten stand Tom auf, um abzuheben.
»Wer ist dran?« bellte er aggressiv.
Ich sah, wie sein Gesicht weicher wurde. Er wandte sich von mir ab und begann leise zu reden. Himmel, was war jetzt, fragte ich mich.
Schließlich war das Gespräch beendet, und Tom legte auf. Er sah mich mit ausdruckslosem Gesicht an und brach dann plötzlich in Gelächter aus.
»Dein Sohn!« sagte er. »Dein geliebter Sohnemann, mit dem du so zufrieden bist! Und weißt du was? Clive hat eine Wette über die Größe von Samanthas Busen eröffnet – er nimmt Wetten aus der ganzen Schule an. Er wollte die genauen Maße wissen, damit er abkassieren kann.«
Ich versuchte ein entsetztes Gesicht zu ziehen, was mir mißlang. Wir lachten beide Tränen.

»Aber das ist noch nicht alles«, fuhr Tom fort. »Er hat absolut richtig geraten, bis hin zur Körbchengröße. Na, jedenfalls sagte er, daß er ein Vermögen machen wird, und als meinen Anteil will er mir einen Drink spendieren. Wie alt ist der kleine Halunke? Dreizehn?«
Tom lachte noch lauter, voll und übermütig, so daß es von den Wänden widerhallte. Dann schlang er die Arme um mich.
Irgend etwas an der Vorstellung, wie Clive im Geiste Maß an Samanthas Möpsen nahm, überzeugte mich plötzlich davon, daß alles in Ordnung kommen würde. Ich blickte hinaus auf John Gants Felder, und es war Frühling. Ein Fischreiher stand am Flußufer Wache, und ich glaubte sogar Ayrtons Zilpzalp zu hören. Die Dinnerparty der Normingtons verblaßte bereits in meiner Erinnerung, selbst der Schock, dort auf Harriet zu stoßen, und sogar Toms Prophezeiung, daß wir diese giftige Natter nicht zum letztenmal gesehen haben würden.
»Zur Hölle mit dem ganzen Weiberpack«, sagte ich zu Tom. »Du hast sie alle gevögelt, also sollen sie die Flatter machen!«
Tom lachte. »Du hast recht. Warum sollen wir uns Sorgen machen?«
Die Sonne schien durchs Fenster, der Garten war ein Teppich aus blauen, gelben und weißen Krokussen, und die Vögel zwitscherten. Wir waren noch nicht einmal angezogen, sondern saßen faul im Bademantel bei einem späten Frühstück mit Kaffee und Toast. Nachts hatten wir uns geliebt, wie ausgehungert, und die bösen Tage verbannt. Wir hatten sogar darüber geredet, vielleicht ein Kind zu haben. Es war wie die Wiedergeburt unseres Lebens.

In diesem perfekt gewählten Augenblick kam der Brief. Tom öffnete ihn automatisch, zusammen mit dem Stapel der übrigen Post, und ich sah, wie sein Gesicht um mehrere Jahre alterte. Nach einer Weile reichte er ihn mir wortlos über den Tisch.

Der nüchterne Briefkopf kündigte an, daß er von der Anwaltskanzlei Crouch and Crouch kam, mit einer angesehenen Adresse irgendwo in London WC2. Sie schrieben im Namen »unserer Mandantin« – und »unsere Mandantin« war niemand anderes als Mrs. Harriet Brand. Der wesentliche Inhalt des langen, wichtigtuerischen Geschwafels war die Forderung Mrs. Brands nach beträchtlich erhöhten Unterhaltszahlungen. Gemäß der »Ein Drittel des Einkommens«-Regel, die der Londoner Magistrate's Court zum Zeitpunkt der Scheidung zugrunde gelegt hatte, forderte Mrs. Brand nun eine monatliche Summe, die dem entsprach, was die Herren Crouch and Crouch »die beträchtlich verbesserte Finanzlage Mr. Brands« nannten, und zwar »infolge der Veröffentlichung eines Kochbuches, das Grund zu der Annahme gibt, es handle sich um einen sogenannten Bestseller«.

Darauf folgte ein Haufen Quatsch über »die eingeschränkten Verhältnisse unserer Mandantin«, den ich nur überflog. Der letzte Absatz enthielt dann die Drohung. Sollte Tom nicht auf diese Vorschläge eingehen, sehe sich »unsere Mandantin« genötigt, sofort bei dem ursprünglichen Magistrate's Court Berufung einzulegen, um eine Änderung bei der Anordnung der Unterhaltszahlungen zu erwirken. Wahlweise, fuhren die Herren Crouch and Crouch fort, könnte Mr. Brand es auch vorziehen, Gebrauch von den Vorteilen zu machen, die das Recht »nach der Scheidung unserer Mandantin« –

vor allem die im »Matrimonial and Family Proceedings Act« von 1984 festgelegten Gesetze – bot. Wie Mr. Brand zweifellos bekannt war, ermutigten diese Gesetze geschiedene Paare, ihre Geld- und Besitzprobleme mit einem »sauberen Trennungsstrich« zu lösen. »Unsere Mandantin«, endete der Brief, »wäre bereit, eine solche Regelung zu akzeptieren, vorausgesetzt, die in Frage stehende Summe sei fair und für sie akzeptabel.«

Als ich die vorgeschlagene Summe sah, verschluckte ich mich an meinem Kaffee. Eine halbe Million Pfund.

Binnen zwei Minuten war Tom am Telefon, um Kyra Vansittart anzurufen, während sich mir der Magen umdrehte. Das Gespräch war kurz.

»Jetzt geht das wieder los«, sagte er resigniert, nachdem er aufgelegt hatte. »Schon wieder der ganze Anwaltskram. Sie will, daß ich sie aufsuche, weil sie die ganze Geschichte kennen muß.«

Ich erinnerte mich an das, was Ruth gestern am Telefon gesagt hatte: »Um Himmels willen, Darling, bring ihn dazu, daß er dir die ganze Story erzählt. Frühere Ehen sind wie großartiges Theater – du kannst die Vorstellung genießen, und am Ende verläßt du den Saal.«

Na gut, dachte ich.

»Wenn Kyra Vansittart die ganze Geschichte hören muß, dann ich auch, Tom. Ich will ganz genau wissen, mit was für einem Biest wir es zu tun haben.«

Die »ganze Geschichte« ist nie ganz das, was man wirklich hören will. Bei Tom war das vielleicht deshalb so, weil er mir, wenn er von seinen Frauen erzählte, Dinge über sich verriet, die er mir lieber nicht gesagt hätte. Daß

Tom fünfmal verheiratet gewesen war, war mir in der ersten Zeit unseres Zusammenlebens eher als exzentrischer Spleen erschienen, den man nicht ganz ernst zu nehmen brauchte. Nichts als eine Reihe liebenswerter Fehler, so als wäre jemand fünfmal durch die Führerscheinprüfung gefallen. Mir gefiel der Gedanke, einen Mann zu haben, der des Guten immer ein wenig zu viel tat – einen Mann, der nie Angst vor Maßlosigkeiten hatte. Tom war eben romantischer als andere Männer, bezaubernder, netter, liebenswürdiger, erotischer. Mit Tom würde ich nie aus Mangel an Erlebnissen verkümmern oder aus Mangel an Liebe. Und außerdem gehörten diese absurden Irrtümer alle der Vergangenheit an, wo sie dem Mann, den ich liebte, ein gewisses Leuchten verliehen. Er war eben kein Durchschnittsmann. Und mit ihm zusammen würde *ich* nie durchschnittlich sein; das ganze Leben würde nie durchschnittlich sein.
Allerdings war es jetzt nicht mehr ganz so. Tom war in meinen Augen nicht mehr der bezaubernde Lebemann, der Lord Byron gespielt hatte. Ich fing an, in ihm einen Mann zu sehen, der in seinem Leben durch eine Menge schmerzvoller Erfahrungen gestolpert war und nun – gerade als alles hätte vorbei sein sollen – gezwungen wurde, diesen Schmerz mit sich herumzuschleppen. Mir gab das den Impuls, ihn fester an mich drücken zu wollen. Besser gesagt, manchmal wollte ich das. Manchmal hatte ich aber auch das Gefühl, daß *ich* den Schmerz mit mir herumschleppte; und das nahm ich übel. Irgendwie nagte das an mir. Ich erinnerte mich an den Schmerz, den Harry mir zugefügt hatte, und wie es gewesen war, ohne Harry spontan und frei sein zu können; mein Leben endlich selbst in die Hand zu nehmen. Jetzt gab es Zeiten, in denen ich mich wieder danach

sehnte. Ich sehnte mich nach dem Honig der unbeschwerten Zeiten.
Wie die Dinge standen, bekam ich verdammt wenig Honig, dafür aber eine Menge Bienenstiche.
»Du willst die ganze Geschichte hören? Na schön, ich versuche es«, meinte er.
Er begann mit dem Vorspiel, weil es zwischen Anne-Marie und Harriet noch Jo gegeben hatte.
Ich glaube nicht, daß ich Jos Existenz je zur Kenntnis genommen hatte. Sie war eine Frau, die unbemerkt gekommen und gegangen war.
»Wie hat *sie* es fertiggebracht, in dein Leben einzudringen?« fragte ich.
»Nur aus Versehen«, versicherte mir Tom. Anne-Marie war ein langer Irrtum gewesen, aber Jo nur ein kurzer.
»Zumindest wird sie keinen Ärger machen«, beteuerte er. »Das verspreche ich dir. Jo wollte nie das geringste von mir, nachdem die Zwillinge geboren waren. Sie war eine unabhängige Frau und entschlossen, das auch zu bleiben.«
Es war eine Muß-Heirat gewesen. Sie war Regisseurin bei der BBC, Mitte Dreißig, als er sie kennenlernte. Ernsthaft. Abstinenzlerin. Kompromißlose Sozialistin. Weltverbesserin. Humorlos.
»Mehr oder weniger so ziemlich all das, was ich mir bei einer Frau am wenigsten gewünscht habe«, meinte Tom versonnen. »Und ich war so ziemlich all das, was sie sich bei einem Mann am wenigsten gewünscht hat. Unglaublich, nicht? Wie Gegensätzlichkeit zwei Leute unter den entsprechenden Umständen zusammenbringen kann.«
Die Umstände bestanden darin, daß sie zusammen einen Film über illegale Abtreibungen in Irland drehten.

»Und als sie schwanger wurde, lehnte sie eine Abtreibung für sich selber ab – aus Prinzip«, fuhr er fort.
»Augenblick, Tom«, unterbrach ich. »Jo war alles, was du bei einer Frau am wenigsten mochtest. Wie kam es dann, daß du mit ihr im Bett gelandet bist?«
Tom sah nachdenklich aus.
»Eine Herausforderung. Ich glaube, das haben wir beide gespürt. Abneigung kann wahnsinnig erotisch sein.«
Und die Liebelei trug gleich zwei Früchte. Aus Loyalität der Partei gegenüber bestand Jo darauf, die Zwillinge nach zwei Labour-Premierministern zu nennen – Clement und Harold.
»Namen, die an der Brent-Gesamtschule nicht besonders gut angekommen sind, stell dir die armen Knirpse vor. Jetzt hat sie beschlossen, daß sie auf das Neasden-Polytechnikum gehen sollen. Bei ihrer Erziehung bezweifle ich, daß sie überhaupt reinkommen. Du wirst sie eines Tages kennenlernen; sie sind großartige Bengels. Na ja, so klein sind sie nicht mehr – fast achtzehn mittlerweile.«
Die Ehe, erklärte Tom lakonisch, hatte sich gerade bis zum Standesamt von Kilburn geschleppt und gleich darauf ihr Leben ausgehaucht.
»Und seither hat Jo nie einen Penny von mir angenommen«, sagte er. »Schlankweg abgelehnt. Nicht einmal für die Zwillinge. Ein unnachgiebiges *njet*! Jetzt, wo sie fast volljährig sind, bin ich entschlossen, das zu ändern. Himmel, sie könnten ein bißchen Hilfe gebrauchen – sogar wenn sie dann alles für ein arabisches Rennpferd auf den Kopf hauen. Mir würde das sogar eher gefallen; Jo wäre ja so fürchterlich entsetzt.«
Ich versuchte mir vorzustellen, ich würde Tom überhaupt nicht kennen und müßte eine Charakterskizze

entwerfen, die auf den Frauentypen basierte, in die er sich verknallt hatte. Die Skizze würde natürlich noch unvollständig bleiben, weil noch zwei Frauen kamen – und dann ich –, aber was konnte man als Zwischenergebnis festhalten? Eine romantische Leidenschaft für eine langbeinige Studentin mit Augen wie griechische Oliven. Eine erotische Abneigung gegen eine strenge Regisseurin von der BBC. Und eine rauschhafte Liebschaft mit einem verrückten Huhn in Amerika, das außer Megamöpsen nichts zu seinen Gunsten vorweisen konnte.
Die Skizze war weder sehr scharf noch besonders anziehend. Und eingezwängt zwischen der strengen Regisseurin und der Bekloppten mit den Megamöpsen war Harriet. Sie war wohl die Schlimmste von allen.
»Das war sie wirklich – und ist es noch«, stimmte Tom mir zu.
Zumindest konnte ich verstehen, warum er sich in Harriet vergafft hatte. Tom stellte die Szene so lebhaft dar, daß ich fast eifersüchtig wurde.
Und diese Geschichte ging so: Tom ist mittlerweile ein ungemein erfolgreicher Journalist, dem es gelungen ist, zwei ungemein erfolglose Ehen abzuschütteln. Achtunddreißig Jahre alt und äußerst abschleppwillig. Auftritt – auf irgendeiner Party – von Harriet. Alter: sechsundzwanzig. Beruf: Schauspielerin. Erscheinung: üppig. Familienstand: wacklig. Alle Blicke richten sich auf sie, als sie eintritt. Der Grund: Wie wenig sie auf dieser Party auch tragen mag, sind es doch immer noch neunzig Prozent mehr als in einer gerade laufenden Fernsehserie. Tom, der wochenlang vor der Glotze gehockt hat, hat das Gefühl, sie bereits zu kennen – und sehr bald kennt er sie auch tatsächlich. Harriet stürzt sich auf diesen

unkonventionellen, noch ziemlich jungen Journalisten und gewährt ihm in dieser Nacht dieselben köstlichen Genüsse, die sie mehreren Schauspielern wochenlang auf dem Bildschirm gewährt hatte. Die nächsten paar Wochen ist Tom ständig im siebten Himmel und fast ebenso ständig im Bett. Jeder geile Typ in England beneidet ihn, einschließlich des Ehemanns der Dame, der prompt die Scheidung einreicht.

Harriet, aus der ehelichen Wohnung geworfen, zieht bei Tom ein.

Zwischenzeitlich haben die Kritiker ihren Körper mehr gewürdigt als ihre schauspielerischen Fähigkeiten. Manche gehen sogar so weit zu sagen, sie hätte die Rolle nicht bekommen – genauer, *gar keine* Rolle –, wenn sie nicht so reizvolle Kurven hätte.

Tom, nicht in erster Linie an ihren schauspielerischen Leistungen interessiert, läßt sich von diesen schroffen Urteilen nicht beeindrucken, bis nach etwa einem halben Jahr klar ist, daß Harriet nie wieder eine Rolle bekommen wird, außer in Filmen, zu denen kein Kritiker je eingeladen würde, es sei denn, er hätte zufällig ein privates Interesse an Amsterdamer Heimvideos.

Harriet ist daher arbeitslos und bleibt es auch.

Das hält sie jedoch keineswegs davon ab, Designerklamotten zu kaufen und Dom Perignon zu trinken. Noch hält es sie davon ab, Abende im *Tramp* zu verbringen, wenn Tom Termine hat. Und die männlichen Gäste im *Tramp* sind keineswegs immun gegen ihre Reize und sogar bereit, sie nach Hause zu begleiten.

Tom hat den Verdacht, daß seine üppige Frau ihre Gunstbeweise nun auf mehrere Leute verteilt, ist aber nicht ganz sicher, bis er eines Morgens unerwartet früh aus dem Ausland zurückkommt und sie in flagranti mit

einem Rockstar erwischt, dessen Gesicht ihm bekannt gewesen wäre, wenn er es nicht hinter einem Laken versteckt hätte, bevor er aus dem Fenster sprang.
Tom kommt zu dem Schluß, daß *ein* schneller Abgang nicht genügt, wirft Harriet nackt auf die Straße und schließt die Tür, ohne auf ihr Geschrei zu achten.
Harriet, obwohl ans Nacktsein gewöhnt, zieht es doch vor, das nicht um sechs Uhr morgens auf der Straße zu sein. Aber sie ist eine Dame, die sich zu helfen weiß. Mülltonnen haben schwarze Plastiksäcke als Einlagen. Wenn man den Müll auskippt und unten zwei Löcher in den Sack reißt, kann er als Kleidungsstück dienen, auch wenn der Geruch von Heringen und Camembert nicht gerade *Jean Patou* ist.
Zufällig hat es den Müllmännern an diesem speziellen Morgen beliebt, etwas früher als üblich zu kommen, doch da sie ziemlich abgebrüht sind, wenn es gilt, unerwartete Gegenstände zu beseitigen, begnügen sie sich mit ein paar beiläufigen zotigen Bemerkungen über den ungewöhnlichen Inhalt des Müllsacks und willigen dann ein, Harriet zu einem Taxistand zu fahren, wonach ihre weiteren Schritte nicht mehr dokumentiert sind.
Das war Toms Geschichte von Ehe Nummer drei.
Als Nachtrag blieb noch festzuhalten, daß Harriet Tom seit der Mülltonnen-Episode glühend haßte, und dieser Haß wurde noch geschürt durch die Tatsache, daß der gefeierte Rockstar, auf den sie große Hoffnungen gesetzt hatte, sich bei seinem Sprung aus dem Fenster an einer heiklen Stelle verletzt hatte und danach impotent wurde.
»Sie ist ein Monster«, versicherte mir Tom. »Ein absolutes Monster.«

»Und wie lange warst du mit ihr verheiratet?« fragte ich. Tom zählte rasch an den Fingern ab.

»Fünf Jahre, wovon ein halbes Jahr mit endlosen Streitereien über die Scheidungsbedingungen draufgegangen ist.«

Aber nicht einmal nach der Scheidung war die Sache zu Ende. Tag und Nacht kamen beleidigende Anrufe. Tom wurde auf der Straße verfolgt und in Restaurants heruntergeputzt. Sie brach in sein Haus ein, um Bilder und Bücher mitzunehmen, die angeblich ihr gehörten. Sie tauchte sogar bei seiner nächsten Hochzeit auf und kreischte mitten in der Feier Obszönitäten.

Tom schüttelte so bestürzt den Kopf, als wäre das erst gestern gewesen.

»Harriet war der Hauptgrund, warum ich die Zeitung damals dazu gebracht habe, mich nach Kalifornien zu versetzen«, erklärte er. »Und in dem Augenblick, als ich zurückgekommen bin, fing alles wieder von vorne an. Geschrei am Telefon. Bösartige Briefe. Lügen, zu neuen Lügen wiederaufgewärmt. Es dauerte zehn Jahre, bis sich die Lage allmählich beruhigte, und auch das bloß, weil Harriet schließlich meine Spur verloren hatte.«

»Und du glaubst, jetzt fängt sie wieder an?« fragte ich düster.

Tom antwortete nicht, aber sein Gesicht sprach Bände.

»Typisch für uns: in ein verschlafenes Dorf ziehen und feststellen, daß eine deiner Ex-Frauen eine Verwandte hat, die nur ein Stückchen weiter die Straße hoch wohnt«, seufzte ich. »Aber jetzt erzähl mir bitte, Tom, warum *hast* du sie überhaupt geheiratet?«

Er zog die Schultern bis zu den Ohren hoch und sah mich verwirrt an. Dann lachte er.

»Weil ich ein altmodischer Mann bin.«
Und das war alles, was er sagte.
Der erste Hinweis darauf, daß Harriet bei uns herumschlich, kam von den Bauarbeitern. Tom war zu seiner Verabredung mit Kyra Vansittart nach London gefahren. Ich verbrachte den Vormittag in Salisbury und stöberte in Antiquitätenläden nach Möbeln herum, die wir vielleicht für die Mühle kaufen könnten. Als ich zurückkam, machte sich Bob, der Polier, gerade auf den Weg zum Mittagessen ins Dorfpub. Er grinste übers ganze Gesicht.
»Morgen, Ma'am«, sagte er. Bei Bob wußte man immer, welche Tageszeit gerade war. Vormittag war ich immer »Ma'am«. Nachmittags, nach ein paar Bierchen, redete er mich mit »Janice« an oder nach einem besonders feuchten Mittagessen mit »Hallo, Mrs. Brand, Darling«. Abends verschwand er mit »Gute Nacht, Süße!«
»Komische Freunde haben Sie, Ma'am«, fuhr er fort, kurbelte das Autofenster herunter und sah mich von der Seite an. »Sie sei Lady Phelps, hat sie gesagt. Ich hab gesehen, wie sie herumgeschnüffelt hat, deswegen hab ich sie gefragt, wen sie sucht. ›Niemand Speziellen‹, hat sie gesagt. Sie würde Mr. Brand schon seit Jahren kennen und wollte bloß sehen, was er für ein neues Anwesen hat. Hat sich dann schnell ein bißchen umgeschaut. ›Muß ihn eine Stange Geld gekostet haben‹, hat sie gesagt. Ob ich wüßte, wieviel? Und um wieviel würden ihn die ganzen Bauarbeiten ärmer machen? Verflixt neugierig war sie, wenn ich das so sagen darf.«
Das durfte er allerdings.
»Sagen Sie mir, wie sie ausgesehen hat«, bat ich ihn.
Bob beschrieb eine Frau, die nur Harriet sein konnte. Das fette Hinterteil verriet sie.

Mir wurde plötzlich sehr kalt. Dieses verdammte Luder – wie konnte sie es wagen?
Bob fuhr los zum Pub, und ich ging ins Haus. Mrs. Teape war gerade am Gehen, steckte sich ihre mörderischen Kämme fest ins Haar und malte den Amorbogen ihrer Oberlippe neu. Ihr Gesicht strahlte vor guten Neuigkeiten.
»O Mrs. Brand, so eine reizende Dame war da«, verkündete sie und fuchtelte mit den Händen herum. »Und eine richtige Lady – *Lady* Phelps.« Mrs. Teapes Stimme schnurrte vor Stolz. »Ich hab sie also reingebeten und ihr eine Tasse Tee gemacht, ich hoffe, das war recht. Aber ich fand, das sollte ich tun, weil sie sich so für das Haus interessiert und gesagt hat, daß sie eine ganz alte Freundin von Mr. Brand ist. Und sie hat sich so für Sie interessiert. Sie hätte Sie nur einmal kurz kennengelernt, hat sie gesagt, und daß Sie ihr eher schüchtern vorgekommen sind. Da hab ich ihr natürlich erzählt, daß Sie in Mr. Majors Kabinett kommen werden, und sie schien ganz überrascht. ›Soso! Wer hätte das gedacht?‹ hat sie gesagt. Sie hätte sich schon bei der Mühle umgesehen, hat sie erzählt, und wie wundervoll sie aussehen wird, wenn sie einmal fertig ist. Das kostet bestimmt einen Haufen Geld, hat sie gemeint, und ich hab gesagt, ja, vermutlich, aber Mr. Brand hat soviel Erfolg, daß es ihm bestimmt nicht auf ein paar Shilling ankommt. Immer irgendwo geschäftlich unterwegs, hab ich gesagt, neulich war's Kalifornien, und als nächstes kommt wahrscheinlich Monte Carlo. Heute ist er bloß in London – muß zu seinem Rechtsanwalt, glaube ich. Aber ich vermute bestimmt, daß er Kaviar mitbringt, hab ich lachend zu ihr gesagt. Richtig gekichert haben wir da drüber, das kann ich Ihnen sagen. Überhaupt nicht steif,

diese Lady Phelps. Sie werden Ihre Ladyschaft mögen, wenn Sie sie kennenlernen, Mrs. Brand. Das hab ich ihr auch gesagt.«
Allmächtiger!
Danach brauchte ich ein wenig frische Luft. Ich warf mir einen Mantel über und ging den Pfad hinunter zum Dorf. John Gant hielt seinen Traktor an, als ich an einem seiner Felder vorbeikam.
»Wie geht's denn meinem hübschen Füllen?« rief er. »Hab heute vormittag eine Freundin von Ihnen kennengelernt. Lady Sowieso. Ist gerade eine Weile in Salisbury, hat sie gesagt, und wollte Ihr neues Haus sehen. Ganz schön gut im Fleisch, nicht? Dieses Hinterteil! Macht einem Lust, mal ordentlich draufzuklatschen, wie?«
»Was hat sie gesagt, John?« fragte ich nervös.
»Nicht viel. Wollte wissen, was Sie für das Anwesen bezahlt haben. Fand ich ein bißchen unverschämt. Dann hat sie noch gefragt, ob Sie wilde Parties feiern – Champagner, Wildbret und das ganze Zeug. ›Ihrem Arsch nach zu urteilen, haben Sie sich zu Ihrer Zeit an den Fleischtöpfen und beim Schampus auch nicht gerade zurückgehalten‹, hätte ich am liebsten gesagt. Aber ich bin ja ein höflicher Mensch, also hab ich's gelassen.«
Er lachte und ließ den Traktor wieder an.
»Tschüs, meine Schöne.«
Er fuhr davon.
O friedliches, ländliches England, wo niemand dein ruhiges Leben stört und die einzige Sorge darin besteht, daß alle vergessen, daß es dich gibt!
Im Augenblick war es mein sehnlichster Wunsch, daß alle mich vergaßen.
Ich ging die Dorfstraße hinauf. Es war ein milder Früh-

lingsnachmittag; Veilchen blühten versteckt unter der Hecke, hier und da stand ein Fleckchen bunter Primeln, und an geschützten Stellen wuchsen zarte Waldanemonen. Ich kam am Dorfladen vorbei, den ich mied, seit die Frau des Ladeninhabers ihre Bemerkung über Thomys Mayonnaise gemacht hatte. Mittlerweile kaufte ich im Laden des nächsten Dorfes ein, auch wenn man von Glück sprechen konnte, dort irgend etwas zu finden, dessen Haltbarkeitsdatum nicht schon letztes Jahr abgelaufen war.

Genau in dem Augenblick kam der Drachen aus dem Laden und sah mich.

»Guten Morgen, Mrs. Brand«, rief die Krämerin, und ihre Stimme klang scharf vor Mißbilligung. »Eine Dame hat heute vormittag nach Ihrem Haus gefragt. Bestimmt hat sie Sie gefunden.«

Ich erklärte, daß ich in Salisbury gewesen war. Sie betrachtete mein offenes blondes Haar, als würde ich schon dadurch zur Dorfhure.

»Aha! Na gut! Eine ziemlich stattliche Dame. Hat gesagt, daß sie Lady Bustard kennt. Lady Bustard kommt *oft* hier rein, hab ich ihr erzählt.«

Der vorwurfsvolle Blick war unmißverständlich. Ich wollte schon meinen Spaziergang fortsetzen, aber die Stimme verfolgte mich.

»Ja, und sie hat gesagt, Sie und Mr. Brand müßten so ziemlich die reichsten Leute im Dorf sein. ›Wie soll ich das wissen‹, hab ich gesagt, ›da sie alle beide nichts davon hier ausgeben?‹«

Ich verbarg meinen Verdruß hinter einem Lächeln. »Auf Wiedersehen!«

Der Gedanke, daß Harriet Emelda Bustard kannte, lenkte mich von meinem Spaziergang ab. Plötzlich erinnerte ich mich an unsere Unterhaltung vor ein paar Wochen, als Emelda mir erzählt hatte, wie Harriet einmal am Wochenende zu Besuch gekommen war und wie sie sich hatte vollaufen lassen und beim Nacktbaden in Ayrtons Angelschnur verfangen hatte. Bei dem Gedanken fühlte ich mich schon viel besser. Da ich die Frau nun selbst in Augenschein genommen hatte, gefiel mir die Vorstellung sogar noch mehr; entzückt sah ich die Szene vor mir, wie Harriets gigantischer Arsch zwischen den Binsen schaukelte, eingewickelt in Angelschnur, und Haken samt Fliege irgendwo an einer besonders schmerzhaften Stelle, hoffte ich.

Ich beschloß, bei Emelda vorbeizuschauen. Sie war genau die richtige Person für einen Tag wie diesen.

Eine Gestalt in Purpurrot war durch das Laub zu sehen. Emelda gärtnerte, Lloyd George ebenso. Ich ging zu ihr.

»Ich kann Gartenarbeit nicht ausstehen«, verkündete sie und sah zu mir auf. »Genau deswegen mach ich's auch so gut.« Sie warf eine riesige Gartenschere auf den Boden und hielt sich den Rücken, als sie sich mühsam aufrichtete. »Ich massakriere alles, und das mögen die Pflanzen alle furchtbar gern.« Neben ihr stand der Strunk eines Sommerflieders, der ganz und gar nicht so aussah, als möge er das, was Emelda eben mit ihm angestellt hatte. Sie betrachtete das Gemetzel zufrieden. »Da haben wir's! Bringt nichts ein, wenn man nett zu Pflanzen ist oder mit ihnen redet wie Prinz Charles. Dann gehen sie einem bloß ein. Pflanzen müssen wissen, wer der Boß ist.«

Und sie demonstrierte ihre Autorität, indem sie auf den übriggebliebenen Stengel des Sommerflieders, der das vorherige Gemetzel überlebt hatte, stampfte.

»So, im Juli wird der Strauch herrlich aussehen«, versicherte sie mir. »Schmetterlinge. Libellen. Alle Käferarten, die Sie sich bloß denken können. Ayrton wird im siebten Himmel schweben, und ich brauch bis zum Herbst nicht mehr mit ihm zu reden. Wie sieht's mit Ihrem Garten aus, meine Liebe?«

Ich erklärte, daß die Bauarbeiter und außerdem noch unerwünschte Besucher darauf herumtrampelten.

»O mein Gott, Sie meinen Ayrton. Immer wieder sage ich ihm, daß er Sie beide in Ruhe lassen soll.«

Ich sagte ihr, daß ich keineswegs Ayrton meinte – er sei entzückend und stets willkommen. Nein, ich meinte eine von Toms Ex-Frauen.

Emelda sah einen Moment lang verblüfft aus. Dann schlug sie wie ein Schlagbecken die Hände zusammen, um die Erde abzuklopfen, und ihre Miene hellte sich auf.

»Ach, natürlich!« rief sie. »Das war sie also. Ich wußte doch, daß ich dieses Hinterteil schon einmal gesehen hatte. Das letzte Mal ist es im Fluß getrieben. Natürlich!« sagte sie noch einmal. »Ja, sie war heute vormittag hier. Hat sich lediglich als Harriet vorgestellt, als sollte ich wissen, wer zum Teufel sie war. Das ist also Toms Ex-Frau. Ja, jetzt erinnere ich mich.« Emelda sah sich nachdenklich um. »Ich fand, daß sie ziemlich streng gerochen hat, obwohl das auch davon kommen kann, daß ihr ein Kater gegen das Bein gespritzt hat. Dabei hat sie mit Katern eigentlich Erfahrung, die alte Schnapsdrossel!«

Sie lachte herzlich und lud mich ein, mit ins Haus zu kommen. Wir tranken Tee, und ich erzählte ihr die ganze Geschichte, beginnend mit dem Rockstar und der Müllbeutelepisode.

Emelda war hingerissen.
»Einfach herrlich!« rief sie und warf den Kopf zurück. »Ich liebe solche Geschichten. Nun, das erklärt mit Sicherheit eine Menge.« Vertraulich beugte sie sich vor. »Apropos, die Frau hat mir erzählt, sie hätte einen Ex-Mann, der ihr eine halbe Million schuldete – er hätte sie verlassen, sei mit einer anderen Frau durchgebrannt, hätte ihre Möbel gestohlen, ihr nie einen Pfennig gezahlt, ihre Karriere ruiniert und sei der größte Schweinehund. Und so ging's endlos weiter, meine Liebe. Sie muß angenommen haben, ich wüßte, von wem sie redet. Aber ich hatte keine Ahnung – nicht die geringste.«
Emelda lachte und strich ihren purpurroten Tweed mit schmuddligen Händen glatt. Dann beugte sie sich wieder vor und klopfte mir, immer noch lachend, aufs Knie.
»Wissen Sie, meine Liebe, das Lustige daran ist, daß mich diese gottverdammte Tirade einer Frau, die mir im Leben noch nie über den Weg gelaufen war, so gelangweilt hat, daß ich beschlossen habe, mich auf ihr Gequassel einzulassen, um sie ein bißchen auf den Arm zu nehmen. Ich war wirklich ziemlich gemein. So wie sie den Mann schilderte, sei er eben wie jeder Ehemann, den ich je kennengelernt hätte, habe ich gesagt, und deshalb hätte ich Ayrton geheiratet, der sich nur für Libellen interessierte, so daß ich ungehindert Affären mit korsischen Fischern haben konnte, und warum sie sich nicht überlege, dasselbe zu tun? Wahnsinnig gut im Bett, habe ich ihr versichert, und ich könnte ihr mehrere empfehlen; mittlerweile vielleicht nicht mehr rundherum ganz so knackig, aber zumindest noch an den Stellen, wo es wirklich darauf ankommt, und sie komme mir nicht wie eine Frau vor, die leicht aufgebe.« Emelda wischte sich

die Tränen aus den Augen und hinterließ Erdspuren auf ihrem Gesicht, die aussahen, als wäre die Wimperntusche Amok gelaufen.
»O mein Gott!« stöhnte sie und brachte vor Lachen kaum noch etwas heraus. »Der Gesichtsausdruck. Die Lippen ganz zusammengepreßt und pikiertes Kopfgewackel. Wenigstens habe ich sie so losgekriegt. Sie müsse zurück nach Salisbury, hat sie gesagt. Anscheinend wohnt sie dort für eine Weile.«
Plötzlich erstarb Emeldas Lachen, und sie sah mich ernst an.
»Als sie gegangen ist, hat sie gesagt, sie sei entschlossen, es ihrem Mann heimzuzahlen, und wenn es das letzte wäre, was sie in ihrem Leben noch tun könnte. Ich hoffe, das bedeutet keinen Ärger für Sie, meine Liebe.«
Ich sagte, wir *hätten* schon Ärger, und zwar reichlich. Und dann brach ich in Tränen aus. Ein üppiger, purpurgewandeter Arm legte sich um meine Schultern.
»Sie brauchen was zu trinken. Es ist mir egal, wie spät es ist.«
Ich schniefte in ein Glas Weißwein und erzählte Emelda auch meine übrigen Sorgen. Sie hob den Blick ein wenig, als ich von der Samenbank für die madegassische Vampirfledermaus erzählte, und schnalzte mit der Zunge, als ich beschrieb, wie Harriet als angebliche Lady Phelps die Runde durchs Dorf gemacht hatte.
Als ich fertig war, lehnte sie sich in ihren Stuhl zurück und nickte entschieden.
»Schön, meine Liebe«, erklärte sie, »ich gebe nie jemandem einen Rat, weil ich eigentlich auch nie auf irgendwas eine Antwort weiß. Aber eines möchte ich Ihnen sagen. Haben Sie einen Schlupfwinkel, einen Ort, an dem Sie sich zurückziehen können?«

Ich erklärte, daß ich noch mein kleines Haus in Chiswick hatte, das ich aber verkaufen wollte, um meinen Anteil an der Mühle zu zahlen. Emelda hob ihre breite Hand, als wolle sie einen Segen erteilen.

»Dann tun Sie es nicht! Zumindest *noch* nicht.« Ich hatte Emelda noch nie so ernst gesehen. »Vielleicht brauchen Sie bald einen Platz, an dem Sie einmal richtig durchatmen können. Behalten Sie das Haus. Und denken Sie daran: Das sind Toms Probleme, nicht Ihre. Lassen Sie *ihn* damit fertig werden.« Sie hielt inne und füllte unsere Weingläser nach. Dann gluckste sie. »Meine Güte, ich dachte, ich hätte mit Ayrtons Libellen genügend Eheprobleme. Aber Sie sind gar nicht verheiratet, nicht wahr? Kluges Mädchen. Ich wünsche mir oft, ich wäre es auch nicht, nur daß Ayrton so ein goldiger alter Blödmann ist. Als wäre man mit dem Froschkönig verheiratet – *vor* der Verwandlung. Na, kommen Sie auf jeden Fall jetzt öfter bei mir vorbei, meine Liebe. Wir werden das Problem gemeinsam lösen.« Übertrieben schwungvoll hob sie ihr Glas. »Das große Haus Bustard steht hier nicht zufällig schon seit 1066, wissen Sie! Cheerio!«

Emeldas unwiderstehlicher Elan wirkte belebend wie stets, und ich kehrte mit leichterem Herzen und ein wenig schwindelig vom Wein in unser Cottage bei der Mühle zurück.

Aber daß mir plötzlich leichter ums Herz war, verdankte ich nicht nur Emeldas Wein und ihrer guten Laune, sondern auch ihrem ernsthaften Rat, mein Haus nicht zu verkaufen. Zunächst war das wie ein Schock gewesen; ich hatte mich nämlich mit dem Gedanken durchaus bereits angefreundet, wenngleich mit einer gewissen Wehmut. Tom und ich waren hierhergekommen, um unsere Vergangenheit zu begraben und von vorn anzu-

fangen. Das Haus zu verkaufen war ein Teil der Abmachung, und ich hatte nie ernsthaft daran gedacht, sie zu brechen. Warum sollte ich? Aber jetzt, Emeldas strenge Worte noch im Kopf, begann ich diese Abmachung zu hinterfragen, oder, mehr noch, ich spürte eine tiefe Sehnsucht, die Befreiung von einer Last, fast ein Gefühl der Freude. Als hätte man mir einen Schlüssel in die Hand gedrückt, mit dem ich mich aus einer Art Gefängnis befreien konnte. Selbsterhaltung bedeutete Freiheit, und Freiheit bedeutete, etwas Eigenes zu behalten, an das Toms Frauen nicht herankommen konnten. Einen Ort, wo sie nichts mit meinem Leben zu tun hatten – wo ich nicht einmal an sie denken müßte. Warum zum Teufel sollte ich meine Vergangenheit begraben, wenn Toms Vergangenheit wie eine Schar von Harpyien auf uns herabstieß?
Der Gedanke an meinen »Schlupfwinkel«, wie Emelda es genannt hatte, war die reine Seligkeit. Luft zum Atmen. Platz, um mich zu bewegen. Ein Ort, wo ich ich selbst sein konnte. O ja!
Es war vier Uhr nachmittags. Noch zwei Stunden Tageslicht, daher beschloß ich, etwas Konstruktives zu tun, und nahm Hilaire Bellocs *Schlimme Reime für schlimmere Kinder* zur Hand, das Howard Minton mir gegeben hatte. Ich fing an, darin zu lesen und mir zu überlegen, wie ich es illustrieren könnte.
Ich kam nicht weiter als bis zu »Und König Heinrich, wie mir graut, stets an 'ner alten Schnur rumkaut«, als das Telefon klingelte. Am anderen Ende der Leitung antwortete eine Stimme, die wie ein Frosch klang.
»Wer ist dran?«
Zumindest konnte eine solche Stimme keiner von Toms Frauen gehören.

»Clive«, krächzte es. »Ich erwische den Zug um halb sechs an Waterloo Station.«
Mein Sohn! Mit einer Stimme wie ein Frosch!
»Was um alles in der Welt ist los mit dir?« fragte ich.
Er klang verstimmt.
»Nichts ist los«, krächzte er. »Die Ferien fangen an. Weißt du nicht mehr, Mami?«
Himmel! Mein Sohn war kein kleiner Junge mehr. War dreizehn nicht ziemlich früh für den Stimmbruch? Frühreifes kleines Biest. Was kam als nächstes? Akne und feuchte Träume. Ich fühlte mich plötzlich sehr alt.
Ich fing an, Clives Zimmer herzurichten. Auf einmal wirkten die Posters von *Pu der Bär* und die zerlesenen Asterix-Hefte fehl am Platz. Bald hingen jetzt wohl Super-Sexbienen mit provokant vorgeschobenen Hüften an den Wänden; das Zimmer würde unter Hardrock erdröhnen und die Luft schwer sein von der Aura ungewaschener Punkstars.
Wieder klingelte das Telefon. Mich verließ der Mut, als ich eine schon halbwegs vertraute Stimme hörte.
»Madame Brand?«
Auch das noch! Es war Professor Montblanc, und er klang gefährlich nahe. Mir fiel noch rechtzeitig ein, daß ich Toms Mutter sein sollte.
»Isch bin in London und möchte so gerne Monsieur Brand besuchen«, fuhr er fort.
Ich geriet in Panik.
»Monsieur Brand ist tot.«
Ein paar Sekunden herrschte Schweigen, und ich erkannte, daß ich jetzt noch tiefer in der Patsche steckte. Diese Neuigkeit würde in Windeseile an Anne-Marie weitergeleitet werden, und sie würde hier sein wie der Blitz.

»Pardon! Entschuldigen Sie?« sagte die Stimme.
Erleichtert stellte ich fest, daß er mich nicht verstanden hatte.
»Auf dem Boot!« rief ich. »Monsieur Brand ist mit seinem Boot unterwegs. Seit gestern.« Es wurde immer lächerlicher. »So etwas macht er gern. Verschwindet tagelang. Auf dem Wasser. Schiffchenschaukeln.«
Wieder antwortete mir Schweigen. Ich fühlte mich wie eine komplette Idiotin.
»Oh, ich verstehe.«
Professor Montblanc klang verwirrt, was mich nicht wunderte.
»Und wann kommt er zurück?«
Ich wollte diesen verdammten Kerl absolut *nicht* hier aufkreuzen sehen.
»Vielleicht im Juni«, erwiderte ich. »Das hängt vom Wetter ab.«
»Im Juni!« Er klang weniger erstaunt, als ich erwartet hätte. »Aber im Juni bin ich noch einmal hier. Ich werde Sie dann besuchen.«
O nein, das wirst du nicht, dachte ich.
»Ich meine, nächstes Jahr im Juni«, erklärte ich dreist.
Noch längeres Schweigen.
»Oh, là, là! Das ist zu spät. Wir brauchen so dringend Geld. Die *banque de sperme* ist wirklich notwendig, verstehen Sie. Seine Frau hat mir versichert, Monsieur Brand würde äußerst *généreux* sein.« O nein, er würde verdammt noch mal nicht *généreux* sein. *»Alors«*, fuhr die Stimme fort, »dann besuche ich statt dessen Sie. Sie werden dann natürlich mit Monsieur Brand sprechen – ihn unterwegs erreichen. Ich bin sicher, Sie können das. Sie sind seine Mutter.«

Jetzt war Gefahr im Verzug. Ich erklärte ihm, ich hätte Krebs im letzten Stadium.
Das machte dem Englisch des Professors den Garaus.
»Madame, je suis tout à fait désolé.«
Aber seine Untröstlichkeit hielt nicht lange an.
»Dann werde ich rasch kommen, Madame. Sie wohnen in der Nähe von Salisbury, glaube ich?«
Entsetzt schloß ich die Augen. Mittlerweile steckte ich schon zu tief drin, um zurückzukönnen.
»Nein! Nicht Salisbury«, erklärte ich fest. »South Uist. In Schottland. Die Äußeren Hebriden.«
Er schien verblüfft.
»Oh, wirklich! Und wie finde ich Sie?«
»Ganz leicht«, erklärte ich zuversichtlich. »Sie steigen vom Schiff und fragen. Jedermann kennt uns.«
Mit einer Entschuldigung legte ich auf und versuchte mir darüber klarzuwerden, was ich alles gesagt hatte. Ich hatte gar nicht gewußt, daß ich so lügen konnte. Es war schändlich – aber ich mußte das öfter tun, damit ich in Übung blieb. Nach einem Weilchen beschloß ich, dem Professor, wenn er auftauchte, zu sagen, Monsieur Brands Mutter sei gestorben und ihre geistigen Fähigkeiten seien während der letzten Wochen ihrer Krankheit tragischerweise sehr beeinträchtigt gewesen. Mit ein wenig Glück hatte ich zumindest eine Woche Zeit geschunden, während der ehrenwerte Professor sich durch die Nordsee kotzte.
Ich war ganz sicher, daß das Telefon noch einmal klingeln würde. Tat es auch. Während der folgenden halben Stunde läutete es dreimal. Ich nahm mir das Handy mit in den Garten, um mich zu vergewissern, daß die Welt um mich herum immer noch normal aussah.
Der erste Anrufer war eine Frau mit lieblicher, sanfter

Stimme, die gebrochen Englisch sprach. Ob Janice am Apparat sei, fragte sie. Sie sprach es französisch aus – Ja*nieß* –, was mir gefiel. Wer war dieses herzliche Geschöpf mit der sanften Stimme?
»Ich bin Solange«, sagte sie. »Ich freue mich so, mit Ihnen zu reden.«
Jetzt war mir alles klar. Solange – Toms Tochter. Die dicke, picklige.
»Ich komme zu Ihnen auf Besuch. Sie sind so freundlich. Ich wünsche mir sehr, England kennenzulernen.«
Ich hatte Lust zu sagen, daß dieses spezielle Stück England nicht den geringsten Wunsch hatte, sie kennenzulernen. Wo sollte sie schlafen? Die Mühle war noch längst nicht fertig, und wir hatten kein übriges Zimmer. Was um alles in der Welt sollte ein pickliger französischer Teenager in Sarum Magna tun? Und wie lange wollte sie bleiben? Scheiße! Am liebsten hätte ich Tom angeschrien: »Würdest du bitte einen Zoo für diese ganzen Weiber mieten? Schau, daß du sie los wirst! Halt sie mir bloß vom Leib. Sag ihnen allen, sie sollen zur Hölle gehen!«
»Wie reizend«, sagte ich zu dem freundlichen Mädchen. »Ich freue mich so darauf, dich kennenzulernen. Wann kommst du denn?«
Meine Heuchelei tat schon weh.
Sie fragte, ob Anfang Mai recht sei. Und wären zwei Monate zu lang? Ich schluckte und hätte am liebsten gefaucht. Zwei Monate! Zwei volle Monate eingepfercht mit einem dicken, pickligen Teenager!
»*Ma chérie!* (Allmächtiger! Höre sich das einer an!) Natürlich nicht! Es wird uns ein Vergnügen sein. Wir können ein bißchen junges Leben im Haus brauchen.«
Ein wenig junges Leben im Haus war das letzte, was ich

brauchen konnte. Solanges Akne, Clives Akne – bald würde ich die Krätze kriegen. Vielleicht könnten Tom und ich einen Trupp französischer Fernfahrer überreden, den ganzen Sommer über eine Blockade gegen England zu organisieren.
Wir plauderten noch ein paar Minuten. Es war wie ein Crashkurs an der Berlitz School – wie verhält man sich gegenüber seiner Stieftochter? So viele Zeitschriftenartikel hatte ich gelesen, ohne mir je vorzustellen, daß das eines Tages mich selbst betreffen könnte. Ich hörte, wie ich sie verzweifelt willkommen hieß, während ich eigentlich brüllen wollte: »Natürlich, komm! Bleib, solange du willst! Aber ich bin nicht da!«
Mit einem herzlichen *Je t'embrasse* legte Solange auf. Picklig oder nicht, sie klang reizend, und ich kam mir schäbig vor.
Der zweite Anruf kam von meinem Makler in London. Die potentiellen Käufer meines Hauses waren aus dem Skiurlaub zurück und »ganz erpicht« darauf, so bald wie möglich den Vertrag abzuschließen. Ob ich vielleicht Anfang nächster Woche nach London kommen könnte? Sie würden sich so freuen, mich kennenzulernen und von mir persönlich durchs Haus geführt zu werden. Sie wollten nur noch ein paar unbedeutende Fragen stellen – ganz und gar nichts Ernsthaftes, das Haus gefiel ihnen so gut. So ruhig und exklusiv. Mit vielen Einkaufsmöglichkeiten in der Nähe. Und dieser entzückende kleine Garten.
Wieder gingen mir Emeldas Worte durch den Sinn: »Tun Sie es nicht. Zumindest *noch* nicht.«
Was um alles in der Welt sollte ich tun? Den Hörer am Ohr, fühlte ich mich in meiner Unschlüssigkeit völlig auf mich allein gestellt; und dazu noch die Verzweiflung, die

mich überkam, als mir klar wurde, daß der eine Mensch, mit dem ich keineswegs darüber sprechen wollte, Tom war. Das entsetzte mich. Die Entscheidung betraf nicht nur das Haus; sie betraf uns. Ich wurde hier in die Enge getrieben, und Tom konnte mir nicht helfen; vielleicht würde er nicht einmal begreifen, was los war.

»Ich könnte am Dienstag nach London kommen«, sagte ich.

Wir verabredeten uns für elf Uhr. Ich hatte immer noch keine Ahnung, was ich sagen oder tun würde. Ich mußte wohl auf meinen Instinkt vertrauen. O Gott, ich hoffte bloß, daß er mich nicht im Stich ließ.

Der dritte Anruf kam von Howard Minton. Er würde das Belloc-Projekt gerne detaillierter mit mir besprechen, sagte er. Er habe ein paar Ideen und ich vielleicht auch. Ob ich bald einmal Zeit hätte, in der Stadt mit ihm zu Mittag zu essen?

Ich schämte mich, weil mir der Gedanke solches Vergnügen bereitete.

»Wie wäre es mit Dienstag nächster Woche?« schlug ich vor.

Er klang erfreut und nannte ein teures Restaurant in Soho.

»Ich freue mich darauf«, sagte er, und nach einer kleinen Pause fügte er – mit einer noch ein wenig klangvolleren Stimme – hinzu: »Sogar sehr.«

In meinem Bauch spürte ich ein Prickeln, das ich nicht hätte spüren sollen. Aber ich freute mich.

Er legte auf. Plötzlich war es mir im Garten zu kalt. Ich ging ins Haus, legte das Handy zurück und sah auf die Uhr. Halb sechs. Tom würde jetzt bald zurück sein. Aber wenn ich an Tom dachte, fielen mir auch seine Harpyien wieder ein, und mich verließ der Mut. Ich trat ans

Fenster; alles sah so friedlich aus – hier war es, das beschauliche Plätzchen, das wir uns immer gewünscht hatten. Die Sonne stand tief, die Weiden am Flußufer waren wie frisch gewaschen und zartgrün, Streifen mit hellen Narzissen zogen sich bis ans Ufer hinunter. Wasserratten schwammen von Ufer zu Ufer hin und her. Der Eisvogel schoß vorbei.
Wie schön war das alles. Wie schön hätte es sein können. Und jetzt schien es mir nicht länger zu gehören.
Ich erstarrte. Da stand sie, auf der Brücke. Eine Sekunde lang wünschte ich, es *wäre* wirklich Harriet – dann hätte ich ihr gegenübertreten können, hätte ihr sagen können, was ich von ihr hielt und daß ich alles über ihre Eskapade mit dem Rockstar wußte; alles über den Müllsack und die Müllmänner; daß ich Bescheid wußte über ihr Auftreten als Lady Phelps; daß Emelda Bustard über ihren fetten Arsch lachte; ich hätte ihr gesagt, daß sie krank war, bösartig, verlogen und verdorben. Ich hätte ihr gesagt, daß sie sich für alle Zeiten aus unserem Leben verdrücken sollte.
Aber natürlich war es nicht Harriet, und meine ganze Wut war vergeudet. Als ich hinausrannte, war Mondkalb verschwunden. Nur die Bisamratten waren da, um sich den Schwall von Beschimpfungen anzuhören, den ich an die stummen Bäume richtete.
Toms Auto rumpelte über den Weg auf unser Haus zu. Zum erstenmal fühlte ich mich gespalten, als ich ihn sah. Ich wollte nicht wissen, wie sein Tag gewesen war, wohin er Kyra Vansittart zum Essen ausgeführt hatte und welchen Rat sie ihm wegen Harriet gegeben hatte. Ich wollte, daß er mich fragte, wie *mein* Tag gewesen war, so daß ich hätte sagen können: »Beschissen!«
Er fragte nicht. Er holte sich etwas zu trinken.

»Das Datum für die Abfindungsklage ist festgesetzt«, sagte er mit ausdrucksloser Stimme. »Am 17. Juli. Abram Kollwitz hat Kyra gestern angerufen. Er glaubt nicht, daß wir den Prozeß gewinnen.«
Es gab noch etwas, das wir nicht gewinnen würden.
Wäre noch ein separates Zimmer dagewesen – ich glaube, in dieser Nacht hätte ich darin geschlafen.

neun

Zwei Ereignisse retteten mich vor der Verzweiflung.
Das erste war Mrs. Teapes Auftritt, die an einem Montagmorgen in einem Zustand höchster Empörung ankam. Es war der 1. April, und wenn es sich nicht um Mrs. Teape gehandelt hätte, wäre mir zweifellos als allererstes die Idee gekommen, daß mich jemand in denselben schicken wollte.
Sie hatte sich das Frühstücksfernsehen angeschaut.
»Schrecklich, was da in Surbiton passiert«, verkündete sie grimmig.
»Was passiert denn in Surbiton, Mrs. Teape?« fragte ich.
Sie zog eine Hutnadel heraus, die man gut und gern als Kebabspieß verwenden könnte, und klemmte sie zwischen die Zähne wie ein Pirat sein Messer, während sie ihre Kämme richtete.
»Das Morden«, sagte sie, nachdem sie das Piratenmesser entfernt hatte. »Wie die Tiere, diese Leute. Ich bin so froh, daß Sie nach Wiltshire gezogen sind, Mrs. Brand.« Wütend schürzte sie die Lippen. »Gottlose Menschen müssen das sein in Surbiton. Ist ihnen ganz egal, wen sie umbringen, nicht? Frauen. Kinder. Bloß weil sie ein Stück von Croydon für sich selber haben wollen. Ich weiß nicht, warum Mr. Major nichts unternimmt.«
Ich hatte weder Nachrichten gehört noch Zeitung gelesen, daher war ich ziemlich verwirrt. Surbiton im Krieg gegen Croydon klang, gelinde gesagt, etwas seltsam. Ungefähr das brachte ich auch zum Ausdruck, wobei ich versuchte, meine Unwissenheit nicht zu zeigen. Viel-

leicht hatte mich das Leben auf dem Lande von der wirklichen Welt isoliert.

»Gottlos!« wiederholte Mrs. Teape leidenschaftlich. »Und dabei sind es Christen auf beiden Seiten – Serben und Kroaten. Man glaubt es kaum, wohin es mit der Welt gekommen ist.«

Surbiton und Croydon als Teile Ex-Jugoslawiens – da mußte Mrs. Teape was in die falsche Kehle gekriegt haben. Der Tag ließ sich schon viel besser an.

Ich kochte Kaffee und zog mich in mein Atelier zurück. Durch das Fenster hörte ich Tom, der mit den Bauarbeitern Witze riß. Aus Clives Zimmer dröhnte der Techno-Beat.

Es war, als hätte ich jemanden im Haus, den ich nicht kannte. Immer wieder sagte ich mir, daß es noch keine drei Monate her war, seit ich Clive das letzte Mal gesehen hatte. Ich kam zu dem Schluß, daß offenbar einer von uns beiden in ein Zeitloch gefallen war. Nicht nur, daß mein Sohn so anders klang – seine Stimme war zu einem monotonen Krächzen mutiert. Nicht nur sein Aussehen – seine Gliedmaßen schienen nicht mehr zum Rest seines Körpers zu passen. Nicht einmal sein Geruch – Clive bespritzte sich mit After-shave, als wäre es das heilige Wasser des Ganges, in der Hoffnung, die Götter würden die drei Haare auf seinem Kinn wundersam vermehren. Nein, es war das ganze Paket, das ich kaum wiedererkannte. Wo war der quietschvergnügte Bengel, der immer grinste und lachte? Wo war der kleine Junge, den ich knuddeln konnte? Wo waren seine Ungezogenheit und sein schalkhafter Charme geblieben? Jetzt war es, als hätten sich all seine Sinne nach innen gewandt, wo sie düster eine Art seelischen Kokon betrachteten, aus dem – vielleicht mit einer genügenden

Menge After-shave – bald der prachtvolle Schmetterling der Männlichkeit zum Vorschein kommen würde. Der Himmel stehe Sarum Magna bei, wenn es soweit war! Sperrt eure Jungfrauen ein!
Clives Anwesenheit im Haus war kaum das, was ich im Augenblick brauchte, um meine Lebensgeister zu stimulieren. Im Vergleich dazu schien selbst die Aussicht auf Solanges Besuch fröhlicher, bis mir klar wurde, daß ich vielleicht mein Atelier opfern mußte, um sie unterzubringen. Verdammter Mist!
Dann klingelte das Telefon. Im Laufe der letzten Wochen war ich ziemlich nervös geworden, wenn es läutete, und so sagte ich vorsichtig »Hallo?«, mit schon gewohnheitsmäßig halb verstellter Stimme. Aber es war Ruth.
Sie war heute vormittag mein zweiter Samariter.
»Was ist los?« fragte sie. Ich hatte kaum ein Wort gesagt, aber Ruth hatte offenbar den sechsten Sinn. »Langweilst du dich? Ich hab dich doch vor dem Landleben gewarnt, oder? Nimm dir ein bißchen frei und komm zu uns. Ich würde mich darüber freuen und Piers auch. Der Schnee ist geschmolzen, und überall sprießen Frühlingsblumen.«
Ich sagte ihr, daß ich mich keineswegs langweilte – ganz im Gegenteil. Geplagt wurde ich. Heimgesucht. Dieses Weiberpack. Und wenn es keine Weiber waren, dann übergeschnappte Professoren. Und wenn es keine übergeschnappten Professoren waren, dann war es die Presse oder Rechtsanwälte – oder Toms picklige Tochter, die jeden Tag auftauchen konnte. Sogar Clive war eine Nervensäge mit seiner Rave-Musik, die Tag und Nacht hämmerte. Dieser verdammte Knabe, warum konnte er sich nicht manchmal ruhig hinsetzen und ein Buch lesen?

»Ich wette, *du* hast das mit dreizehn auch nicht getan«, sagte Ruth.

»Stimmt«, gab ich zu. »Ich war zu sehr damit beschäftigt, mich im Spiegel zu bewundern. Aber das macht wenigstens nicht so viel Lärm.«

»Ist das alles, was los ist?« fragte sie wenig hilfreich.

Ich war ärgerlich.

»Nein. Das Wasser.«

Ruth lachte.

»Wasser? Versuch's doch mal mit Gin-Tonic.«

Den Scherz fand ich gar nicht gut.

»Ich meine die Mühle. Den Fluß. Als ob man neben einem Klo leben würde, bei dem ständig die Spülung läuft. Es macht mich verrückt.«

Ruth sagte, sie glaube mir nicht. Was denn *wirklich* los sei, fragte sie.

Ich zögerte. Ich wußte es nicht. Und plötzlich wußte ich es.

»Ich vermute, es ist Tom«, erklärte ich, selbst überrascht. »Der ganze Mist ist größtenteils seine Schuld, und was tut er? Nichts als rumjammern! Er verschwindet mit langem Gesicht, um sich mit Rechtsanwälten zu treffen, und kommt mit noch längerem Gesicht zurück. Aber er *tut* nichts. Manchmal könnte ich schreien.«

Mir war noch gar nicht klargeworden, wie *sehr* mir nach Schreien zumute war.

»Es ist einfach zuviel«, setzte ich hinzu. »Viel zuviel.«

Ruth kann manchmal ziemlich praktisch sein. Jetzt war so ein Augenblick.

»Na schön!« sagte sie resolut. »Stell dir eine Liste mit deinen Katastrophen auf. Und dann schauen wir mal, welche sich wirklich auf dein Leben auswirken und welche bloß ein Sturm im Wasserglas sind. Okay, schieß los! Und übrigens, scher dich nicht um die Kosten des Anrufs. Der Chef der Telefongesellschaft steht auf mich und sagt, ich soll ihm meine Rechnungen schicken. Das nennt man in diesem Teil der Welt ›Verführung‹. In Liechtenstein ist sogar Sex von der Steuer absetzbar. Also, fang an. Katastrophenliste.«

»Na ja«, begann ich, »da ist Anne-Marie mit ihren Vampirfledermäusen.«

Ruth lachte bloß.

»Lächerlich! Vergiß es. Sie bellt bloß.«

»Dann dieser französische Professor, der aufkreuzt, weil er Geld für seine Samenbank will.«

Sie lachte noch lauter.

»Sag ihm, daß du Vampire nicht ausstehen kannst und daß du schon ein Projekt finanzierst, um die Biester zu sterilisieren.«

»Außerdem hält er mich für Toms Mutter.«

Am anderen Ende war nur ein Seufzer zu hören.

»Dazu geb ich nicht mal einen Kommentar ab. Weiter, bitte.«

»Der Abfindungsprozeß in Kalifornien«, sagte ich. »Das ist wirklich ernst.«

Diesmal schnaubte sie.

»Hör mal zu, Darling. Ich hatte einmal eine Affäre mit einem Brigadekommandeur. Beim Sex hat er immer Schlachtstrategien geübt. Sehr erotisch, kann ich dir sagen. Er hat mir den Risikofaktor erklärt, den man beim Sturm auf eine feindliche Stellung auf einer Anhöhe einkalkulieren muß – meine linke Brustwarze mußte zur Veranschaulichung herhalten. Zuerst wird man sich über die eigene Strategie klar, dann arbeitet man aus, was dabei im schlimmsten Fall passieren könnte. Und wenn man im allerschlimmsten Fall immer noch

überlebt, dann tut man's. Also, was ist das Allerschlimmste?«
Ich dachte einen Augenblick darüber nach. Ruths linke Brustwarze zu stürmen war in der Tat mit Überwindung eines beträchtlichen Höhenunterschiedes verbunden; der Brigadekommandeur mußte ein guter Kletterer gewesen sein.
»Wir verlieren die Hälfte der Tantiemen, die das *Krabbasutra* einbringt«, erwiderte ich.
Ruth hatte eine prompte Entgegnung parat.
»Na und? Dann habt ihr immer noch die andere Hälfte. Herrgott, vor einem Jahr hast du keinen müden Shilling gehabt und warst absolut glücklich. Weiter.«
Ich fühlte mich schon verdammt viel besser – als würde man mich mit einer Wurzelbürste bearbeiten.
»Aber da ist noch Harriet. Sie schnüffelt rum wie ein Spürhund, und ihr Anwalt verlangt eine halbe Million.«
Auch darauf hatte Ruth eine Antwort.
»Ach, nimm die blöde Kuh und ihren Anwalt überhaupt nicht zur Kenntnis. Sie probiert's halt mal; garantiert gibt sie sich außergerichtlich mit einem Zehntel zufrieden. Ganz egal, wenn Tom den Abfindungsprozeß verliert, habt ihr keine halbe Million für sie, und wenn er gewinnt, tun fünfzig Riesen nicht weh. Problem abgehakt. Noch was?«
»Solange«, sagte ich. »Toms Tochter aus Frankreich. Ein pickliger Teenager. Sie kommt zu Besuch. Will ihren Papa kennenlernen. Und wir haben nicht mal ein Gästezimmer für sie.«
Ruth kicherte.
»Ach, das wird sich ganz rasch von selbst lösen, wart nur ab. Picklig oder nicht, kein französischer Teenager will in einem englischen Sumpf leben, der von pensionierten

Marineoffizieren und schmerbäuchigen Börsenmaklern bewohnt wird. Sie wird einen Blick auf *le highlife* in Wiltshire werfen und zu dem Schluß kommen, daß es das Opfer nicht wert ist, nur um Papa kennenzulernen. Und wenn du sie auf ein unbequemes Sofa im Wohnzimmer verfrachtest, ist sie noch schneller weg.«

Zu meinem Erstaunen stellte ich fest, daß ich schon am Ende meiner Liste angekommen war. Plötzlich klang alles gar nicht mehr so schlimm.

»Das war's so in etwa«, erklärte ich schüchtern.

»Ach, wirklich?« Ruths Stimme klang skeptisch. »Und wie kommt es dann, daß du die beiden einzigen Sachen ausgelassen hast, auf die es wirklich ankommt?«

Ich gab unzusammenhängende Protestlaute von mir. »Was meinst du?« brachte ich schließlich heraus.

»Daß dir das gottverdammte Landleben bis zum Hals steht – und daß du plötzlich nicht mehr sicher bist, ob du den Rest deiner Tage mit Tom verbringen willst.«

Ich erkannte plötzlich, daß beide Gedanken tatsächlich irgendwo in meinem Kopf geschlummert hatten, und es war mir sehr zuwider, beide zuzugeben. Nach einem Monat schon – einem kurzen, kleinen Monat! Wie konnte sich alles bloß so schnell verändern?

»Was würdest *du* denn tun?« fragte ich, obwohl ich ganz genau wußte, was Ruth tun würde.

»Hmm«, machte sie, und was dann kam, klang fast so, als hätte sie es schon die ganze Zeit gedacht. »Du hast doch immer noch dein kleines Haus in Chiswick, oder? Gönn dir eine Pause. Schau mal, wie du dich dabei so fühlst. Sei für eine Weile wieder eine Stadtmaus, und amüsier dich. Erinnere dich an die alte Janice. Dein schöner junger Verleger wäre dir bestimmt sehr verbunden. Und wenn nicht, dann ist er nicht der Mann, den du

mir letzte Woche so atemlos beschrieben hast.« Sie lachte. »Schließlich setzt Tom dir mit seinen ganzen Weibern zu; wie wär's mit ein bißchen quid pro quo?«
Ich versuchte zu erklären, daß das nicht dasselbe war.
»Janice, Schätzchen«, erwiderte Ruth, »es ist *immer* dasselbe. Verlaß dich drauf.«

Der Anblick von Tom, der herumlümmelte und in seiner bescheuerten Byron-Biographie las, machte mich wütend. Vor ein paar Wochen noch war das irgendwie bezaubernd absurd gewesen, und ich hatte ihn deshalb geliebt. Aber das war gewesen, bevor sich die Harpyien auf uns herabgestürzt hatten. Wir hatten seit einer Ewigkeit nicht mehr miteinander geschlafen. Ich sagte ihm, daß mein Zyklus durcheinandergeraten sei, was nicht stimmte. Und nachdem diese Ausrede ausgereizt war, suchte ich andere – die Wände seien so dünn, daß Clive uns hören könnte; ich hätte Blasenkatarrh; die Muscheln vom Abendessen hätten mir irgendwie den Magen verdorben. Sogar die Kopfweh-Masche brachte ich daher. Das Schlimmste war, daß ich mich dabei wie zurückversetzt in mein Leben mit Harry fühlte; und ich war so sicher gewesen, daß es mit Tom nie so sein würde. Am Anfang war alles so leicht erschienen, so natürlich. Sex und Lachen hielten das Rad in Schwung – genauso sollte es sein.
Und so war es nicht mehr. Nachts hatte ich finstere Träume, an die ich mich beim Aufwachen nie erinnern konnte, die mich aber aufgewühlt und angespannt zurückließen. Mein Körper fühlte sich wie ein lustloses Ding an. Sogar meine Phantasien langweilten mich; ich zauberte mir wilde Liebesszenen an mondbeschienenen

Stränden hervor, doch dann verblaßten die Bilder, als hätte jemand das Video ausgeschaltet, und ich lag in der grauen Dämmerung und dachte ans Einkaufen.
Ich war siebenunddreißig. Hatte ich eine Midlife-crisis? Sollte ich zum Psychiater gehen?
Solcherlei Fragen prallten wie ein Bumerang vom nächstbesten Hindernis ab und kamen zu mir zurück. Das war das Blöde am Landleben; ich hatte keine Freundinnen um die Ecke, die ich anrufen oder zum Kaffee einladen konnte, um meine Probleme bei ihnen abzuladen. Hier hatte ich nur Emelda, und so witzig und frivol sie auch sein mochte, war sie doch eine alte Frau, die mit einem Ehemann wie aus *Der Wind in den Weiden* in ihren exzentrischen Erinnerungen lebte.
Am meisten bereitete es mir Sorge, daß ich nicht mit Tom reden konnte. Ich wußte, daß ich es tun sollte – schließlich war ja er der Grund für meine Schwierigkeiten. Aber irgendwie konnte ich nicht. Ich sagte mir, daß *er* nicht reden wollte; daß er selber genügend Probleme am Hals hatte und daher nicht auch noch den Kopf für die meinen frei hatte. Dann dachte ich, das sei ja alles Unsinn, und wenn er mich liebte, würde er sich den Kopf dafür frei machen, denn dann würde ihm etwas daran liegen. Er konnte mit den Bauarbeitern Witze reißen, aber er konnte nicht mit mir schlafen.
Das war eine Lüge, und dieses Eingeständnis tat weh. *Ich* konnte nicht mit *ihm* schlafen. Ich war diejenige, die auf Distanz ging, weil ich es wollte – oder weil ich es brauchte. Alles war so durcheinander, daß ich am liebsten geheult hätte. O Tom, wo ist unser gemeinsames Leben hin? Deine Vergangenheit hat es verscheucht.
Daß Clive bei uns war, machte die Sache auch nicht

gerade besser. Er hing herum, krächzte, war schlecht gelaunt und rannte ständig gegen irgend etwas, weil er zu schnell wuchs, um zu wissen, wie groß er war.

»Was kann man hier denn anfangen, Mum?«

»Erforsch die Gegend«, antwortete ich unwirsch.

Das tat er. Aber ich hätte meinen Sohn besser kennen sollen. Mittags kam er zurück, die Augen doppelt so groß wie vorher.

»Mensch, Mum. Da draußen liegt eine Frau, die nichts anhat.«

Genau zehn Minuten hatte er gebraucht, um Concha zu entdecken. Ich bemerkte, daß an diesem Nachmittag plötzlich Toms Videokamera weg war. Na schön, ein solches Heimkino würde Clive wenigstens für den Rest der Ferien die Langeweile vertreiben. Die Musik, die seine Pubertätsträume begleitete, dröhnte jetzt noch lauter.

Dann kam der Montag, und alles fühlte sich ganz anders an. Ich erkannte mich selbst kaum wieder, und ich wußte auch genau, warum. Ich würde nach London fahren. Ich würde ganz allein ein paar Nächte in meinem kleinen Haus verbringen. Morgen vormittag war ich verabredet mit dem Makler und dem Ehepaar, das anscheinend ganz erpicht darauf war, mein Haus zu kaufen. Und dann mein »Geschäftsessen« mit Howard Minton; ich freute mich schon darauf. Und in der Zwischenzeit würde ich allein sein – seit Monaten die ersten Nächte, die ich allein verbrachte. Und in London! Es war wie Schuleschwänzen. Ich würde »unartig« sein. Nicht daß ich wirklich vorhatte, etwas anzustellen – zumindest nicht das, was Ruth vorschwebte. Das wollte ich nicht.

Oder vielmehr, ich war der Meinung, daß ich das nicht

wollte – bis nachmittags die zweite Post kam. Ich hatte gerade meine Reisetasche ins Auto gebracht und verabschiedete mich von Tom. Clive war unterwegs mit seiner Videokamera, beim »Vögelbeobachten«.
Es war nur ein Brief gekommen – für Tom. Sein Gesichtsausdruck deutete schon darauf hin, daß er die Schrift auf dem Umschlag erkannte. Er öffnete ihn schweigend. Darin war lediglich ein völlig leeres Blatt Papier, nur daß – schön durch die Mitte gebohrt – eine riesige Sicherheitsnadel darin steckte. Bloß eine Sicherheitsnadel – aber da hing sie, krallte sich am Papier fest. Obszön und bedrohlich sah sie aus. Eine Drohung. Und ganz ohne Worte.
»Ist sie das?« fragte ich. Mir war ganz schlecht.
Tom nickte und steckte das anstößige Ding zurück in den Umschlag. Dann sah er mich gequält an.
»Das ist haarscharf Harriet.«
In meinem Bauch rumorte es. Ich fragte nicht einmal, was die Nadel zu bedeuten hatte.
Das Telefon klingelte, aber ich ignorierte es, weil ich wußte, daß der Anrufbeantworter eingeschaltet war. Aber als ich schon ins Auto steigen wollte, kam mir der Gedanke, ob das wohl eine Nachricht für mich war – die Käufer waren abgesprungen, oder Minton sagte unser Essen ab. Daher ging ich ins Haus zurück und hörte das Band ab. Die Stimme kannte ich nicht, aber das war auch nicht nötig. Es hätte niemand anderer sein können.
»Ich weiß, daß ihr beide da seid, weil ich euch beobachte«, begann Harriet. Eine kurze Pause folgte, wahrscheinlich beobachtete sie uns gerade wieder. »Ich hoffe, du kapierst die Botschaft, Tom. Und du, du kleine Schlampe – fahr vorsichtig.«
Das war alles. Es klickte.

Zitternd stand ich da. Dann schrie ich los. Tom schlang die Arme um mich, aber ich wollte sie nicht um mich haben.

»Ich hole die Polizei«, sagte er.

Ich rannte zur Tür, aber außer unserem eigenen war nirgends ein Auto zu sehen. Ich fühlte mich beschmutzt – es war wie ein Einbruch in unser Leben. Sie mußte uns vom Ende des Weges aus beobachtet haben, auf den Postboten wartend, und sie wußte ja, was er uns bringen würde. Aber woher wußte sie, daß der Brief bei der *zweiten* Post dabeisein würde? Vielleicht wußte sie das auch gar nicht. Vielleicht lag sie schon seit dem Vormittag auf der Lauer.

Langsam beruhigte ich mich ein bißchen. Tom telefonierte bereits mit der Polizei.

»Sie schicken jemanden vorbei«, sagte er mit ausdrucksloser Stimme. »Sie wollen den Anruf hören und sich den Brief ansehen. Ich hab ihnen erklärt, daß es eigentlich kein Brief ist, nur eine Sicherheitsnadel«, fuhr Tom fort, »aber der Scheißkerl hat bloß gelacht. ›Oh, mal was Neues‹, hat er gesagt. ›Hab ich noch nie gehört. Eine Sicherheitsnadel! Kann man ja vielleicht mal ganz gut brauchen.‹ Blöde Bauerndeppen.«

Ich scherte mich keinen Pfifferling darum, was die Polizei sagte.

»Tom, war Harriet immer so?«

Er holte tief Luft und schürzte die Lippen.

»O ja! Immer. Die Sicherheitsnadeln sind bloß größer geworden.«

»Direkt proportional zu ihrem Hinterteil«, meinte ich. »Was hast du früher deswegen unternommen?«

»Beantragt, daß sie in eine Irrenanstalt eingewiesen wird.«

»Und was bedeutet das, diese Sicherheitsnadel?« fragte ich.
»›Ich hab dich in der Hand‹, heißt das, ›und wenn du abzuhauen versuchst, dann zapf ich dir Blut ab.‹«
Ich konnte das alles wirklich kaum glauben.
»Und daß ich ›vorsichtig fahren‹ soll, was hat es damit auf sich?«
»Ach, das soll dir bloß einen Schreck einjagen«, versuchte Tom mich zu beruhigen. »Sie stellt nichts an. Das würde sie sich nicht trauen.«
Davon war ich nicht im mindesten überzeugt. Jemand, der derart von Haß angetrieben wurde wie Harriet, war grundsätzlich zu allem fähig, schien es mir. Ich wollte, daß Tom losrannte und das Miststück erwürgte – oder noch besser, er sollte sie hierherschleifen, so daß *ich* sie erwürgen konnte. Vielleicht gab ich mich ja schon damit zufrieden, ihr die Sicherheitsnadel in den fetten Arsch zu stechen.
Eines war ganz sicher: Ich hatte nicht die geringste Absicht, der Polizei gegenüberzutreten. Das war Toms Problem, sollte er sich damit herumschlagen – genau wie Emelda gesagt hatte. Wegzukommen, das brauchte ich jetzt am allermeisten. Zwei Tage in London. Zwei volle Tage! Freiheit. Keine Harpyien. Keine Rechtsanwälte. Keine Mrs. Teape. Nur ein leeres Haus, das ganz allein mir gehörte, in dem ich tun und lassen konnte, was ich wollte. Ich fühlte mich nicht einmal schuldig, weil ich Clive allein ließ. Mit seiner Rockmusik und seiner Videokamera würde er im siebten Himmel sein. Tom genoß es bestimmt, ihn mit phantastischen Nudelsaucen und Tonnen von Mars-Eis zu verwöhnen, und mein Sohn würde endlich »Männergespräche« führen können – mit anderen Worten: Was hatte sich in Kalifornien *wirklich*

zwischen Tom und Samantha abgespielt, und wie war es *wirklich*, wenn man fünf Ehefrauen gehabt hatte? Tom war Clives großes Vorbild geworden; mein einziger Vorzug in seinen Augen bestand darin, daß ich das Mordsglück hatte, mit so einem Prachtstück von Männlichkeit zusammenzuleben.

Ich fuhr los. Am Ende des Wegs fühlte ich mich schon besser. Vorsichtig sah ich nach rechts und nach links, ob irgendwo ein fremdes Auto lauerte. Nichts. Nur eine leere Dorfstraße – das heißt, abgesehen von einer gebeugten Gestalt in braunen Knickerbockern, die in dem Moment, als sie mich sah, lebhaft mit einer Angel zu winken begann, um auf sich aufmerksam zu machen.

Nach den Ereignissen der letzten Stunde kam mir Ayrton Bustard wie das Normalste auf der Welt vor, und ich lächelte breit, während er ein bißchen atemlos ans Auto eilte.

»Ich wollte gerade mal nachsehen, ob Ihr Mann vielleicht zu Hause ist«, keuchte er, lüpfte höflich den Hut und pflanzte seine Angel auf der Straße auf wie ein römischer Zenturio seinen Speer. »Ich habe gehofft, daß ich vielleicht endlich die Gelegenheit hätte, mir anzusehen, ob meine Ausrüstung es mit der seinen aufnehmen kann.«

Ich erklärte, Tom habe momentan wahrscheinlich andere Probleme, weil in Kürze die Polizei eintreffen würde. Ayrton sah erschrocken aus.

»O je! Hoffentlich nichts Schlimmes.«

»Es geht eigentlich um eine Sicherheitsnadel«, antwortete ich, hatte aber keine Lust, die Sache näher zu erklären.

Ayrton sah entrüstet drein.

»Eine Sicherheitsnadel! Sie meinen, irgendein Schuft

hat seinen Köder mit Sicherheitsnadeln befestigt, um ihrem Mann die Karpfen wegzufangen? Mir sind zu meiner Zeit ja so manche Geschichten von irgendwelchen Gaunerstreichen zu Ohren gekommen, aber das schlägt dem Faß den Boden aus.« Ayrton blinzelte grimmig, sein Nasentropfen zitterte empört. »Dann werde ich ihn ganz bestimmt nicht stören. Er hat wichtige Dinge zu erledigen. Leben Sie wohl, Madam. Und fahren Sie vorsichtig.«

Als ich hörte, wie Ayrton so haargenau Harriets Worte wiederholte, waren sie plötzlich überhaupt nicht mehr bedrohlich, und ich verscheuchte die fette Kuh aus meinen Gedanken.

Mittlerweile war es Abend, ein freundlicher Aprilabend. Die jungen Pappeln am Flußufer leuchteten hellgrün. Ich legte eine Kassette mit Musik von Delius ein und fuhr in den Frühling.

In einem leeren Haus aufzuwachen, in dem ich vor noch nicht so langer Zeit gelebt, geliebt und gearbeitet hatte – es war wie ein Wiedersehen mit einem alten Freund, der nicht mehr mit mir sprechen konnte. Das Haus war kalt. Das Wasser kam braun aus der Leitung. Das Telefon war abgestellt. Alles sah ein bißchen kleiner und schäbiger aus. Aber der Blick aus dem Fenster war derselbe; die Autos der Nachbarn standen auf ihren üblichen, ordentlichen Plätzen; und in dem winzigen Gärtchen sprossen die Krokusse auf den überwucherten Blumenbeeten, als hätten sie meine Abwesenheit gefeiert.

Ich hatte mir ein bißchen Verpflegung mitgebracht – Kaffee, Brot, Marmelade und eine Flasche Wein für abends. Zwar hätte ich am Abend noch nach Otters Mill zurückfahren können, aber ich wollte eine zweite Nacht

hier verbringen. Wer weiß, bis dahin hatte ich es vielleicht schon verkauft (oder auch nicht, je nachdem). Der Makler wollte gegen elf mit den potentiellen Käufern vorbeikommen.
Dieser Gedanke versetzte mir einen weiteren Angststoß. Mein Haus – verkauft! Meine Unabhängigkeit – verkauft! Aus dem Schlafzimmerfenster konnte ich das Maklerschild sehen, das in Form einer hölzernen Fahne über dem Gartentor befestigt war: »Zu verkaufen« stand in einem kühnen, diagonalen Schwung über den Worten »Bezauberndes viktorianisches Einzelhaus – als Eigentum zu erwerben«.
Zu verkaufen. Und morgen früh stand vielleicht schon »verkauft« darauf. Herrgott, dachte ich, der halbe englische Mittelstand in England betet darum, daß an seinen teuren, hypothekenbelasteten Häusern ein »Verkauft«-Schild hängt, bevor die Kosten für den Unterhalt der Buden seine Vorruhestandsrenten aufgefressen haben. Und ich bekam Panik bei dieser Aussicht und hoffte verzweifelt, daß dieses Paar, das heute kam, es doch nicht wollte, daß niemand anderer es haben wollte, daß ich Tom die traurige Nachricht überbringen könnte, mein Haus sei wegen der Rezession total unverkäuflich, und es tue mir schrecklich leid, aber dagegen könne ich gar nichts machen, und ich würde ihm sein Geld zurückzahlen, sobald ich könnte.
Natürlich ging es um mehr als nur um das Haus, das war mir klar. In diesen trübseligen und leeren Zimmern erlebte ich noch einmal die Zeit wieder, die ich einst in ihnen verbracht hatte, das Leben, das ich geführt hatte, und war von neuem die Person, die ich gewesen war. Ja, es hatte Tränen und Kummer gegeben – die einsamen Nächte, wenn ich wußte, daß Harry mich mit einer

anderen Frau betrog, die Versöhnungen, bei denen es nie wirklich zu einer Versöhnung gekommen war, schließlich die endgültige Trennung, die Geldsorgen und vor allem die entsetzliche Angst, für alle Zeit allein zu sein. Aber da waren eben auch die anderen Dinge, die in meiner Erinnerung um so heller aufleuchteten. Die Freude zu wissen, daß ich allein sein *konnte*; daß es herrlich leicht war, nicht allein zu sein, wenn ich es nicht wollte; daß ich mir meine Liebhaber auswählen konnte wie ein Menü – oder eben nicht, wenn ich nicht wollte. Alles meine freie Wahl.

Und Tom war meine Wahl gewesen. Ich hatte ihn nicht gebraucht; ich hatte ihn gewollt. Und ich liebte das Leben, das wir geführt hatten. Das Prickeln bei nächtlichen Telefongesprächen, spontane Besuche, unvorhergesehene Verführungen. Unsere Pfade dufteten nach Lust und Blumen.

Oh, wie gerne hätte ich das alles zurückgehabt! Aber eine müde, finstere Stimme in meinem Inneren warnte mich, daß das alles für immer dahin war. Wie sollte ich inmitten dieses Alptraums wissen, was stimmte?

Ich sah den Makler vor der Tür parken – fünf Minuten zu früh. Sein Name war Mr. Comely, Herr Hübsch sozusagen. Und tatsächlich sah er recht attraktiv aus – ziemlich jung, eher von der ein wenig dicklichen Sorte, rosig, blondes Haar, das sich hinter den Ohren kringelte, grauer Anzug mit weißen Nadelstreifen, Siegelring. Er hatte einen Packen Dokumente dabei – zweifellos der Zustandsbericht meines Hauses.

Er hüstelte, als ich die Tür aufmachte.

»Guten Morgen, Mrs. Blakemore. Nett von Ihnen, daß Sie sich die Mühe gemacht haben, hierherzukommen.«

Es gefiel mir, daß er mich Mrs. Blakemore nannte. In

Sarum Magna hatte ich schon fast vergessen, daß ich eigentlich so hieß. Während er seine Dokumente durchblätterte, musterte er mich anerkennend; zweifellos schätzte er mein Alter ab, fragte sich, was aus meinem Ehemann geworden war und warum ich das Haus verkaufte. Ja, und vielleicht konnte bei diesem Handel ja noch nebenbei etwas für ihn herausspringen, wenn ich zufällig heute abend oder morgen Zeit hätte – ein Rendezvous in einem kleinen Restaurant, das er kannte? Ich ertappte mich, wie ich ein Lächeln verbarg. (»O Mr. Comely, wie's mir bei Ihnen kommt!«)

Mr. und Mrs. Pitt würden jeden Augenblick kommen, versicherte er mir, als wüßte ich das nicht schon.

Er hatte noch nicht ausgeredet, als ich einen BMW heranfahren sah. Ob es Mr. Pitt der Jüngere oder der Ältere war?

Er lag ungefähr zwischen den beiden. Und er roch stark nach Geld und After-shave (Clive hatte also nicht den Vorrat der gesamten Nation aufgebraucht).

Ich stellte fest, daß ich mir für die kommende Stunde keinen genauen Plan zurechtgelegt hatte, aber ich wußte plötzlich, was ich wollte. Es war nicht das, was Mr. Comely dachte. Und ganz sicher war es nicht das, was Mr. und Mrs. Pitt meinten.

Es würde eine interessante Begegnung werden.

Sie fingen mit einer Liste unbedeutender Fragen an, zu denen sie sich wohl verpflichtet fühlten – wo war dieses oder jenes. Dann kam etwas, was »vielleicht eine indiskrete Frage« war, wie Mrs. Pitt einräumte. In ihrer Stimme lag ein Ton sorgfältig gepflegter Vornehmheit.

»Die Nachbarn, wenn ich fragen darf«, säuselte sie. »Sind sie … angenehm?«

Wenn das keine Aufforderung war, mein erstes Geschütz aufzufahren.
»Nun ja, ich kenne sie nicht alle«, erwiderte ich, was immerhin halb der Wahrheit entsprach – mit einem oder zweien von ihnen war ich in meinen tollen Tagen nach Harrys Auszug ja tatsächlich nicht im Bett gewesen. »Aber unser unmittelbarer Nachbar ist Filmregisseur. Kevin Vance; vielleicht haben Sie schon mal von ihm gehört. Er dreht Pornofilme.«
Aus den Augenwinkeln beobachtete ich Mr. Pitts Gesicht. Er zerrte nervös an seinem Kragen. Aber Mrs. Pitts Miene hellte sich zu meinem Erstaunen sichtlich auf.
»Oh, wie amüsant!« rief sie. »Pornofilme. Ich wollte immer schon mal jemanden kennenlernen, der so etwas macht. Vielleicht macht er Privatvorführungen. Das würde uns die Mühe ersparen, sie in der Videothek ausleihen zu müssen, wie wir es sonst machen. Nicht wahr, Horace?«
Der vornehme Akzent in ihrer Stimme war ein bißchen verrutscht. Mr. Comely fühlte sich sichtlich unwohl; er wandte sich ein wenig von uns ab und verschränkte die Hände hinter dem Rücken wie der Herzog von Edinburgh.
Auf Mrs. Pitts Reaktion war ich nicht vorbereitet gewesen. Ich versuchte es also noch einmal.
»Ja, er macht Privatvorführungen, obwohl sie die Tendenz haben, ziemlich öffentlich zu werden, fürchte ich«, erwiderte ich. »Kevin genießt es, seine Männlichkeit zur Schau zu stellen. Sie werden bemerkt haben, daß er keine Vorhänge hat.«
Mr. Comely knackte mit den Handgelenken. Mr. Pitt hüstelte. Aber Mrs. Pitt klatschte entzückt in die Hände.

Dann gab sie ihrem Mann einen herzhaften Rippenstoß, und ein Cockney-Akzent schlich sich in ihre Stimme.
»Denk bloß, Horace!« rief sie. »Da können wir noch ein paar Sachen dazulernen, meinst du nicht, Darling? Mal was anderes als die Magazine, die du dir so gerne anschaust.«
Mr. Pitt sah tödlich verlegen drein und wechselte sofort auf das Thema Hausdach. Der Gutachter hatte in diesem Bereich ein oder zwei Schwächen in der Konstruktion festgestellt, erklärte er.
Ich kam zu dem Schluß, daß ich bei Mr. Pitt bessere Chancen hatte als bei seiner Frau.
»Ich fürchte, das sind mehr als ein oder zwei Schwächen in der Konstruktion«, versicherte ich ihm und kehrte Mrs. Pitt den Rücken zu. »Nach dem Orkan haben wir das Dach natürlich reparieren lassen. Aber sonderlich viel kann man eben nicht machen. Wissen Sie, wir *sind* eben direkt in der Einflugschneise von Heathrow, und die Schwingungen strapazieren natürlich das Dach. Geht ja gar nicht anders, wenn die Jumbo-Jets im Sommer alle dreißig Sekunden darüberdonnern, Tag und Nacht. Am Schluß haben wir das oberste Stockwerk gar nicht mehr benutzt. Man kann schließlich nicht dauernd das Bett herumschieben, um dem Getröpfel auszuweichen. Außerdem sind die Leitungen im Weg, und, ehrlich gesagt, habe ich mir immer Sorgen gemacht, es könnte einen Kurzschluß geben, so daß das ganze Haus abbrennt. Das ist einer der Gründe, warum wir ausziehen.«
Das sollte jetzt wohl reichen, dachte ich.
Mr. Comely versuchte verzweifelt, mich endlich unterbrechen zu können, und versicherte Mr. Pitt, in dem Gutachten stehe davon überhaupt nichts, und Mrs.

Blakemore gehe mit der Ehrlichkeit wohl ein wenig zu weit; er sei sicher, daß es ganz und gar nicht so war. Vollkommen intakt – das Dach. Und er verstehe eine Menge von Dächern, erklärte er.

Mr. Pitt wollte etwas sagen, kam aber nur dazu, den Mund aufzumachen.

»Oh, ich glaube nicht, daß das so wichtig ist, nicht wahr, Horace?« erklärte Mrs. Pitt. »Wir sind ja bloß zu zweit, und wir haben das Schlafzimmer immer lieber im Erdgeschoß – wenn wir einen Schwips haben, können wir dann keine Treppe runterfallen.« Sie lachte schrill. »Die Sache ist doch die, Mrs. ...« Sie hatte meinen Namen vergessen. Mr. Comely kam ihr mit bebender Stimme zu Hilfe. »Die Sache ist die, Mrs. Blackamoor, es ist so ein reizendes Häuschen, nicht wahr? Und es liegt in einem Landschaftsschutzgebiet, habe ich gehört.«

Mr. Comely sprang ein, um die riesigen Vorteile zu preisen, die das Leben in einem Landschaftsschutzgebiet mit sich brachte. Mr. Pitt, der arg mitgenommen aussah, nickte kläglich.

»Natürlich«, murmelte er bedrückt.

»Ja«, mischte ich mich ein. »Natürlich bedeutet das auch, daß man nichts verändern darf und das Haus ohne Erlaubnis der Behörden nicht neu streichen kann. Schallschutzfenster sind nicht erlaubt, fürchte ich. Oder Satellitenschüsseln. Und alle Pflanzen, die man in den Garten setzen will, müssen von der Parkverwaltung genehmigt werden – und das ist ein Haufen von Mistkerlen, ehrlich. Unkraut kann auch ein Problem sein, das ist nämlich nicht erlaubt. Man bekommt ganz schöne Geldstrafen aufgebrummt, wenn man sich nicht fügt; ich habe gehört, daß man sogar zur Räumung gezwungen werden kann.«

Ich lächelte Mr. Comely süß an; ihm hatte es die Sprache verschlagen. Aber nicht Mrs. Pitt. Vertraulich legte sie mir die Hand auf den Arm.
»Ich muß Ihnen sagen, Mrs. Blackwood, wir kennen unseren hochverehrten Bürgermeister zufällig ziemlich gut. Tatsächlich sehr gut.« Sie zuckte ein bißchen mit den Schultern und warf ihrem Mann einen schüchternen Blick zu. »Wissen Sie, es hat mal eine Zeit gegeben, als der Bürgermeister und ich ... wie soll ich sagen? Nun, uns sehr nahe waren. Das war natürlich vor Horace' Zeit. Aber nicht vor der Zeit der Frau Bürgermeister, das kann ich Ihnen versichern. O nein! Sie sehen also, wir haben ein kleines Geheimnis zusammen, der Bürgermeister und ich. Sehr hilfreich, wenn es darum geht, daß etwas erledigt wird, finden wir. Nicht wahr, Darling?«
Mr. Pitt errötete und nickte demütig.
»Außerdem ist mein Mann ein großes Tier in der Baubranche«, versicherte sie und warf stolz den Kopf zurück. »Nun, wir haben keine weiteren Fragen mehr, Mrs. Blackman. Ich denke, es ist alles gaaanz entzückend.« Plötzlich war die vornehme Stimme wieder da. Gebieterisch wandte sie sich an Mr. Comely, der immer noch aussah, als hätte ihn eine Bombe getroffen. »Vielleicht könnten wir die Verträge gleich perfekt machen. Wie wäre es mit heute nachmittag?«
Ich geriet in Panik.
»Erst morgen«, erwiderte ich hilflos. »Ich habe heute nachmittag leider eine sehr wichtige Verabredung.« Die erste Bemerkung in der letzten Stunde, die der Wahrheit entsprach.
Mr. Comely warf mir einen grimmigen Blick zu, als er seine Kunden hinausführte. Das heimliche Nebenge-

schäft, auf das er vor einer Stunde noch gehofft hatte, war ihm gründlich verleidet.

Ich machte die Tür zu und sah auf meine Uhr. In einer halben Stunde mußte ich los, um mich mit Howard Minton zu treffen.

Ich schloß die Augen. Was zur Hölle sollte ich tun? Die Dunkelheit hinter meinen Lidern zeigte mir keinen anderen Hinweis als eine schwarze Wand. Ich suchte nach Botschaften, bekam aber keine, und als ich die Augen wieder aufschlug, wußte ich immer noch nicht mehr. Ich versuchte, selbst die wesentlichen Punkte auseinanderzusortieren, aber das wurde alles so kompliziert, daß ich den Faden verlor. Auf jeden Gedanken folgte sofort eine Gegenrede, als hätte ich zwei widerstreitende Seelen in meiner Brust.

»Ich liebe Tom und will den Rest meines Lebens mit ihm verbringen.«

(»Ich bin nicht sicher, ob ich Tom wirklich so sehr liebe; er war nur jemand, mit dem es schön war, eine Affäre zu haben.«)

»Unser Leben auf dem Land ist der Traum, den ich immer verwirklichen wollte.«

(»Unser Leben auf dem Land ist ein lächerliches Hirngespinst, das ich nie in die Realität hätte umsetzen sollen.«)

»Dieser momentane Alptraum wird vorübergehen. Toms Frauen werden sich einfach in Luft auflösen. Und wir werden immer genug Geld haben, um genauso zu leben, wie wir wollen.«

(»Dieser Alptraum ist unser Leben. Frauen wie Harriet lösen sich nie in Luft auf, das müßte ich langsam gelernt haben. Und wir werden am Schluß ohne einen Penny dastehen.«)

»Ich wollte mich sexuell immer an einen Mann binden, und jetzt habe ich ihn gefunden.«
(»Ich bin völlig unfähig, mich lange an irgend jemanden zu binden; ich bin von Natur aus promiskuitiv.«)
»Es war die Hölle, als ich nach dem Scheitern meiner Ehe von einem Bett ins andere gehüpft bin, und ich will nie mehr in eine solche Situation geraten.«
(»Ich kann den Gedanken nicht ertragen, daß ich vielleicht nie mehr eine neue Beziehung erleben werde; ich brenne darauf, eine Affäre zu haben.«)
O Gott, das brachte mich überhaupt nicht weiter. Ich hatte kaum noch eine Viertelstunde, um mich für mein »Geschäftsessen« herzurichten. Nun, zumindest stand ich nicht vor dem Dilemma, was ich anziehen sollte; ich hatte mir nur ein schickes Ensemble mitgebracht.
Ich zog mich hastig um und fragte mich, was ich mir eigentlich gedacht hatte, als ich es ausgewählt hatte. Ein taubengraues Lanvin-Kostüm – das war das »Geschäftsmäßige«. Der Rock war kurz und gerade geschnitten – nicht sehr »geschäftsmäßig«, stellte ich fest, ebensowenig wie die enge Taille oder die Strümpfe mit der schwarzen Naht und den kleinen Schleifchen über den Hacken. Das himmelblaue T-Shirt war vermutlich neutral, aber sicher nicht mehr, wenn ich die Kostümjacke öffnete, und das würde von mir abhängen, je nachdem, wie das Essen lief. Ich steckte mein Haar hoch und befestigte silberne Klunker an den Ohren; zum Schluß vergewisserte ich mich, daß ein winziges Fläschchen *Giorgio* in der Tasche war.
»So, Howard Minton«, sagte ich mir, als ich die Haustür hinter mir schloß, »dann wollen wir mal sehen, was Sie aus der Sache machen.« Ein Vertrag? Ein Antrag? Oder beides?

Immerhin hatte ich abends nichts vor.
Das Taxi setzte mich an der Ecke des Soho Square ab, und ich ging zum Restaurant hinüber. Der Maître d'hôtel konsultierte seine Liste und führte mich an einen Tisch auf der anderen Seite, an dem Howard bereits wartete. Er stand auf und küßte mich höflich auf die Wange, wobei er das *Giorgio* erkannte und lobend erwähnte. Ich erkundigte mich, wie viele seiner Freundinnen es benutzten. Ein vielversprechender Beginn – auf Anhieb den richtigen Ton getroffen. Er lachte und rief den Kellner.
»Sollen wir gleich mit Wein anfangen?« fragte er mit einem leichten Lächeln.
Ziemlich gewandt, dachte ich. Er bestellte eine Flasche Meursault. Ich war mir eigentlich sicher, ihm nie gesagt zu haben, daß das mein Lieblingswein war.
Er wußte auch über die Gerichte Bescheid, die nicht auf der Karte standen (typisch, dachte ich). Der Oberkellner nickte gleichmütig: »Natürlich, Mr. Minton, heute ganz frisch.« Nichts im Gesicht des Mannes verriet, wie häufig Howard attraktive Frauen in sein Restaurant brachte oder wie ich im Vergleich zu ihnen abschnitt.
»Darf ich ein paar Vorschläge machen?« fragte Howard. Ich hatte das Gefühl, er würde noch einige Vorschläge machen, bevor das Essen beendet war. »Pierres Vichyssoise ist etwas Besonderes, muß ich sagen. Ein winziger Hauch ins Pikante.«
Bei jedem Wort streiften seine Augen einen anderen Teil meines Gesichts.
»Und dann vielleicht Muscheln? Leicht in Weißwein pochiert. Einfach köstlich. Ein erotisches Symbol, glaube ich.«
Ich stellte mir Toms höhnisches Schnauben bei dieser

Karikatur einer Verführung vor. Aber egal. Ich genoß jede Minute.

»Nur die Muschelschale ist ein erotisches Symbol«, erwiderte ich lächelnd. »Aus offensichtlichen Gründen.«

Er blinzelte. Ich sah förmlich, wie er eilig seine Gedanken ordnete und sich weitere Präliminarien zurechtlegte.

Das »Geschäftliche« wischten wir rasch beiseite; da schien es nicht viel zu geben. Bei diesem Essen ging es ihm deutlich um das Essen selbst oder – genauer gesagt – um das Essen *mit mir*.

Er hatte schöne Augen, ein wenig spöttisch.

»Ihre Ohrringe gefallen mir«, sagte er.

Er meinte nicht die Ohrringe.

»Sie tragen eine schöne Jacke.«

Er meinte nicht die Jacke.

Na schön, dachte ich, spielen wir das Spielchen nach allen Regeln der Kunst. Ich knöpfte die Jacke auf. Seine Augen tauchten rasch tiefer. Ich schloß eine Wette mit mir selbst ab, welche Frage als nächste kommen würde. Ich gewann.

»Hätten Sie heute abend vielleicht zufällig Zeit? Wir könnten zusammen in den neuen *Coriolan* im Nationaltheater gehen.«

Wahrscheinlicher war jedoch etwas ganz anderes. Es würde sowieso hoffnungslos sein, noch Karten zu bekommen.

»Gerne«, erwiderte ich.

»Ich freue mich!«

Er schenkte mir nach. Noch ein bißchen Wein, und er würde vorschlagen, wo wir uns zuerst auf einen Drink treffen könnten. Zwischenzeitlich herrschte kurzes Schweigen, während unsere Blicke uns mitteilten, daß

der *Coriolan* vielleicht nicht das richtige für zwei Leute war, die zusammen die Nacht verbringen würden.
Das alles war absolut absurd, und ich hatte die Absicht, jede einzelne Minute zu genießen. Um Howard Minton scherte ich mich keinen Pfifferling, aber ich hatte einfach Spaß daran, unerhört sexy zu sein. Das war meine kleine Ausschweifung, meine kleine Rebellion. Ich wollte, daß er mich auszog; ich wollte, daß er mich vögelte; ich wollte jedem erotischen Klischee frönen, das man sich vorstellen konnte. Ich wollte ruthiger sein als Ruth; und zur Hölle mit allem – wenigstens bis morgen.
Ich warf Howard einen unverhüllt komplizenhaften Blick zu, und seine Finger streiften meine. O Gott, dachte ich, warum müssen wir bis heute abend warten? Da wandte er plötzlich den Kopf ab, und ich folgte seinem Blick. Eine äußerst elegante Frau – groß, skandinavischer Typ – wurde an einen Tisch nicht weit von unserem geführt. Ich erkannte sie als die Schauspielerin, die in einem neuen Dennis-Potter-Stück, das ich vor kurzem im Fernsehen gesehen hatte, die junge Heldin gespielt hatte. Dann bemerkte ich den außergewöhnlich attraktiven Mann, der sie begleitete.
Ich fuhr zusammen. Es war Harry.
Ich wollte Howard schon erzählen, daß gerade mein Ex-Gatte ins Restaurant gekommen war, als ich Harrys Stimme hörte.
»Janice!« rief er. »Wie schön! Ich dachte, du wärst raus in die Pampa gezogen. Wie geht's dir?«
Er war hinreißend braungebrannt und trug einen cremefarbenen Leinenanzug, als käme er direkt aus Miami. Das ganze Restaurant beobachtete, wie er an unseren Tisch kam und mir einen Kuß auf die Wange gab, als wären wir die besten und ältesten Freunde, die sich

lange aus den Augen verloren hatten. Ich stellte ihn Howard – meinem »Verleger« – vor.
Harry nahm meine beiden Hände in seine.
»Wunderbar, dich zu sehen. Wirklich!« Er warf einen Blick hinüber zu seinem eigenen Tisch. »Verzeih mir, aber ...« Er nickte in die Richtung der schönen Schauspielerin, die geduldig wartete und so tat, als würde sie nichts bemerken. (Armer Harry. Schon wieder ruft die Pflicht, dachte ich.) »Aber du mußt mir deine neue Nummer geben. Bitte! Ich würde mich so gerne mit dir unterhalten; es ist soviel passiert. Laß uns mal zum Abendessen gehen. Ich bin für ein paar Wochen aus den Staaten herübergekommen – ich wohne im Savoy. Schreib mir die Nummer auf. Du siehst absolut fabelhaft aus.« Sein Blick spazierte über meinen Körper, als wäre ich die Geliebte für morgen und nicht die Ex-Frau, die er zwölf Jahre lang betrogen hatte.
Dann warf er Howard einen flüchtigen Blick zu.
»Nett, Sie kennengelernt zu haben, Mr. Minton.«
Plötzlich war alles wieder da. Harry der Charmeur. Harry, der seine sexuellen Talente präsentierte. Harry, der es fertigbringen würde, diese Schauspielerin den ganzen Nachmittag lang zu vögeln und dann abends bei mir anzurufen, als hätte er einzig und allein mich im Kopf gehabt. Harry, genauso wie er immer war: der raffinierte Gauner, zu dem man nicht nein sagen konnte, der amüsante, unwiderstehliche Scheißkerl. Und trotzdem – es machte mich rasend, daß ich das zugeben mußte – zehn Howard Mintons wert. Harrys Klischees waren wenigstens real.
Ich warf einen Blick auf Howard. Irgendwie sah er anders aus; sein Selbstvertrauen war ihm abhanden gekommen. Fast schien er geschrumpft zu sein.

»Tut mir leid«, meinte ich wenig überzeugend, als Harry wieder an seinen Tisch ging. »Das war mein Ex-Mann.«
Howard war offenbar gründlich aus dem Konzept gebracht. Wir schwiegen. Nach einer Weile murmelte er irgend etwas und sah auf die Uhr; und ich ertappte mich, wie ich auf meine sah. Immer noch sagte keiner von uns etwas. Sein Gesicht sah langweilig und verdrießlich aus. Er wirkte nicht länger wie der junge Harrison Ford; eher wie die zweite Besetzung, ein Komparse.
Harry hatte es also wieder einmal geschafft. Aber überhaupt nicht so, wie es früher gewesen war, wenn sein Charme mich in seinen Bann gezogen hatte. Diesmal war in mir nur Abscheu. Ich wollte das nicht. Ich wollte nicht für irgendeinen Mann der Leckerbissen des Monats sein – das Blümchen von heute nachmittag, der Fick von heute nacht, das »Danke, Darling« von morgen. Meine Unentschlossenheit vom Vormittag, die ganzen fruchtlosen inneren Debatten waren wie weggeblasen; und damit zugleich auch die Wut und der Ärger. Ich wollte kämpfen. Ich wollte meine Alpträume verscheuchen. Ich wollte – es kam wie ein freudiger Schock – mit Tom zusammensein, an seiner Seite, mit ihm lachen, mit ihm weinen, an ihn gebunden sein. Wie abgedroschen das klang – aber so war es.
Ich weiß nicht, wie bewußt ich damals zu dieser Entscheidung kam. Vielleicht war es nur wieder einmal so, daß mein Schicksal von einem plötzlichen Zufall diktiert wurde – »der Regel, eisern deinen Launen zu folgen«, wie Ruth es einmal beschrieben hatte.
Auf jeden Fall hörte ich mich zu Howard sagen, daß ich einen dringenden Anruf zu erledigen hätte, wenn er mich für einen Augenblick entschuldigen wolle.

Er lächelte schwach, und ich sah, wie er dem Kellner nach der Rechnung winkte, während der Maître d'hôtel mich zum Telefon geleitete. Gott sei Dank war es an einer Stelle, wo Howard mich nicht hören konnte. Ich rief Mr. Comely an. Ich könnte die Verträge wegen des Hausverkaufs heute nachmittag abschließen, erklärte ich, wenn Mr. und Mrs. Pitt wollten. Meine Verabredung sei abgesagt. Ich versuchte, ganz unbefangen zu erscheinen. Mr. Comely schien immer noch verärgert; seine Stimme war ausdruckslos. Aber er würde Mr. Pitt in seinem Büro anrufen. Und ob ich gegen halb fünf vorbeikommen könnte. Er würde versuchen, alles fertig zu machen.

Das war's also. Ich würde es tun; würde alle Brücken hinter mir abbrechen. Und ich war glücklich. Harry, du Mistkerl, dachte ich, du verdienst es gar nicht, das getan zu haben, was du eben für mich getan hast, aber vielleicht war das dein längst überfälliges letztes Geschenk an mich. Als ich auflegte, erschien mir der Gedanke, mich von Howard Minton verführen zu lassen, völlig absurd. Warum sollte ich das wollen? Wozu um alles in der Welt brauchte ich noch ein Abenteuer, noch einen Schwanz, noch eine Morgendämmerung auf einem fremden Kissen? Tom war der beste Liebhaber, den ich je gehabt hatte. Denk dran, Janice!

Ich beschloß einfach, unangemeldet bei ihm aufzutauchen. Ich würde zuerst den Vertrag unterschreiben und dann heimfahren. *Daheim* war nicht länger Chiswick; es war dort, wo Tom war – und Clive.

Ich entschuldigte mich bei Howard. Mein Sohn sei krank, sagte ich. Er war vollendet höflich. Heute nachmittag werde er meine Agentin kontaktieren, versicherte er mir. Er war wieder einfach mein Verleger. Ich bedankte mich für das Essen und kam zu dem Schluß, daß ich ihn ziemlich mies behandelt hatte. Aber – ach, zum Teufel damit!

Im Taxi erhob ich ein imaginäres Glas auf Harrys Wohl. Er mochte ein lausiger Ehemann gewesen sein, aber er hatte mich vor einem lausigen Lover gerettet.

Zu meiner Erleichterung warteten die Pitts schon. Mr. Comely hatte den Vertrag auf dem Tisch, darauf lag eine Füllfeder.

»Tut mir leid, daß ich Sie durch die Gegend gehetzt habe«, entschuldigte ich mich ein wenig nervös.

Mrs. Pitt machte eine abwehrende Handbewegung.

»Oh, das ist schon in Ordnung«, sagte sie fröhlich. »Aber *eines* muß ich Sie noch fragen, Mrs. Blake.«

Plötzlich hatte ich gräßliche Angst, das Geschäft könnte in die Binsen gehen. Allein bei dem Gedanken an die ungeheuerlichen Lügen, die ich heute vormittag erzählt hatte, wurde mir schlecht.

»Die Tennisplätze gegenüber vom Haus«, fragte sie, »sind die frei zugänglich?«

Sie muß meinen erleichterten Gesichtsausdruck bemerkt haben.

»O ja!« antwortete ich, begeistert, weil ich die Wahrheit sagen konnte. »Ich habe oft dort gespielt.«

»Wunderbar!« rief sie und reichte ihrem Mann die Füllfeder.

Mr. Pitt unterschrieb, als wäre es mit seinem eigenen Blut.

Dann schüttelten wir uns alle die Hände; die von Mr. Comely waren klamm. Er murmelte irgend etwas von einem Scheck mit der Post und einem Erfüllungstermin innerhalb eines Monats.

Eine halbe Stunde später verließ ich mein Haus für immer. Ein wichtiger Abschnitt meines Lebens war vorüber.

Tom war so anständig, nichts zu sagen; mit einer solchen Erektion brauchte er das auch nicht. Ich ließ ihn los und zog mich aus, während er sich aufs Bett legte und mir zusah. Ich strich mit meinen Brüsten an seinem Körper entlang und setzte mich auf ihn. Seine Hände glitten über mich, mein Haar bedeckte ihn. Unsere Lippen waren überall. Als ich erschöpft auf ihn fiel, rollte er mich herum, und es begann von neuem, noch heftiger. Ich war innen und außen nackt; ich dachte, es würde nie aufhören. Ich betete, es würde nie aufhören – konnte man ewig so weitermachen? Fick mich, fick mich, fick mich!

Er kam mit einem tiefen Seufzer in mir, und ich hielt ihn eine Weile fest im Arm. Er schien zu schlafen, die Hand auf meiner Brust. Hin und wieder hörte man ein wohliges Brummen. Nebenan dröhnte Clives Techno-Musik, aber ich fragte mich trotzdem, ob ich nicht zu laut gewesen war.

Schließlich hörte ich Tom etwas murmeln.

»Ich bin froh, daß dein Kopfweh besser ist.«

Er lachte leise in sich hinein. Dann schliefen wir ein.

Weiß Gott, in welche Welt ich eingetaucht gewesen war, als das Telefon klingelte. Tom griff knurrend nach dem Hörer; sein »Hallo« war eher ein lautes Schnaufen. In der Leitung eine Männerstimme. Wer auch immer es war, er war aufgeregt; dazwischen hörte man Gelächter im Hintergrund. Tom antwortete kaum mit mehr als einem Grunzen, dann, wie es schien, nach einer Ewig-

keit, sagt er: »Soso!« und dann: »Super! Toll! Danke! Wir reden morgen weiter!«
Er legte auf.
»Das war Scott«, erklärte er. Mittlerweile waren wir beide hellwach. »Und ich habe Neuigkeiten für dich.« Sanft strich er mir im Dunkeln durchs Haar. »Samantha hat Mist gebaut. Halb Los Angeles liegt sterbenskrank mit Salmonellenvergiftung darnieder. Morgen wird es in allen kalifornischen Zeitungen stehen; er faxt sie mir. Also – Abgang Samantha! Ende des Falls!« Ich hörte Tom tief ausatmen. »Vielleicht kann unser Leben jetzt endlich anfangen. Und übrigens«, flüsterte er, während seine Lippen ganz leise die meinen berührten, »mir ist ein neues Rezeptbuch eingefallen, das wir zusammen machen könnten. Für Salate. *Mach mich an.* Gute Nacht, mein Schatz.«

zehn

Tom war nicht wiederzuerkennen. Er machte Frühstück für uns drei. Er umarmte Mrs. Teape, die für den Rest des Vormittags völlig hin und weg war. Er riß Zoten mit den Bauarbeitern und versprach sogar, mit Clive nach EuroDisney zu fahren.

»Um Himmels willen, Tom«, flehte ich ihn schließlich an, »mach mal wieder halblang und erzähl mir alles, was Scott dir letzte Nacht am Telefon gesagt hat.«

Er beachtete mich nicht. »*Mach mich an!* Das gefällt mir, dir nicht?«, meinte er wieder. »Folgeband zu *Krabbasutra* – erotische Gerichte für Vegetarier.«

Als Mrs. Teape außer Hörweite war, rückte er endlich mit Scotts Geschichte heraus.

Anscheinend hatte sich Samantha Parsons ihre neuerworbene Berühmtheit zunutze gemacht und begonnen, in ihrer Wohnung am Mandeville Canyon Dinnerparties für die Schickeria von Los Angeles zu geben, obwohl unklar war, welches hervorragende Talent sie mehr herausstreichen wollte – ihre Meeresfrüchteküche oder ihren Busen. Darüber, was ihre Gäste vorzogen, hatte es nie einen Zweifel gegeben, obwohl sie nach den Regeln der Etikette an dem einen nicht ohne das andere teilhaben konnten, und das sollte Samantha schließlich zum Verhängnis werden.

Vorgestern hatte sie eine besondere kulinarische Köstlichkeit aus Pazifikgarnelen zubereitet. Laut Scott hatte sie diese im Stil einer meiner gewagtesten Illustrationen im *Krabbasutra* präsentiert – genauer gesagt, es waren

die *Garnelen à la soixante-neuf*. Die Gemeinde Hollywoods, der ausgefallene Formen sexueller Verrenkungen nicht fremd waren, drängte begierig herbei, zweifellos in der Vorfreude, daß es hinterher richtig zur Sache gehen würde. Keine Stunde später rasten mehrere Notarztwägen mit Sirenengeheul Richtung Mandeville Canyon, und noch vor Mitternacht mußte die Klinik von Beverly Hills ihre Intensivstation erweitern, um den zweiten Bürgermeister von Los Angeles, den Direktor eines führenden Filmstudios, einen kalifornischen Pressezaren, zwei mit Oscars ausgezeichnete Schauspielerinnen und die Frau des venezolanischen Konsuls aufzunehmen.
Im Morgengrauen hieß es, eine der Schauspielerinnen und der zweite Bürgermeister seien verstorben. Überlebenden Gästen wurde der Magen ausgepumpt, und Gerichtsmediziner des Police Department nahmen sich in einer Blitzuntersuchung die Garnelen vor. Ms. Parsons, die aus irgendeinem Grund selbst keine Garnelen gegessen hatte, wurde verhört; es hieß, sie sei in Tränen aufgelöst gewesen. Der einzige Kommentar, den ihr die Presse hatte entlocken können, waren die Worte gewesen: »Ich habe mich doch nur an das Rezept gehalten.« Aber da das fragliche Kochbuch das *Krabbasutra* war, für das sie bei kalifornischen Gerichten ihre Autorenschaft einklagen wollte, dürfte dies ihrer Verteidigung eher abträglich sein. Einem der Gerüchte zufolge, das sich momentan in L.A. besonderer Beliebtheit erfreute, habe die üppige Samantha, so Scott, tatsächlich das Rezept befolgt, dabei aber den Unterschied zwischen Basilikum und Belladonna übersehen. Schließlich fange beides mit demselben Buchstaben an, und mit Samanthas Bildung sei es ja nicht weit her.

Ernst zu nehmender war, daß sie, wie man festgestellt hatte, die Garnelen bereits sechs Tage vor der Zubereitung gekauft hatte, denn das Essen war zweimal verschoben worden. Das sei der nun verstorbenen Schauspielerin zuliebe geschehen – einer berüchtigt launischen Dame, erklärte Scott, obwohl man es selbst in Hollywood für ein wenig übertrieben hielt, sie deshalb gleich zu vergiften.
Tom erzählte diese Geschichte mit genüßlicher Schadenfreude und – wie ich argwöhnte – einigen farbigen Ausschmückungen, die von ihm selbst stammten.
Im Augenblick war also nichts weiter zu tun, als sich zurückzulehnen und weitere Entwicklungen abzuwarten; obwohl man sich, meinte Tom maliziös, kaum vorstellen konnte, was es, außer noch ein paar Todesfällen, für weitere Entwicklungen geben sollte. Was den Abfindungsprozeß betraf, brauchte man wohl nur noch darauf zu warten, daß Abram Kollwitz aus L.A. oder vielleicht Kyra Vansittart aus London mitteilte, die Klägerin habe ihre Klage zurückgezogen oder sich vielleicht infolge zahlreicher Prozesse, die auf sie zukamen, selbst die Kugel gegeben.
Tom umarmte mich, und wir brachten den Bauarbeitern eine Flasche Champagner. Mrs. Teape hatte sich in den Kopf gesetzt, daß ich wohl schwanger sei, und gratulierte tränenreich. Nur Clive war bestürzt. Da der Fall nun in sich zusammengestürzt war, hatte er Angst, seine Schulfreunde könnten die Wette über Samanthas Busenweite als hinfällig betrachten. Seine Stimmung hob sich erst wieder, als er später am Tag mit Toms Videokamera aus dem Dorf zurückkam – und mit ein paar ausgezeichneten Filmsequenzen, wie er sagte, von der nackt posierenden Concha. Er kündigte seine Absicht an, seinen Klas-

senkameraden den Film vorzuführen und das Geld auf diese Weise einzukassieren. Der Ehre war daher Genüge getan, obwohl ich schon jetzt den Brief des Schulleiters fürchtete.

Das Gefühl der Erleichterung in Otters Mill war so balsamisch wie das Frühlingswetter. Allmählich glich das Dorf dem Bild auf den Ansichtskarten. Und aus meinem eigenen Leben waren die Sturmwolken wie durch ein Wunder weggeblasen worden. Ich fragte mich sogar ernsthaft, ob nicht irgendwie eine telepathische Botschaft durch den Äther transportiert worden war, die sich ganz zufällig Harry als Träger ausgewählt hatte. Und diese Botschaft lautete, daß wir alle einem Mißverständnis aufgesessen waren und den Harpyien viel zu schnell erlaubt hatten, uns zu beherrschen und mit unserer Vernichtung zu drohen – wo sie sich doch selbst vernichten würden, wenn wir nur ein wenig Geduld aufbrachten. Und – presto, presto! – genau das geschah! Samantha war die erste; vielleicht eine ziemlich übertriebene Variante der Selbstzerstörung, aber Hollywood tendierte nun mal zu einer gewissen Maßlosigkeit: Warum sich mit einem Todesfall zufriedengeben, wenn man gleich mehrere haben konnte?

Was kam wohl als nächstes? Ich hoffte, nicht alles würde in der Leichenhalle enden; womöglich bekam ich noch ein schlechtes Gewissen, und darauf konnte ich bei all den anderen Problemen nun wirklich verzichten.

Unterdessen verschwendete ich kaum einen Gedanken an das lauernde Scheusal Harriet oder die bevorstehende Ankunft von Toms Tochter. Erst nach dem Mittagessen an diesem Tag, bei dem wir ganz schön Wein gepichelt hatten, erzählte mir Tom, was sich sonst noch ereignet hatte, während ich in London gewesen war.

»Ich war nicht gerade in der besten Stimmung«, erklärte er. »Du warst fortgefahren, um dich von deinem Verleger bequatschen und anmachen zu lassen, und ich war überzeugt, du würdest eine Affäre mit ihm anfangen.«
Ich war verunsichert.
»Übrigens – hast du?« setzte er gelassen hinzu.
Der Mistkerl muß die Antwort schon gewußt haben. Ich schüttelte heftig den Kopf.
»Natürlich nicht.«
Wahrheitsgemäß hätte ich sagen müssen: »Aber viel hat nicht gefehlt.« Doch das hätte er vielleicht nicht so gut aufgenommen.
»Nun«, fuhr Tom fort, und ein eigentümliches Lächeln trat in sein Gesicht, »in diesem Fall möchtest du mir vielleicht sagen, was du über einen gewissen Professor Montblanc weißt.«
O Jesus, dachte ich. Mir wurde bewußt, daß ich nie dazu gekommen war, Tom von dem übergeschnappten Franzosen aus Montpellier zu erzählen, den Anne-Marie auf uns losgelassen hatte. Als er das erste Mal angerufen hatte, war Tom in Kalifornien gewesen; und beim zweitenmal hatte er gerade seine Rechtsanwältin in London aufgesucht.
»Äh, ja«, erwiderte ich zögernd und versuchte mich zu erinnern, was ich dem Mann erzählt hatte. »Professor Montblanc. Ein bedeutender Embryologe. Deine Frau hat ihn geschickt – ich erinnere mich. Das heißt, Anne-Marie. Er hat zweimal angerufen, als du weg warst. Ich habe versucht, ihn abzuwimmeln.«
»Aha.« Tom sah mich unverwandt an. »Nun, das ist dir mißlungen. Er ist hier aufgetaucht.«
Tom fing an, mit den Fingern auf dem Tisch herumzutrommeln. »Ja«, fuhr er fort, ohne für eine Sekunde den

Blick von mir zu wenden, »es war höchst interessant. Ich habe eine Menge erfahren. Zum Beispiel, daß du eigentlich meine Mutter bist. Daß du im Sterben liegst. Daß wir auf den Äußeren Hebriden leben. Daß ich normalerweise den größten Teil meiner Zeit damit verbringe, in einem Boot auf See herumzuschippern. Daß ich absolut begeistert von dem Gedanken bin, riesige Summen für die Rettung gefährdeter Arten zu spenden. Und daß ich insbesondere ganz wild darauf bin, eine Samenbank zu finanzieren, um die madegassische Vampirfledermaus vor dem Aussterben zu retten.« Er hörte auf, mit den Fingern zu trommeln. »Prima hast du das gemacht, Jan. Und danke, daß du mich da so fein reingeritten hast.«

Stöhnend legte ich den Kopf in die Hände.

»O Gott, Tom, es tut mir leid«, flehte ich. »Ich wollte es dir sagen. Was ist passiert?«

»Also«, fuhr Tom fort, »während ich hier herumsaß und daran dachte, wie du jetzt gerade im *Gavroche* oder sonstwo sitzt und zum Anbeißen aussiehst, klingelte es an der Tür. Und draußen stand ein Mann, der wie Einstein aussah.«

»Ah ja«, meinte ich vorsichtig.

»Wir hatten dann eine ungewöhnliche Unterhaltung. Soll ich sie dir wiedergeben?«

Ich nickte. Mittlerweile kannte ich Tom gut genug, um zu wissen, wie sehr er es genießen würde, mir die ganze Geschichte zu erzählen.

Der Mann, der wie Einstein aussah, hatte sich also als Professeur Montblanc vorgestellt und sofort sein Bedauern darüber ausgedrückt, daß Monsieur Brands Mutter Krebs im letzten Stadium habe. Seine Reise zu den *Îles d'Ecosse* habe er höchst interessant gefunden, sagte er, obwohl da anscheinend ein *erreur* passiert sei, und er freue sich ja so, Monsieur Brand nach einer so langen Reise kennenzulernen und festzustellen, daß er nicht *en bateau* auf der See herumfahre, wie seine Mutter behauptet habe. Und vor allem sei er entzückt, daß Monsieur Brand sich glücklich schätze, die Einrichtung einer *banque de sperme* für die bedauerliche *chauve-souris vampire de Madagascar* zu finanzieren, ein Tier, das aufgrund ruchloser *rites de fertilité*, die unter den unzivilisierten *tribus indigènes sauvages* auf dieser rückständigen Insel noch verbreitet waren, so unglaublich *en danger* sei.

Tom brachte mehr Französisch heraus, als ich ihm je zugetraut hätte. Ich lachte Tränen.

»Und du hast natürlich zugestimmt«, grinste ich.

Nun ja, nicht so ganz, meinte Tom. Er sei zunächst ganz freundlich gewesen, erklärte er, und habe den Professor darauf hingewiesen, daß es angesichts von Millionen Hungernden in Somalia, Konzentrationslagern in Bosnien, Flutkatastrophenopfern in Bangladesh, dem Ozonloch und Rentnern des Maxwell-Konzerns, die mittlerweile auf Sozialhilfe angewiesen waren, wirklich wichtigere Prioritäten der Wohltätigkeit gebe als das Schicksal der Vampirfledermaus, und überhaupt sei die Welt ohne solche mörderischen Tiere vielleicht besser dran.

Professor Montblanc hatte das gar nicht lustig gefunden, meinte Tom. Nichts konnte nach Ansicht des Professors wichtiger sein als die Rettung schutzloser Tiere vor dem Aussterben. Und er wolle darauf hinweisen, daß das Menschengeschlecht *nicht* vom Aussterben bedroht sei, wohl aber die madegassische Vampirfledermaus.

Und mit ein bißchen Glück auch die Tsetsefliege und der Malaria-Moskito, bemerkte Tom.

Auch das war nicht besonders gut angekommen.
Der Professor, der langsam wütend wurde, hatte daraufhin an Toms natürliche Großzügigkeit appelliert – immer ein unkluger Schachzug.
»Denken Sie an Anne-Marie, Ihre Frau«, hatte er ihm nahegelegt.
Das würde er lieber nicht, erklärte Tom, da er seit zwanzig Jahren von Anne-Marie geschieden sei. Der Professor sah bestürzt drein, versuchte es aber weiter.
»Denken Sie an Ihre arme Mutter.«
Tom machte ihn darauf aufmerksam, daß diese seit fünfzig Jahren tot war, worauf der Professor ihn voll ungläubiger Entrüstung ansah. Er wurde zornig.
»Vous vous moquez de moi, Monsieur«, stotterte er.
Tom beharrte darauf, daß er die Wahrheit sagte. Montblanc schüttelte nachdrücklich den Kopf und wühlte mit der Hand in der Manteltasche. Einen Augenblick fragte sich Tom, ob er wohl einen Revolver zücken würde. Stattdessen kam ein dicker brauner Umschlag zum Vorschein, den der Professor Tom entgegenstreckte.
»Alors, regardez ça!«
Professor Montblanc erklärte, *ce paquet* sei an Madame Brand geschickt worden, zusammen mit einem erläuternden Brief und dem Versprechen großzügiger finanzieller Unterstützung.
Während Tom diese Szene beschrieb, sah er mich zunehmend merkwürdig an.
»Der Professor hat den Brief dagelassen«, fuhr er fort. »Vielleicht möchtest du ihn dir ansehen. Möglich, daß du sogar die Handschrift erkennst.«
Alles fiel mir wieder ein – der frühe Morgen auf dem Hügel über dem Dorf; meine Superzoom-Kamera, die Tom mir geschenkt hatte; der Anblick eines weißen

Nebelmeers, auf dem die Dächer mit den Vögeln darauf schwammen.
Mein kleiner Scherz mit den geschnitzten Wiltshire-Fasanen kam zurück wie ein Bumerang.
Ich machte den Umschlag auf: Mein Brief an Anne-Marie. Meine Fotos. Tom nahm sie und legte sie nebeneinander auf den Tisch. Wirklich, es waren Meisterwerke. Dachfasanen in dramatischer Seenot, in einer noch verzweifelteren Lage als selbst die madegassische Vampirfledermaus.
»Du kleines Biest.« Das war Toms einziger Kommentar. Gott sei Dank nahm er die Sache recht gut auf. Besser jedenfalls als Professor Montblanc, erklärte er. Und er deutete auf einen kleinen Kratzer auf seiner linken Wange, den ich für einen Schnitt beim Rasieren gehalten hatte.
»Dahin hat er mich geschlagen«, sagte Tom. »Dann ist er abgedampft – mit dem Versprechen, daß das letzte Wort in dieser Angelegenheit noch nicht gesprochen sei.«
Damit war Toms Geschichte noch nicht zu Ende. Er saß mit grüblerischer Miene da und raunzte hin und wieder leise vor sich hin, während sein Blick durch die Küche schweifte, als suche er irgendwo einen entscheidenden Hinweis.
Ich fragte ihn, was er auf dem Herzen habe. Gerade sei er darauf gekommen, erwiderte er, daß irgend etwas an dem Mann ihm bekannt vorgekommen war. Tom war sicher, daß er ihn schon einmal gesehen hatte, und zermarterte sich nun das Hirn, wo. Diese Einstein-Aufmachung und diese aberwitzige Eitelkeit ...
Dieses Problem beschäftigte ihn den ganzen Nachmittag. Bei den letzten Strahlen der Abendsonne gingen wir am Fluß spazieren. Ich schwebte wie auf Wolken, weil

wir innerhalb von vierundzwanzig Stunden zwei der Harpyien davongejagt hatten und das Leben insgesamt plötzlich rosiger erschien. Aber Tom war nur halb bei mir; ihm spukte immer noch Professor Montblanc im Kopf herum. Genauso war es beim Abendessen. Clive fragte Tom, wann sie nach EuroDisney fahren würden, und Tom gab keine Antwort. Er antwortete nicht einmal, als Clive fragte, ob *soixante-neuf* die Nummer von Samanthas Wohnung sei.

Plötzlich, mitten während der BBC-Nachrichten – es wurde gerade eine Meldung über eine Drogenrazzia in Marseille gebracht –, sprang Tom auf.

»Ich hab's!« rief Tom. »Marseille. Etwa 1980.«

Viel brachte ich nicht aus ihm heraus – zumindest nicht sehr viel Zusammenhängendes. Irgendein Skandal wegen eines französischen Embryologen, das war alles, was ich mir zusammenreimen konnte. Tom hatte damals über die Geschichte berichtet. Morgen wollte er sie wieder ausgraben – er würde einen Freund bei der Zeitung anrufen und sich die Presseausschnitte faxen lassen. »Und dann werden wir sehen.«

Tom hatte noch etwas auf dem Herzen, das er mir aber nicht sagen wollte. Statt dessen wählte er später am Abend einen romantischen Augenblick, um mir eine dringende Botschaft ins Ohr zu flüstern.

»Jan, ich werde wieder Journalist. Ich komme einfach nicht rein in diesen Byron.«

In mich dafür um so besser.

Ruth rief an, um zu sagen, daß sie in der Zeitung von Samanthas fataler Dinnerparty gelesen hatte, und wie bemerkenswert es doch sei, daß Ms. Parsons' Kochkünste mit den ihren soviel gemeinsam hätten. An ihrer

Tafel habe es eine Reihe von Todesfällen gegeben, aber anders als Samantha sei sie stets durch die diplomatische Immunität geschützt gewesen. Und bei peinlichen Untersuchungen hatte das Außenministerium stets eine Verlautbarung herausgegeben, die den Selbstmord eines potentiellen Überläufers beklagte. Alles war immer auf höchst zivilisierte Weise erledigt worden, so daß niemand sich aufregte; allerdings gestand Ruth, daß ihre Gästeliste mit den Jahren ziemlich geschrumpft war, was ihr sehr zupaß kam. Sie verabscheute es, zu Empfängen in großem Stil einzuladen; derlei Veranstaltungen gebe es in der diplomatischen Welt viel zu viele.

Ich war nicht gerade in der Laune für diese Witzchen und erklärte, daß ich ziemlich viel auf dem Herzen hatte. Clive, der uns die ganze Nacht mit seinem Techno-Gestampfe die Ohren volldröhnte. Die Radios der Bauarbeiter, die den ganzen Tag über dudelten. Harriet, die eine halbe Million Pfund verlangte und Tom per Post Sicherheitsnadeln schickte. Seine picklige Tochter, die jeden Augenblick bei uns aufkreuzen konnte. Der übergeschnappte französische Professor, der uns mit Forderungen zur Finanzierung einer Samenbank für Vampirfledermäuse verfolgte. Und Mrs. Teape, die jedem im Dorf erzählte, daß ich schwanger sei und Ministerin in Mr. Majors Kabinett werden würde.

»Und das sollte unsere ländliche Idylle werden!« rief ich. Ruth stimmte mir zu; mein Leben klinge auf jeden Fall recht interessant, und in Liechtenstein passiere so etwas anscheinend nie.

»Und wie steht Tom zu der ganzen Sache?« fragte sie.

Ich erklärte, er habe angekündigt, daß er wieder in den Journalismus zurück wolle, und ich hätte ihn gefragt, wie ein Journalist denn um Himmels willen von Sarum

Magna aus arbeiten solle, es sei denn, er habe Bock darauf, die wöchentlichen Naturbetrachtungen für die *Salisbury Gazette* zu schreiben. Oder vielleicht habe der Mann in meinem Leben ein triumphales Comeback als Sensationsreporter vor, und in Otters Mill würde er dann nur noch auf einen raschen Snack und eine schnelle Nummer hereinschneien, während das brave Frauchen drinnen ihre einsamen Tage mit dem Illustrieren von Büchern für die Kinder anderer Leute ausfüllte. Und außerdem hatte ich gerade mein Haus in London verkauft und folglich kein Plätzchen mehr, wohin ich mich flüchten konnte, wenn sich die ersten Symptome des Wahnsinns zeigten.

»Ja, und geht Tom jetzt wieder in den Journalismus, oder geht er nicht?« fragte Ruth.

»Nein, so wie es aussieht, Gott sei Dank vorerst doch nicht«, erwiderte ich. »Er hat erklärt, als Reporter verstehe er etwas vom Recherchieren, und zwar verdammt viel, und er sei entschlossen, diese Fähigkeiten zunächst mal einzusetzen, um uns von unseren Quälgeistern zu befreien – Vampirfledermäusen und dem ganzen Rest.«

Ruth lachte.

»Das heißt, es wird erst einmal ein bißchen im Dreck gewühlt, so wie ich Tom kenne.«

Ich stimmte ihr zu und versprach, sie stets auf dem laufenden zu halten.

»Liechtenstein ist für derlei viel zu klinisch sauber«, beschwerte sich Ruth, bevor sie auflegte. »Der Dreck fehlt mir richtig.«

Hier herrschte unterdessen kein Mangel daran. Die Bauarbeiter hatten zum Erstaunen der Enten mittlerweile fast das ganze Innenleben der alten Mühle in den Garten über die Frühlingsblumen gekippt. Nur der Eisvogel, unser Alkyon, schien unbeeindruckt und begeisterte uns weiterhin, wenn er mit einem Aufblitzen von Lapislazuli durch die schiefen Erlen schoß oder manchmal mit glänzenden Augen auf einem Ast über dem Mühlbach thronte. Ich fotografierte ihn mit meinem Superzoom und hatte vor, das Meisterwerk zu rahmen und in mein Atelier zu hängen, wenn die Bauarbeiten endlich abgeschlossen waren.

»Versprich mir bloß, daß du es nicht an Anne-Marie schickst, mehr will ich nicht«, war Toms Kommentar. »Oder wir haben im Nu wieder den übergeschnappten Professor auf dem Hals.«

»So wie du ihn das letzte Mal empfangen hast, Tom, ist das eher unwahrscheinlich«, bemerkte ich. »Sieht so aus, als hättest du ihn endgültig verscheucht.«

Tom knurrte bloß. »Harriet ist diejenige, die ich verscheuchen möchte. Aber wie? Ich versuche immer noch, mir etwas einfallen zu lassen.«

In der Tat, Harriet die Hinterhältige. Was sollten wir bloß mit ihr machen?

Den ersten Anhaltspunkt bekamen wir ein paar Nachmittage später. Tom und ich waren nach Salisbury gefahren, um uns einen alten Refektoriumstisch, den wir in einem Antiquitätenladen entdeckt hatten, genauer anzusehen und ein paar Dinge für Emelda zu erledigen. Clive war mit dem Fahrrad losgefahren, um die Gegend zu erkunden, immer die Videokamera dabei, denn er war fest davon überzeugt, daß jedes Dorf in Wiltshire seine nackte Concha haben mußte. Seine Filmvorführung, versicherte er Tom, würde ein Mega-Hammer werden.

»Was ist mit deinem Ferienprojekt für die Schule?« fragte ich matt.

»Das *ist* mein Ferienprojekt«, erwiderte er aalglatt. Zumindest war er fröhlicher, seit er mit brennendem Ehrgeiz ein Ziel verfolgte. Wir überließen ihn seinem Eifer, und auf dem Weg nach Salisbury zahlte ich auf der Post wehmütig die Schulgebühren für das nächste Trimester ein.

Es war fast fünf, als wir nach Sarum Magna zurückkamen. Als wir gerade in unseren Weg einbogen, stach mir etwas ins Auge: Ein schnittiger weißer Audi stand etwa hundert Meter weiter am Straßenrand. In einem Dorf kennt man schnell jedes Auto, und das hier war mir unbekannt.

»Für den hat jemand dreißig Riesen hingeblättert«, meinte Tom.

»Aber wer?« fragte ich. »Glaubst du, Mondkalb hat sich entschlossen, ihre Kohle zu verjubeln? Oder hat John Gant eine große EU-Subvention bekommen?«

Tom zuckte die Achseln. Dann kam uns beiden derselbe Gedanke.

»Ich frage mich …«, grübelte er. »Es könnte doch sein, oder?«

Wir ließen das Auto stehen, wo es war, gingen hinter der Hecke am Wegrand in Deckung und schlichen uns vorsichtig an die Mühle heran. Als wir näher kamen, hörten wir das Gepfeife der Bauarbeiter in der Mühle und den Lärm von Sägen und Hämmern. Sie legten gerade einen neuen Boden.

Plötzlich legte Tom mir die Hand auf den Arm und zog mich tiefer in die Hecke. Dann deutete er mit dem Finger auf eine Frau. Sie stand auf einer unserer Mülltonnen und spähte durch das Küchenfenster unseres Cottages. Selbst aus dieser Entfernung verriet sie der Umfang ihres Hinterns: Es konnte nur Harriet sein.

»O weh«, murmelte Tom. »Das heißt, wir brauchen eine neue Mülltonne.«
Ich lachte, aber er hielt mir den Mund zu.
»Kriechen wir durch die Hecke – schnell!« flüsterte er.
Gesagt, getan. Ich spähte durch die jungen Blätter und konnte gerade noch ein Hinterteil erkennen, das sich vorsichtig abwärts bewegte. Harriet sah sich verstohlen um, wischte sich die Hände ab und ging den Weg entlang in unsere Richtung.
Regungslos kauerte ich mich nieder und stellte plötzlich fest, daß Tom nicht mehr da war. Als ich den Kopf ein wenig drehte, sah ich, wie er gebückt an der Hecke entlang zur Straße eilte, über ein Holzgatter grätschte und verschwand.
Harriet kam mit schwerem Schritt vorbei, ohne mich zu sehen. Ich hörte, daß sie finster etwas vor sich hin brummte und so ihre Wut neu entfachte.
Kurz danach hörte ich ein Auto wegfahren. Ich quetschte mich wieder durch die Hecke und erblickte Tom, der lächelnd auf mich zukam.
»Ich dachte bloß, ich merk mir mal die Autonummer«, erklärte er. »A1 DOL. Was meinst du?«
Ich meinte, daß A1 SHIT passender wäre, aber Tom hörte nicht zu.
»Ein nagelneuer Audi Quattro«, überlegte er. »Von meinen Unterhaltszahlungen kann sie sich das unmöglich leisten. Und wenn doch, dann kürze ich sie um die Hälfte.« Ein wissender Blick trat in Toms Augen. »Aber was noch wichtiger ist, Jan, so individuelle Autonummern – überleg mal, *A1 DOL*, 1 a Dollars – gibt es nur für gewisse Leute, und diese Typen sind so gut wie immer männlich. Mal sehen.«

Langsam bekam ich das Gefühl, in einem militärischen Hauptquartier zu leben. Als Koordinator der verschiedenen Waffengattungen befand sich Tom praktisch ständig in Gefechtsstellung. Er verließ kaum das Telefon, und wenn er nicht telefonierte, klingelte es bei uns. Manche Wörter und Sätze drangen zu mir in mein Atelier durch, wo ich mich an meine Illustrationen zu Hilaire Belloc gemacht hatte. Zu diesen Wörtern und Ausdrücken gehörten »Sicherheitspolizei«, »Geheimdienst«, »zuständige Redaktion für Kriminalfälle« und einmal auch – was prompt dazu führte, daß »König Heinrich, wie mir graut« aufhörte, an seiner alten Schnur zu kauen – der Name Sleepy Joe. Kein Wunder, dachte ich, daß Journalisten sich weigern, ihre Quellen preiszugeben. Tom hatte offenbar keinerlei Absicht, sie mir zu verraten, wenngleich ich in der Art, wie er mit seinen Geheimnissen protzte, um mich zu Fragen zu provozieren, die er dann nicht beantworten würde, mehr als nur einen Hauch von Berufseitelkeit entdeckte.
»Und wer ist Sleepy Joe?« erlaubte ich mir zu fragen.
»Ein Gangster«, war alles, was Tom verriet. Es klang gefährlich, und ich bemerkte, daß ihm das ausnehmend gefiel.
Kein Zweifel – Tom der Schnüffler war weitaus aufregender als Tom der Möchtegern-Byron. Mich erinnerte das Ganze an den Herzog von Wellington, der aus der Schlacht von Waterloo zurückkam und mit Harriet Wilson ins Bett hüpfte, ohne sich die Stiefel auszuziehen; obwohl Tom das wenigstens tat, außer einmal, als die Schnürsenkel sich verknotet hatten.
Clive war begeistert von diesem hektischen Ausnahmezustand im Haus, belauschte Toms Anrufe und warf von Zeit zu Zeit verächtliche Blicke auf meine Belloc-Illu-

strationen. »Weiberkram«, stand in seinen Augen zu lesen.

Auch Mrs. Teape war begeistert, wenngleich sie überzeugt war, die Anrufe kämen aus Downing Street Number 10 und daß Tom mit mir zusammen in Mr. Majors Kabinett gehen würde. »Wie reizend für Sie, daß Sie beide zusammen arbeiten können«, verkündete sie. Mir schauderte bei dem Gedanken, was sie den Bauarbeitern wohl erzählen mochte.

Einer der Anrufe kam von Kyra Vansittart, die ihre Absicht kundtat, am nächsten Tag zu uns herauszukommen. Als Hauptgrund gab sie an, daß man hier ruhiger am Fall Harriet arbeiten könne als in ihrem Büro in London. Außerdem sei es bei Harriets unbefugter Herumschnüffelei für sie als Anwältin nützlich, wenn sie die Umgebung kennenlernte. Tom glaubte, sie wolle einfach gern einen Tag auf dem Land verbringen. Meine Erklärung war skeptischer: »Die Umgebung« hörte sich in meinen Ohren ganz anders an; ich war ziemlich sicher, daß sie mich begutachten wollte, bevor sie entschied, ob sie sich an Tom heranmachen sollte oder nicht. In diesem Falle, beschloß ich, würde ich *sie* sehr genau in Augenschein nehmen. Und ich würde absolut atemberaubend aussehen.

Das tat ich.

Sie jedoch auch, betrüblicherweise.

Tom genoß das natürlich.

Ich nicht. Ich beäugte sie mißmutig.

Glücklicherweise war sie eher von der vollschlanken Sorte, obwohl sie geschickt ihr Bestes getan hatte, um die Aufmerksamkeit auf Stellen zu lenken, wo Fülligkeit durchaus vorteilhaft wirken kann. Ihr Blusenausschnitt schien ins Endlose zu gehen, und Toms Blicke folgten.

»Noch ein wenig Suppe?« fragte ich resolut. »Aber vielleicht meinen Sie, daß Sie eher aufpassen sollten.«
Ich kam mir gemein vor, kaum daß ich es gesagt hatte. Aber Kyra Vansittart strömte die Art von unerschütterlichem Selbstvertrauen aus, das mich die Krallen ausfahren läßt. Zu allem Überfluß lächelte sie bloß.
Tom warf mir einen mißbilligenden Blick zu. Mir machte das alles überhaupt keinen Spaß, und das war allein meine Schuld.
»Wie kommt es, daß Sie als Jüdin blond sind?« fragte ich.
O Gott, ich führe mich unmöglich auf, dachte ich.
Sie konterte prompt, immer noch lächelnd.
»In meiner Familie hat es eine Menge Vergewaltigungen gegeben.«
Das brach das Eis. Es war unmöglich, nicht zu lachen. Und sie lachte auch.
Dann brachte ich die Quiche herein. Erleichtert setzte ich mich, das Kinn in die Hände gestützt. Und ich sah sie an.
»Es tut mir leid«, sagte ich. »Verzeihen Sie bitte, aber ich bin ziemlich am Ende. Kein Zuckerschlecken, das alles.«
Kyra sah mich einen Augenblick an, dann legte sie mir die Hand auf den Arm.
»Schon okay«, meinte sie leichthin. »An Ihrer Stelle würde ich mittlerweile in Schreikrämpfe ausbrechen. Sie sind eine tapfere Frau.«
Oh, das war Musik in meinen Ohren! Ich hörte mich ein Dankeschön murmeln, und mir wurde klar, wie sehr ich es gebraucht hatte, daß jemand etwas Derartiges sagte. Mir sagte, daß ich keine neurotische Idiotin war. Daß die ganze Situation unerträglich war. Daß ich tatsächlich mutig und wunderbar war, und daß Tom ein verdamm-

tes Glück hatte, jemanden wie mich an seiner Seite zu haben.
Meine ganze Abwehrhaltung fiel von mir ab. Wir redeten. Wir fingen sogar an, über verflossene Liebhaber zu plaudern – was Tom aus dem Zimmer trieb; er wollte irgendwelche Unterlagen suchen. Und natürlich unterhielten wir uns über Ruth, die mehr verflossene Liebhaber hatte als jede von uns beiden – einschließlich all ihrer eigenen, gestand Kyra bewundernd, außer ihrem Ehemann, auf den Ruth keine Lust gehabt hatte. Ich lachte und sagte, Tom habe sie auch nicht angetörnt. Das hatten wir also gemeinsam, und darauf tranken wir. Als Feindin hatte ich sie mir aufgebaut, und nun hatte ich eine Freundin gewonnen. Ich lud sie für ein Wochenende ein, »wenn dieser Alptraum ausgestanden ist«.
»Wird er je ausgestanden sein?« fragte ich.
»Wenn ich irgendwie darauf Einfluß nehmen kann – ja!« erwiderte sie. »Und ich würde gerne kommen.«
An dieser Stelle kam Tom mit einem Stapel Unterlagen zurück, und nachdem ich Kaffee gemacht hatte, überließ ich die beiden ihrer Arbeit. Vielleicht fühlte ich mich meiner Sache noch nicht ganz sicher, aber doch sehr viel sicherer als zuvor.
Nachdem Kyra Vansittart abgefahren war, fand ich Tom über einem Berg von Notizen sitzend.
Er zitierte mir einen Satz von Lord Scarman. »›Das Gesetz ermutigt nun die Ehegatten, nach der Zerrüttung der Familie jede Bitterkeit zu vermeiden und alle Geld- und Eigentumsprobleme zu regeln.‹ Das hat er geschrieben, 1979. Minton gegen Minton. Ob die wohl mit deinem Verehrer im Verlagswesen verwandt sind? Egal, auf jeden Fall hat das zu dem ›Matrimonial and Family Proceedings Act‹ von 1984 geführt.«

»Warum erzählst du mir das, Tom?« fragte ich.
»Weil ich ein für allemal mit dem Miststück hätte abrechnen können, wenn ich es nur bis nach 1984 mit Harriet ausgehalten hätte, und dann könnte sie nicht herumschnüffeln, auf unsere Mülltonnen steigen und mir per Post Sicherheitsnadeln schicken.«
Keine besonders hilfreiche Information, meinte ich, und was hätte Kyra ihm geraten?
Tom machte ein ernstes Gesicht.
»Sie meint, ich müsse zahlen.« Er holte tief Luft. »Es gibt keinen Zweifel – Belästigung hin oder her. Dank *Krabbasutra* muß ich ihr entweder einen riesig aufgestockten Unterhalt oder eine noch riesigere Abfindung zahlen. Das Gesetz ist so was von beschissen. Sogar *dein* Einkommen wird mit berücksichtigt, weißt du, weil ich mit dir zusammenlebe und wir eine Partnerschaft haben. Komm, lassen wir uns scheiden.«
Dann fiel ihm wohl ein, daß wir gar nicht verheiratet waren, und er fluchte. Fast erwartete ich schon, daß er etwas durch die Gegend werfen oder herumbrüllen würde, aber statt dessen lächelte er.
»Es sei denn natürlich, ich finde etwas über Sleepy Joe heraus.«
Wieder diese Geheimnistuerei. Er brauche ein paar Tage in London – nächste Woche wahrscheinlich –, mehr war nicht aus Tom herauszubekommen, außer ein paar Andeutungen bezüglich der verschiedenen Leute, die er aufsuchen mußte. Er schaffte es, daß sie alle zwielichtig und bedeutend klangen. Journalisten, stellte ich fest, haben keine Freunde, sie haben Informanten.
Am nächsten Morgen kam ein Haufen Post. Ein Brief von Abram Kollwitz, in dem dieser bestätigte, daß Ms. Parsons in der Tat ihre Abfindungsklage fallengelassen

hatte, Tom aber warnte, daß jede Gegenanklage wegen Ehrabschneidung, die er erwägen sollte, erst nach einer langen Reihe anderer Klagen, angeführt von einer Anklage wegen Mordes, verhandelt werden könne. In einer Fußnote fügte Abram noch hinzu, daß Samanthas Ehemann, der Möchtegern-Mönch, sein Schweigen gebrochen hatte, um zu beichten, daß er sich nur aus Furcht, durch die Kocherei seiner Frau vergiftet zu werden, in ein Wüstenkloster zurückgezogen habe.
»Vernünftiger Bursche«, hatte Abram hinzugesetzt.
Samantha tat mir schließlich fast schon leid, aber von diesem Gefühl lenkte mich eine weitere Sicherheitsnadel ab, die mit derselben Post gekommen war, diesmal an mich adressiert.
»Die Sache wird langsam heiß, Tom«, sagte ich, als ich ihm Harriets vielsagendes kleines Geschenk zeigte.
»Noch nicht halb so heiß, wie sie sehr bald sein wird, das kann ich dir versichern«, schnaubte er und ließ die Sicherheitsnadel in eine Schublade fallen, die er mit dem Aufkleber »Liebesbriefe« versehen hatte.
Das Fax fing an zu rattern. Tom marschierte durchs Zimmer und beugte sich über das Gerät wie ein Geier, der darauf wartet, seine Beute zu verschlingen.
»Aha!« rief er nach ein paar Minuten. Er drehte sich um und reichte mir ein Blatt Papier. »Es scheint, daß ich recht hatte.«
Es waren Zeitungsartikel, französische und englische. Mein Blick fiel auf die Überschrift: »Befruchtungsforscher – Sexskandal!« – »Ein Exklusivbericht von Tom Brand«, lautete die Zeile darunter. Tom grinste wie ein Honigkuchenpferd.
»Die französischen Gesundheitsbehörden«, begann der Artikel, »haben gestern eingeräumt, daß der führende

französische Embryologe Dr. Jean-Pierre Eiger seiner leitenden Funktion in der berühmten Lefargue-Klinik in Marseille enthoben worden sei. Man gab dafür gesundheitliche Gründe an. Uns liegen jedoch Informationen vor, die dafür sprechen, daß Dr. Eiger in Wirklichkeit aufgrund der Klagen zahlreicher Frauen, die sich innerhalb der letzten fünf Jahre in der Klinik seinen Methoden der künstlichen Befruchtung unterzogen haben, wegen grober medizinischer Fahrlässigkeit entlassen wurde.«

Der Artikel erklärte weiter, daß Dr. Eiger einer der Pioniere der In-vitro-Fertilisation sei, mit deren Hilfe Frauen, die lange unter ihrer Unfruchtbarkeit gelitten hatten, in die Lage versetzt wurden, ein Kind zu empfangen und erfolgreich auszutragen. Es gebe mehrere Behandlungsmethoden, doch in den Fällen, wo Unfruchtbarkeit durch die zu geringe Spermienzahl des Mannes bedingt sei, ersetze Dr. Eiger dieses Sperma durch das eines Spenders, dessen Identität der Frau nie mitgeteilt werde. Ein Mann, der ihr ebenso unbekannt sei wie sie ihm, um so alle etwaigen Ansprüche und Klagen zu vermeiden, die sonst später auftauchen könnten. Das sei als die übliche medizinische Ethik akzeptiert und werde in der Lefargue-Klinik strikt eingehalten, wie ein Sprecher bestätigt habe.

Man glaube, daß Dr. Eiger mit dieser Methode etwa zweihundert Frauen erfolgreich behandelt habe. Unglücklicherweise werfe jedoch der Fall Françoise Didiers, der Gattin eines örtlichen Abgeordneten der Sozialisten, Zweifel an der brillanten Praxis des Arztes auf. Madame Didier habe einen besorgten Brief an den Klinikdirektor geschrieben, in dem sie darauf hinwies, daß sie nach Dr. Eigers Behandlung Fünflinge geboren habe, alle männlich und alle Dr. Eiger verblüffend ähnlich.

Die Klinik behandelte diesen Brief diskret; er wurde nie veröffentlicht, ebensowenig wie anscheinend eine Reihe ähnlicher Enthüllungen, die dem Direktor im Laufe mehrerer Jahre zugegangen waren. Doch als am 14. Juli 1985 – dem Jahrestag des Sturms auf die Bastille – nicht weniger als sage und schreibe siebzehn Briefe aus verschiedenen Teilen Frankreichs in der Klinik eintrafen, wurde entschieden, daß Dr. Eigers Dynastie ein unkontrollierbares Ausmaß annehme und den guten Ruf der Lefargue-Klinik in Gefahr bringe. Den Frauen gegenüber, die sich beschwert hatten, wurde jede Unkorrektheit weitschweifig abgeleugnet, offizielle Untersuchungen wurden erfolgreich unterdrückt. Nichtsdestotrotz war die Bastille offenkundig sturmreif, und Dr. Eiger wurde nahegelegt, sich zur Ruhe zu setzen, um seine angegriffene Gesundheit zu schonen. Und das war's dann auch schon, soweit es die Lefargue-Klinik betraf.

Aber nicht für unseren »Reporter mit Spürnase«. Ihm war es gelungen, fünfunddreißig von Dr. Eigers früheren Patientinnen aufzuspüren, die sich alle bei der Klinik beschwert, aber nur herablassende Dementis etwaigen medizinischen Mißbrauchs erhalten hatten sowie die Versicherung, physische Ähnlichkeiten zwischen Menschen seien kein ungewöhnliches Phänomen. Aber nun hatten die Frauen dem Reporter Fotos von ihrem Nachwuchs gezeigt – dreiundsiebzig Kinder zwischen zwei und sechs –, und sie sahen alle erstaunlich ähnlich aus (abgesehen von kleineren Unterschieden in der Haarfarbe).

Ich hörte auf zu lesen. Tom lachte.

»Und nicht nur erstaunlich ähnlich. Sie haben alle genau wie Einstein ausgesehen – alle dreiundsiebzig!«
Er deutete auf das Foto von Dr. Eiger neben dem Artikel. »Sieht der nicht aus wie Einstein?«
Ganz eindeutig.
»Das ist Montblanc. Der begnadete Wichser ist also untergetaucht, hat seinen Namen geändert – vom Eiger zum Montblanc – und ist ganz frisch und sauber wieder aufgetaucht, um ein neues Leben unter Vampirfledermäusen zu beginnen. Wenn er noch einmal Ärger macht, könnte die französische Polizei anfangen, sich für seine Vergangenheit zu interessieren. Das sollte reichen, damit Anne-Marie ein Hühnchen mit ihm rupft – oder was für eine gefährdete Spezies sie sonst vorziehen mag.«
»Glaubst du, Tom«, fragte ich, »daß irgendwo auf der Welt gerade Orang-Utans geboren werden, die wie Einstein aussehen?«
Tom gluckste. »Wie soll man das wissen? Die sehen doch sowieso alle so aus wie er.«
Es war fast Mittag; wir gingen am Fluß spazieren. Ayrtons Zilpzalp, der hoch oben in den Pappeln seine zwei Noten schmetterte, war mir mittlerweile ziemlich vertraut geworden. Stolz auf meine neuen Naturkenntnisse, machte ich Tom auf den Vogel aufmerksam. Er sah mich schief an.
»Wenn das schon wieder eine gefährdete Art ist, dann laß sie in Ruhe«, war sein ganzer Kommentar.
Es würde Tom ganz recht geschehen, wenn genau jetzt in diesem Moment Ayrton mit seinen Angelruten auftauchte, dachte ich. Ich war mehr ein Naturmensch, als er je sein würde, und trotzdem war ich es gewesen, die sich nach London gesehnt hatte. Tom, so wurde mir klar,

würde überall einfach er selbst sein, und das war eine der Eigenschaften, die ich an ihm liebte.

»Für einen Vormittag haben wir heute ganz schön viel geschafft«, meinte er.

Wie sich herausstellte, war es noch nicht ganz vorbei damit. Wir hatten unsere Rechnung ohne Mrs. Teape gemacht. Als wir ins Cottage zurückkamen, steckte sie gerade die mörderischen Kämme in ihrem Haar fest und wollte gehen. Die Zeitungsausschnitte über Professor Montblanc und die Klinik für künstliche Befruchtung lagen sorgfältig ausgebreitet auf dem Küchentisch.

Mrs. Teape strahlte über das ganze Gesicht.

»Jetzt ist es also offiziell, Mrs. Brand?«, erklärte sie. »Ich freue mich so. Sie beide verdienen es. Und daß Sie jetzt wirklich den besten Spezialisten haben, der sich um Sie kümmert. Ich bin sicher, das ganze Dorf wird entzückt sein über die Neuigkeit.«

elf

Das Gehämmer aus der Mühle fand sein Echo im Cottage, wo Tom methodisch Nagel um Nagel in Harriets Sarg schlug.

Immer noch klingelte ständig das Telefon, und bei jedem Anruf blitzte auf Toms Gesicht Schadenfreude auf. Das war nicht mehr der Mann, der mich vor einem Jahr schmeichelnd in sein Bett gelockt hatte. Auch nicht der »Mr. Tom«, den der Maître d'hôtel immer diskret an seinen gewohnten Tisch geleitet hatte, scheinbar ohne zu bemerken, ob ich dieselbe Frau war wie beim letztenmal. Und ganz bestimmt war das nicht der Tom, der salbaderte, er wolle nicht länger ein Schreiberling der Regenbogenpresse sein, sondern seine reiferen Jahre einer Biographie Lord Byrons widmen. Hier hatte ich es mit einem gefährlichen Tier zu tun, und ich war dankbar, daß nicht ich in dem Sarg steckte.

»Mittlerweile habe ich ein ganzes Dossier über Sleepy Joe beisammen«, erklärte er betont lässig nach ungefähr dem zehnten Telefonat an diesem Morgen. »Obwohl es anscheinend nicht so dick ist wie das bei Scotland Yard.« Tom blätterte rasch durch einen Stapel hingekritzelter Notizen und Zeitungsausschnitte. »Übrigens, es ist wirklich sein Auto – A1 DOL. Puppen – 1a Superbienen – sind anscheinend sein Spezialgebiet neben den Dollars; sein Branchenname ist Sleepy Joe. Die meisten Geschäfte erledigt er vom Bett aus, der Glückliche.«

Ich fand eigentlich nicht, daß Tom ihn da schrecklich beneiden mußte.

»Und was sind seine ›Geschäfte‹?« fragte ich.

»Offiziell Baugeschäfte. Inoffiziell ist er ein großer Hecht in der Gangsterwelt. Wie die Brüder Kray, bloß für gehobene Finanzklassen. Wohnt absolut respektabel in Barnes. Kinder im St Paul's, wo sie im Chor mitsingen. Ein bescheidenes kleines Château im Périgord. Ein Ski-Chalet in Zermatt. Ein Katamaran irgendwo. Knapp bei Kasse ist Sleepy Joe nicht – und ich bezweifle, daß die Steuerbehörden viel von seinem Zaster zu sehen bekommen. Die große Frage ist: Sieht Harriet etwas davon?«

Ich sagte, es beunruhige mich, wenn er sich auf eine Auseinandersetzung mit einem solchen Mann einließ.

Aber Tom sah mich nur verächtlich an. »Was glaubst du denn, was ich mein Leben lang getan habe, Schätzchen? Rosen gezüchtet?«

Ich fühlte mich ganz klein und voller Respekt.

Es war Donnerstag. Tom wollte am Montag nach London fahren – wahrscheinlich würde er den Rest der Woche über dort bleiben. Darauf freute ich mich ganz und gar nicht. Ich hatte Angstvorstellungen, daß es spätabends an der Tür klingeln würde: »Entschuldigen Sie, Miss äh … ähem, ich glaube, Sie waren eine Freundin von Mr. Thomas Brand. Ich bedauere, Ihnen mitteilen zu müssen …«

Aber dann sagte ich mir, daß ich mir nicht ins Hemd machen sollte.

Tom hatte drei Tage, um seinen »Schriftsatz« vorzubereiten, wie er es großkotzig nannte. Nicht besonders viel Zeit, meinte er müde, aber er werde jede Minute nutzen. Das Fallgitter war heruntergelassen – absolut *keine* Ablenkungen mehr.

Die Götter hatten jedoch – wie stets – andere Vorstellungen.
Ihre Methode, das Fallgitter zu überwinden, war der Anrufbeantworter, da Tom zu sehr eingefleischter Journalist war, um sich völlig von der Außenwelt abzuschneiden. Am Vormittag klingelte das Telefon, wurde abgewürgt, doch dann blinzelte das Lämpchen am Apparat mir zu, lockte, forderte mich heraus: Es könnte ja um einen Supervertrag gehen, oder meine Mutter war gestorben.
Ich war mitten in der Arbeit, konnte den Blick aber trotzdem nicht von diesem Lämpchen wenden.
»Ach, verdammt! Ich geh doch besser ran, nur für alle Fälle«, rief ich Tom zu.
Ich drückte auf den Knopf, um das Band abzuhören. Eine Frauenstimme, die ich nicht erkannte – Gott sei Dank! –, aber sie hatte offensichtlich schon vor dem Pfeifton zu sprechen begonnen, und ich landete mitten in einem Redeschwall; ich hatte nicht einmal die Zeit, Tom zu rufen.
»Wow! O wow!« hörte ich. »Du mußt mir glauben. Die größte Sache, die es je gegeben hat. Es haut mich völlig um. Unglaublich!« Starr vor Erstaunen hörte ich zu. Die Frau klang, als bekäme sie gleich einen Orgasmus. Tiefes Keuchen war zu hören. Vielleicht *war* das der Orgasmus.
»Tom!« schrie ich. »Schnell! Irgendwie sind wir in so eine Telefonsex-Leitung hineingeraten!«
Mich machte das richtig an, und ich preßte den Hörer fester ans Ohr.
»Oooohhh!« Ein langes, leidenschaftliches Stöhnen. Das mußte ja irre gewesen sein. Aber war das etwa alles – so schnell vorbei? Wie viele Einheiten hatte man für einen

Telefonwichs? Aber nein! Zwischen dem ganzen Gestöhne versuchte die Stimme etwas zu sagen. »Du mußt mir glauben. Du mußt!« (Warum sollte ich auch nicht? Es klang echt genug.) »Er kommt jeden Abend.« (Ich weiß, Darling, ich höre es.) »Das ist wirklich das größte Ding überhaupt!« (Da hast du ja Glück, Püppchen!) »Ich will, daß jeder es weiß; du *mußt* mir helfen.« (Tom, wag es ja nicht, sie schafft es ganz gut allein, danke.) »Es kommt einen so hart an, wenn man alles allein machen muß.« (Wart ein bißchen. Du bist nicht allein, und hart sein soll *er*.)

»Tom! Tom!« rief ich. »Das sollten wir öfter machen. Kann man das nicht abonnieren oder so? Los, ich will mit dir schlafen – *jetzt*. Mrs. Teape hat die Betten frisch bezogen.«

Ich hätte es eigentlich merken sollen, daß Tom meine Stimmung nicht so ganz teilte. Er starrte auf den Anrufbeantworter. Die Nachricht lief noch weiter. Noch ein paar orgastische Laute, und die Stimme sprach weiter, jetzt ein bißchen weniger hysterisch.

»Bitte, Tom. Bitte! Es ist Byron. Ich weiß, wie sehr du Byron liebst. Verstehst du, er diktiert mir. Neue Cantos des *Don Juan*. Jeden Abend. Bitte, bitte, tu etwas. Wir müssen ...«

Es klickte. Das Band war aus.

Vor einer Minute hatte ich vielleicht noch mit Tom ins Bett gehen wollen, aber die Lust war mir vergangen. Ich löste den Blick von dem Anrufbeantworter.

»Zur Hölle, Tom!« rief ich. »Das war an dich gerichtet! Sie kennt dich?«

Tom seufzte tief, dann noch einmal.

»Das ist bloß Georgina.«

»Bloß?«

Einen Moment lang herrschte Schweigen, und ich versuchte mühsam, meine Gedanken zu ordnen. Noch vor einer Minute hatte ich geglaubt, ein neues Aphrodisiakum entdeckt zu haben – statt dessen hatte ich eine neue Frau aus Toms Leben entdeckt. Es war mir ganz entfallen, daß Tom ja noch zwei weitere Schachtelteufel in petto hatte.

Georgina! Ehefrau Nummer vier.

Es war zum Wahnsinnigwerden, aber ich brauchte eine Erklärung. Schon wieder so eine gottverdammte Erklärung!

»Tom, das wird ja ein regelrechter Lehrgang. Worüber wirst du bloß mit mir reden, wenn dir die Ehefrauen ausgehen?«

Er setzte sein unschuldigstes Gesicht auf.

»Jan, sie ist völlig durchgeknallt. Das ist alles, was es zu wissen gibt«, erwiderte er. »Völlig neben der Schüssel. Total meschugge.«

»Tom«, wiederholte ich, schon gefaßter. »Was ist bloß mit dir los? Ziehst du durchgedrehte Weiber magisch an, oder drehen sie erst bei dir durch? Glaubst du, mir wird's genauso ergehen? Langsam mache ich mir Sorgen.«

»Georgina war nicht immer so«, fuhr er fort, und seine Stimme klang plötzlich traurig. »Es fing nach ihrer Fehlgeburt an. Die hat sie völlig aus der Bahn geworfen.«

Während Tom erzählte, wurde klar, daß Georginas Seelenheil immer ein wenig auf der Kippe gestanden hatte. Er war ihr nach Samantha begegnet, erklärte er. Sie war die Intellektuelle, Dozentin für Englische Literatur an der Londoner Universität, und würde noch weit nach oben kommen, prophezeite man.

»Wie die Wolken«, warf ich unfreundlich ein.

Tom zog eine Grimasse, dann erzählte er weiter.

Georgina war dunkelhaarig, sexy und leidenschaftlich. Sie schrieb erotische Gedichte, lebte exzentrisch und trank viel. Aber sie war sehr klug – und auch sehr witzig, fügte Tom hinzu.
»Deswegen habe ich sie geheiratet.«
Ein ziemlich schwacher Grund, um jemanden zu heiraten, meinte ich – wie sollte ein Mann von Hirn und Witzen leben? Aber Tom stimmte mir nicht zu. Zumindest sei es ein besserer Grund gewesen als bei all seinen anderen Ehen – was ich trotzdem noch für eine ziemlich schwache Antwort hielt.
»Nach ein paar Jahren hatte sie die Fehlgeburt, und damals fing dann alles an.«
Sie habe plötzlich von übersinnlichen Begegnungen mit literarischen Gestalten aus der Vergangenheit phantasiert, in der Regel, wenn sie getrunken hatte. Tom überredete sie, zu den Anonymen Alkoholikern zu gehen, aber die Phantasien dauerten auch während dieser nüchternen Phase an. Anfangs waren es mehr beiläufige Episoden gewesen, wie man sie bei Tisch erzählt – so wie William Blake einmal verkündet hatte, ihm sei beim Frühstück der Prophet Jesaja erschienen. Alles klang ganz harmlos, fast irgendwie nett. »Übrigens, Dr. Johnson hat mir versichert, das meiste, was ihm zugeschrieben wird, sei eigentlich von Boswell«, erzählte sie zum Beispiel, oder: »Dante schwört, daß er Beatrices Anblick nicht ertragen konnte.« Langweiliges Zeug eigentlich. Tom hatte sich daran gewöhnt.
Bis Georgina plötzlich einen Nervenzusammenbruch hatte. Die Universität beurlaubte sie für ein Jahr.
»Fast ein Jahr lang habe ich mich um sie gekümmert«, fuhr Tom fort. »Ich bin in die Fleet Street gerast und wieder zurück, immer in der Angst, ob sie eine Überdosis

genommen oder sich aus dem Fenster gestürzt hat. Ich habe nur Aufträge innerhalb Londons angenommen.«

Nach und nach hatte Georgina sich erholt und ging wieder an die Arbeit; sie schrieb sogar ein anerkanntes Buch über die Brontës. Aber die Ehe war tot. Und sie hatte wieder angefangen zu trinken, und diesmal war es ziemlich furchtbar.

»Manchmal rannte sie um Mitternacht nackt durch die Straße, oder sie kotzte mitten auf einer Dinnerparty. Schließlich konnte ich es nicht mehr ertragen, und ich habe sie verlassen ... Und ein Haus war auch wieder mal futsch«, fügte er wehmütig hinzu.

Mehrere Jahre lang hatte er nichts mehr von ihr gehört. Die Scheidung wurde ausgesprochen. Tom lernte Sarah kennen und heiratete sie – »mein letzter Fehler«. Dann bekam er aus heiterem Himmel einen Brief; das war etwa vor einem Jahr gewesen. Georgina behauptete aufgeregt, sie werde regelmäßig von Emily Brontë besucht. Aber damit nicht genug, Ms. Brontë sei höchst begierig, ihr die Fortsetzung von *Sturmhöhe* zu diktieren, die sie nicht mehr selbst zu Papier hatte bringen können, da der Tod sie ereilt hatte. Und ob Tom bitte bereit sei, bei dieser historischen Aufgabe mitzuhelfen? Als Journalist konnte er schließlich Steno, was Georgina nicht konnte. Tom, immer auf der Suche nach einer guten Story, erklärte sich einverstanden vorbeizukommen, aber Ms. Brontës Geist tauchte nicht auf, und er fuhr wieder nach Hause. Da klingelte wieder das Telefon: Der Geist sei erschienen, ob Tom nicht herbeieilen wolle, um den kreativen Augenblick zu erfassen? Wieder dasselbe Ergebnis.

»Geister haben offensichtlich eine Abneigung gegen mich.«

Kaum war er zu Hause, läutete es schon wieder. Weitere Bitten von Georgina. Diesmal gebrauchte Tom einen gewissen unfeinen Ausdruck und gab deutlich zu verstehen, wohin Ms. Brontë sich ihre *Sturmhöhe,* Teil II stecken könnte. Georgina war wütend über solch rohe Gleichgültigkeit gegenüber dem literarischen Genius und schwor zu Toms tiefer Erleichterung, nie mehr ein Wort mit ihm zu wechseln.

Ein Jahr später brach sie ihren Eid, um zu erklären, sie habe es nun geschafft, ein vollständiges Manuskript von Emily Brontës Roman zu übertragen, habe aber nicht weniger als fünfzehn Ablehnungen von Verlagen erhalten. Das sei um so ärgerlicher, fügte sie hinzu, als John Milton nun *Das wiedergefundene Paradies* fast fertig habe. Könnte Tom vielleicht helfen?

»Ich habe nicht geholfen. Wahrscheinlich hat Milton das Paradies noch mal verloren.«

Das war aber noch nicht das Ende. Georgina überzeugte eine gutbetuchte spiritistische Gesellschaft, *Sturmhöhe – Heathcliffe reitet wieder* (oder wie auch immer der Titel lautete) in der Buchreihe der *Afterlife Press* zu veröffentlichen. Das Buch wurde in parapsychologischen Kreisen enthusiastisch aufgenommen und entwickelte sich zu einer Art Kultbuch – nach Toms Ansicht aufgrund eindeutiger erotischer Passagen, bei denen Emily Brontë zweifellos Zustände bekommen hätte, die aber Georginas Werken in diesem Stil sehr ähnlich waren.

»Du darfst nicht vergessen«, erklärte Tom, »Georgina mag übergeschnappt sein, aber sie ist auch äußerst geistreich.«

Ich warf Tom einen trübseligen Blick zu.

»Jetzt ist also Byron dran. Ich verstehe. Und warum braucht sie dich diesmal?«

»Ich kann nur vermuten«, meinte er, »daß die spiritistische Gemeinde von der unanständigen Publicity des letzten Unternehmens wenig begeistert war und die *Afterlife Press* nicht länger unterstützt.«
»Und jetzt erwartet Georgina, daß du ihr neuer Mäzen bist?«
Tom nickte. »Darum geht's wohl.«
Mir war das Ganze ein Rätsel, und auch Tom war mir ein Rätsel. Nichts wäre einfacher gewesen, schien es mir, als Georginas überspanntes Gefasel einfach zu ignorieren – oder knallhart nein zu sagen. Aber als ich das vorschlug, runzelte er die Stirn. Irgend etwas an der ganzen Sache sei ganz bestimmt faul. Da steckte noch jemand anderer dahinter; er wußte zwar nicht, wie das alles zusammenhing, aber seine journalistische Spürnase hatte bei dieser telefonischen Nachricht eine Witterung aufgenommen. Jemand nützte Georgina aus, ganz bestimmt.
»Macht dir das etwas aus?« fragte ich erstaunt.
Es machte ihm etwas aus. Und so lernte ich eine neue Seite von ihm kennen. Tom, der bereit war, auch mit schmutzigen Methoden zu arbeiten, um seine Ex-Frauen abzuwimmeln, die ihn ausnützten, konnte dennoch den Gedanken nicht ertragen, daß jemand anderer *sie* ausnützte.
»Meine Güte, Tom«, sagte ich. »Du bist ja doch der edle Rittersmann.«
Er zog nur eine Grimasse. Noch so eine Kleinigkeit, die er erledigen mußte, wenn er in London war.
Zumindest war das wahrscheinlich weniger gefährlich, als sich mit Sleepy Joe anzulegen, dachte ich.
»Paß bitte auf dich auf, ja?« sagte ich. »Ich liebe dich nämlich.«

Er sah mich verwirrt und erfreut zugleich an.
»Ich frage mich, warum«, antwortete er. »Nicht viele Frauen würden den ganzen Mist hinnehmen, den ich dir da vor die Tür kippe.«
Ich lachte.
»Das zeigt nur, was für einen grauenhaften Geschmack du in puncto Frauen hast – das heißt: bis jetzt hattest.«
In diesem Augenblick erschien Mrs. Teape mit einer Tasse Kaffee, in der der aufgekochte Kaffee noch blubberte.
»Ich weiß, daß Sie ihn stark mögen, Mr. Brand«, erklärte sie strahlend und entschwand mit einem koketten Lächeln.
»O Gott«, murmelte Tom. »Ist das meine Strafe?«

Ich stand auf dem Bahnsteig von Salisbury und sah dem Zug hinterher, dann fuhr ich zurück nach Hause in unser Cottage, das mir so vorkam wie der ganze Nachmittag: kalt und ungemütlich. Es könne eine ganze Woche dauern, hatte Tom gemeint. Er hatte zwar versprochen, jeden Abend anzurufen, aber das war ein schwacher Trost.
In London hatte ich nie etwas dagegen gehabt, allein zu sein; aber hier auf dem Land fühlte ich mich einsam und verlassen. Ich fragte mich, was die Leute meinten, die von der Natur als Freund sprachen. Meinten sie damit Blumen? Die meisten der unseren waren unter dem Bauschutt begraben, das nützte mir also nicht viel. Bäume? Gut, sie waren ja recht hübsch, jeden Tag wurden sie grüner und saftiger, aber der rechte Balsam für die Seele war das auch nicht; man konnte nicht mit ihnen reden, obwohl Mondkalb das vermutlich tat. Und die

Vögel? Alles, was ich hörte, war Ayrtons Zilpzalp, der von Sonnenaufgang bis Sonnenuntergang hartnäckig dieselben zwei Noten schmetterte – wie eine vereinfachte Version von Mrs. Teape.

»Warum müssen wir auf dem Land leben, Mum?« hatte Clive düster gefragt.

Ich ertappte mich dabei, daß ich dasselbe dachte.

An diesem Abend rief Ruth an. Sie zeigte überhaupt kein Mitgefühl.

»Was hast du erwartet, Darling? Warum bist du aus London weggezogen, wenn du nicht verschimmeln willst?«

Sie hatte mir nur von einer Krise berichten wollen, die ihren Skilehrer betraf. Piers hatte nämlich zu fragen begonnen, warum sie immer noch zu Skiwochenenden fuhr, obwohl der Schnee schon geschmolzen war. Bisher hatte sie sich damit herausgeredet, daß Trockenski die beste Übung für den richtigen Sport sei, und gehofft, er würde nicht fragen, was der »richtige Sport« *war*, aber Piers hatte nur bemerkt, nach den blauen Flecken auf ihrem Hals und ihrem Busen zu schließen, müsse es wohl ein sehr felsiges Gelände sein. Außerdem hatte er eine eklige Methode, es ihr heimzuzahlen. Er hatte sich eine Sekretärin zugelegt, die einzige Frau in Liechtenstein unter dreißig, und »recht gutaussehend« – was in Piers' Sprache fast sicher bedeutete, daß sie umwerfend aussah und Bluse und Rock bis zur Taille geschlitzt waren, wenn sie zum Diktat beim Botschafter Ihrer Majestät erschien. Ruth meinte, um Piers vor einem Fehltritt zu bewahren, mußte sie wohl ihrerseits auf ihren Liebhaber verzichten und es einmal mit der Monogamie versuchen, bis das Mädchen zurück in die Heimat expediert werden konnte.

»Und wie geht's deinem schönen Verleger?« fragte sie schließlich.
»Rein geschäftlich«, erwiderte ich. »Wir telefonieren miteinander.«
Ich hörte Ruth stöhnen. Das komme alles bloß daher, weil ich mich auf dem finsteren Land vergrabe, versicherte sie mir. Ich sei eine viel interessantere Person gewesen, als ich noch in London lebte; bald würde ich anfangen, Bridge zu spielen.
»Und wie geht's Tom?« fuhr sie fort, nachdem sie's mir ordentlich gegeben hatte.
Ich erklärte ihr, daß er in London sei, um zwei Ex-Frauen zur Minna zu machen, und sie fand, das lasse sich schon eher hören.
»Schlaft ihr noch miteinander?« fragte sie plötzlich. »Wie oft?«
»Jeden Tag – wenn möglich«, antwortete ich.
Ruth tat entrüstet.
»Wie unanständig! Aber ihr seid ja nicht verheiratet. Apropos, *wirst* du ihn heiraten?«
Das wisse ich noch nicht, erklärte ich. Im Augenblick seien wir zu sehr damit beschäftigt, uns mit Toms früheren Ehen herumzuschlagen, so daß ich der Liste nicht unbedingt einen weiteren Namen hinzufügen wolle.
»Aber du liebst ihn?«
»Ja«, sagte ich. »Leidenschaftlich«, fügte ich hinzu, weil mir das nicht ganz ausreichend schien.
Eine Pause trat ein.
»Leidenschaftlich! Wow! Du Glückliche. Ich glaube, ich liebe Piers auch, aber manchmal meine ich trotzdem, daß ich gar nicht weiß, was Liebe bedeutet – bis die Gefahr besteht, daß ich ihn verliere, und dann weiß ich es. Aber Leidenschaft? Das ist was anderes. Meine Lei-

denschaften fliegen zum einen Fenster herein und zum anderen hinaus, oft sogar so schnell, daß ich sie gar nicht erwische. Insgeheim bin ich ein ruheloser Geist, das ist das Problem.«

Nach dieser kurzen Predigt in Sachen Moral legte Ruth auf, aber nicht ohne zu schwören, sie werde Piers' neue Sekretärin ausspionieren, um festzustellen, ob sie tatsächlich ihretwegen ihren Skilehrer opfern müsse.

Wie immer nach einem Anruf von Ruth erschien mir Sarum Magna mehr als nur ein bißchen fade – diesmal allerdings nicht sehr lange.

Am Mittwoch abend, zwei Tage nachdem Tom nach London gefahren war, machte ich gerade für Clive und mich ein Risotto, als wieder einmal das Telefon klingelte. Fröhlich hob ich ab, weil ich dachte, daß Tom mir vielleicht eine Bilanz seiner Leistungen als Spürnase geben würde. Aber es war eine Frauenstimme. »Hallo!« mehr war erst einmal nicht zu hören, aber mir rutschte gleich das Herz in die Kniekehlen. Nicht schon wieder eine von seinen Frauen! Die Stimme zögerte, als hätte sie nicht mich am Apparat erwartet.

»Wer ist dran?« fragte ich vorsichtig.

Die Stimme antwortete nicht. Dann nannte sie unsere Telefonnummer.

»Stimmt diese Nummer?« fragte die Frau.

Ja, erwiderte ich, und was sie wolle.

Kurzes Schweigen. Dann lachte sie.

»Vielleicht sind es ja Sie beide – na gut, ist schon okay.« Die Stimme klang irisch.

Mittlerweile war ich ziemlich verdutzt und verärgert. Aber bevor ich etwas einwerfen konnte, fuhr die Frau schon fort, immer noch mit einem amüsierten Unterton in der Stimme.

»Abends paßt's mir am besten, weil ich ja arbeite. Aber egal, es geht immer, ist mir schon recht.«

»Entschuldigen Sie«, stotterte ich, mittlerweile völlig konfus.

»Nein, ist schon okay – ehrlich. Sie können zugucken oder mitmachen, wie Sie wollen. Ich hab nichts dagegen.«

Langsam wurde das lächerlich.

»Entschuldigen Sie«, begann ich von neuem, diesmal energischer. »Da scheint ein Mißverständnis vorzuliegen.«

Wieder war ein irisch klingendes Lachen zu hören.

»Oh, bestimmt. Aber machen Sie sich keine Gedanken, das ist oft so. Ehepaaren wird's eben mit der Zeit langweilig – was das Körperliche betrifft, meine ich. Deswegen braucht man doch nicht schüchtern sein. Ein bißchen Hilfe, dann flutscht es wieder. Wenn Sie wollen, bringe ich noch einen Mann mit, gut gebaut, wenn Sie wissen, was ich meine. Das kostet dann aber noch einen Fünfziger extra. Darling, Ihre Adresse habe ich ja, aber wo ist das genau? Ich habe ein Auto.«

»Lassen Sie mich in Ruhe!«, brüllte ich. *»Guten Abend!«* Ich zitterte. Und bemerkte, daß ich genau wie Wendy Normington geklungen hatte. Wer zum Teufel war diese Frau? Und wie war sie an unsere Nummer gekommen? Gott sei Dank war Clive nicht in Hörweite.

Ich versuchte mir einzureden, daß es Georgina mit verstellter Stimme gewesen war; vielleicht war sie nach einer Überdosis Byron völlig ausgeflippt. Oder es war einfach ein neuer, niederträchtiger Trick von Harriet. Oder Sarah, Ehefrau Nummer fünf – war sie vielleicht Irin? Tom hatte mir nicht viel von ihr erzählt, außer daß sie sehr nett war und daß die Ehe deshalb nicht

lange gehalten hatte. Wenn doch nur Tom anrufen würde.
Doch als er anrief, tat er das Problem als nebensächlich ab. Solche Dinge passierten doch dauernd – beschwipste Typen auf irgendwelchen Parties, die sich einen Spaß daraus machten, eine x-beliebige Nummer zu wählen und zu sagen: »Ich wette, Sie haben tolle Titten«, oder so was, nur um zu sehen, wie die Reaktion war. Zumindest habe die Anruferin keine obszönen Dinge gesagt, fügte er hinzu.
Ich wurde wütend.
»Was heißt das, ›keine obszönen Dinge‹? Sie bietet mir an, daß sie mir einen Mann mit einem dicken Schwanz mitbringt – ist das vielleicht nicht obszön?«
»Mein Schatz, Männer mit Schwänzen in allen Größen und Formen haben dich dein halbes Leben lang verfolgt.«
Ich knallte den Hörer auf die Gabel. Dieser herablassende Mistkerl!
Fünf Minuten später rief Tom noch einmal an. Er sei ein gefühlloses Ekel gewesen – da stimmte ich zu –, aber er habe einen grauenhaften Tag hinter sich; er würde mir später davon erzählen. Aber morgen müßte es eigentlich ein ganzes Stück besser gehen. Er habe so ein bestimmtes Gefühl gehabt und recht behalten.
»Die Sache kommt in Ordnung«, fügte er hinzu. »Ich versprech's dir. Und ich vermisse dich.«
In diesem Augenblick vermißte ich ihn nicht, aber kaum hatte ich den Hörer aufgelegt, tat ich es. Ich schlief schlecht, und Clives Techno-Musik war auch nicht gerade eine Hilfe. Warum mußten die Ferien um so länger sein, je mehr man für die Erziehung bezahlte? Vielleicht

holten sie ihn früher zurück, wenn ich einfach weniger Schulgebühr überwies.
Morgens machte ich rasch selbst Kaffee, bevor Mrs. Teape eine Möglichkeit hatte, den alten von gestern aufzukochen. Sie kam an diesem Morgen ungewöhnlich lebhaft an, die Augen strahlten wimperngetuscht, die Lippen waren vor Erstaunen gespitzt. Ich fragte mich, ob sie vielleicht denselben irischen Anruf erhalten hatte und das Angebot eines »gutgebauten« Mannes etwa zuviel für sie gewesen war. Er müßte allerdings mehr als gutbestückt sein, um diese Rüstung durchdringen zu können, dachte ich.
»Na, was sagen Sie zu unserer Lady Bustard, Mrs. Brand?« fragte sie.
Ich sah sie verblüfft an.
»Wissen Sie es noch nicht? Es steht in der Zeitung«, fuhr sie fort.
»Die Zeitung« bedeutete immer die Regionalzeitung. Londoner Zeitungen wurden mit Namen genannt.
»Sie ist auf den Turm geklettert – auf den Turm der Kathedrale.«
Ich muß noch verblüffter ausgesehen haben. War Emelda jetzt zusammen mit der restlichen Welt durchgedreht?
»Damit die Leute Geld spenden«, erklärte Mrs. Teape. »Eine wunderbare Dame. Gott muß sehr stolz auf sie sein.«
Darauf erwartete Mrs. Teape wohl keine Antwort, und ich nickte zustimmend.
»Ich bin froh, daß nicht Sie es waren, Mrs. Brand, in Ihrem Zustand«, fügte Mrs. Teape hinzu. »Meine Nichte hat Zwillinge verloren, nur weil sie über einen Zaun geklettert ist.«

»Wie leichtsinnig«, erwiderte ich und wünschte sofort, ich hätte das nicht gesagt.
»Nicht halb so leichtsinnig wie mein Cousin, der über eine Mistgabel gestolpert ist, so daß nachher sein Sie-wissen-schon hinüber war«, setzte sie hinzu.
Diese Runde geht an sie, dachte ich und zog mich in mein Atelier zurück. Ich mußte Howard Minton anrufen. Aber zuallererst mußte ich Mrs. Teapes bemerkenswerte Mitteilung über Emelda Bustard nachprüfen.
Ich ließ es lange klingeln. Dann hörte ich endlich Emeldas Stimme.
»Ja, es stimmt, meine Liebe«, rief sie, als müßte sie mir die Nachricht über das Feld hinweg zuschreien. »Ich habe zweihunderttausend Pfund gesetzt. Der Spendenaufruf hatte nicht viel gebracht, und daß ich Stammkundin beim Wettbüro bin, wissen Sie ja. Die ansässige Unternehmerschaft konnte nicht widerstehen. Kommen Sie zum Mittagessen, dann erzähle ich Ihnen alles. Die Knochen tun mir ein bißchen weh.«
Gegen Mittag überließ ich also Mrs. Teape ihrem Kampf gegen jedes Stäubchen, das sich in meiner Küche einnisten könnte, und ging die Dorfstraße hinauf. Schlüsselblumen waren als gelbe Tupfer auf dem Grasstreifen verstreut, und überall roch es feucht nach Frühling.
Am anderen Ende von Emeldas Garten erblickte ich eine vertraute, herbstfarbene Gestalt in Knickerbockern und Norfolk-Jackett. Sie stand mit dem Rücken zu mir, die gegrätschten Beine fest auf den Boden gestemmt, die erhobenen Arme mit den seitwärts gespreizten Ellbogen rahmten den Kopf ein wie Klammern. Fast unsichtbar unter dem Rand einer Tweedmütze erkannte ich das vertraute alte Fernglas. Während ich näher kam, bemerkte ich, daß der Kopf hin und wieder auf und ab

ruckte, als wäre das Kinn ein Papiersortierer. Etwa sieben Meter vor der Gestalt befand sich ein Busch.
Ayrton Bustard beobachtete Vögel.
»Guten Tag«, sagte ich leise. Er fuhr ein wenig zusammen, ließ das Fernglas sinken und lüpfte ruckartig den Hut.
»Guten Tag, Mrs. Brand«, erwiderte er und riß noch einmal den Hut hoch. Dann grunzte er und richtete das Fernglas wieder auf den Busch.
»Sie sind da.«
Er sagte nicht, wer. Außer frischen Blättern wirkte der Busch ganz leer.
»Fein«, erwiderte ich. Er nickte zustimmend und wischte sich die Augen mit einem roten Taschentuch ab, für das ein Matador gute Verwendung gehabt hätte.
»Ich wollte demnächst Ihren Mann besuchen«, fuhr Ayrton fort. »Ich habe ein paar neue Fliegen, über die ich seine Meinung einholen wollte.«
Ich versuchte, nicht allzu verwirrt dreinzusehen, und erklärte, daß Tom fort sei.
»Ah ja! Nun, ein andermal«, rief er. »Wie nett, wenn man mit einem Anglerkollegen reden kann. Wir sind eine aussterbende Rasse. Diese Börsenmakler und Marinefritzen haben vom Angeln alle keine Ahnung.«
Ich schüttelte ernst den Kopf und brachte das Thema auf Emelda und den Kathedralenturm. Stimmte das denn?
»Ja, ich glaube«, antwortete er zerstreut, das Fernglas wieder auf den Busch gerichtet. »Ich hoffe, sie hat die Turmfalken nicht aufgeschreckt. Die nisten da oben, wissen Sie.«
Ich überließ Ayrton seinem Busch und machte mich auf die Suche nach Emelda.
Ich fand sie in der Küche, wo sie herumhumpelte und

dabei vor sich hinsummte. Sie trug einen feuerroten Trainingsanzug, auf dem deutlich zu erkennen war, was sie zum Mittagessen kochte. Als sie mich sah, wischte sie sich an einer der noch sauberen Stellen die Hände ab und umarmte mich, wobei sie Spuren des Mittagessens auf meinem Pullover hinterließ.

Sie entschuldigte sich für ihren »sportlichen Aufzug«. Eine Aktion wie die mit dem Kirchturm habe sie sich wohl für einen ziemlich späten Abschnitt ihres Lebens aufgehoben; mit sechsundsechzig so zu tun, als sei sie Tessa Sanderson an der Steilwand, sei vielleicht ein bißchen grotesk, aber ihre Familie sei immer schon exzentrisch gewesen, und sie habe sich prima dabei gefühlt, als sie diese Leitern von Gerüst zu Gerüst hinaufkrabbelte und dabei wußte, daß jede Sprosse so ungefähr tausend Pfund zur Erhaltung des Turms bedeutete. Und sie hätte mir gerne den Zeitungsartikel gezeigt, nur hatte Lloyd George ihn leider aufgefressen.

Emelda ließ ihr kehliges Lachen hören.

»Wissen Sie, was ich gedacht habe, als ich da oben auf dem Turm stand, meine Liebe?« fragte sie, während sie eine Forelle aufschlitzte und die blutigen Innereien herausholte. »Ich habe mir gedacht, das wäre doch eine wunderbare Methode, das Familienvermögen wieder hereinzubringen. Mit ein bißchen Übung könnte ich das einmal pro Woche machen, den Profit mit dem Dekan und dem Domkapitel teilen und mich anmutig zu einem Leben mit Champagner und Kaviar zurückziehen. Das Problem ist natürlich, daß Ayrton garantiert irgendeine seltene Libelle in Honduras entdecken würde, die vom Aussterben bedroht ist, und der ganze Zaster würde für die Finanzierung irgendeiner bekloppten Expedition

draufgehen. Aber zweihunderttausend für die Kathedrale ist nicht schlecht, oder?«
Ich war erleichtert, daß Emelda eine Leiter benützt hatte und nicht, wie ein Schornsteinarbeiter, außen hinaufgeklettert war.
Sie plauderte liebenswürdig weiter, bis das Essen fertig war. Zu der Forelle hatte sie eine Pernodsauce gemacht, und nun stellte sie energisch eine Flasche Chablis auf den Tisch, die sie mir zu öffnen befahl. Ich bemerkte, daß nur zwei Fische und zwei Gedecke da waren.
»Nur wir beide, Gott sei Dank!« erklärte sie. »Für so etwas wie Mittagessen hat der alte Kindskopf keine Zeit mehr, wenn einmal seine Zugvögel da sind.«
Ich erkundigte mich, warum Ayrton eigentlich so verrückt auf Vögel war. Emelda spuckte eine Gräte aus und wischte sich mit dem Handrücken über den Mund.
»Weiß der Himmel. Für mich sehen sie alle wie Spatzen aus. Zum Essen zu klein, das ist das einzige, was mich interessieren würde. Obwohl – die Italiener essen sie anscheinend. Ayrton wird sehr böse, wenn ich so etwas sage. Aber jetzt erzählen Sie – was ist mit Tom und diesem Drachen von Ex-Frau mit dem Riesenhintern?«
Beim Essen berichtete ich Emelda über alles, was sich während der letzten Woche ereignet hatte – Harriets Anruf, die Sicherheitsnadeln, der Brief vom Anwalt, die Episode mit der Mülltonne, das mysteriöse Auto, Sleepy Joe.
»Gott, wie herrlich!« rief sie. »So etwas ist in Sarum Magna nicht mehr passiert, seit ich mit einem Stammhalter für das Geschlecht der Bustards von Korsika zurückgekommen bin.«
Dann erzählte ich ihr noch von Samantha und der tödlichen Dinnerparty in Los Angeles; von Professor Mont-

blanc und der Samenbank; von Georgina, die es mit Lord Byrons Geist trieb, und schließlich noch von der Irin, die am Telefon ihre Dienste anbot, um unser Sexualleben zu stimulieren. Emelda sperrte die Augen auf.

»Meine Liebe«, sagte sie und schenkte den Rest des Chablis in die Gläser, »geben Sie ihr doch Ayrtons Nummer ... O nein! Wenn ich es noch mal überdenke ... lieber nicht. Das könnte die schrecklichsten Erinnerungen wachrufen.«

Einen Augenblick lang sah sie nachdenklich aus.

»Sagen Sie mir«, fuhr sie fort, stellte unsere Teller ins Spülbecken und drehte den Hahn auf, »gibt es sonst noch etwas, das Ihnen passieren kann? Sie sind bald für das *Guinness Buch der Rekorde* qualifiziert, scheint mir. Ich muß sagen, daß Sie sich außerordentlich gut halten.«

Wenn das so sei, erwiderte ich, wüßte ich selbst nicht, wie. Es waren die gräßlichsten sechs Wochen meines Lebens gewesen. Und was sonst vielleicht noch passieren könnte – eine solche Möglichkeit wolle ich mir lieber nicht vorstellen. Nur eine Ex-Frau sei jetzt noch nicht aus der Versenkung aufgetaucht, fügte ich matt hinzu.

»Und was wissen Sie über sie?« fragte Emelda. »Klingt sie gefährlich?«

»Nein. Sie scheint nett zu sein.«

»Meine Güte! Da hat sich Tom mal im Geschmack geirrt, wie? Na ja!«

Emelda kicherte und beförderte einen Schwung seifiges Besteck auf das Abtropfbrett. Dann kam sie plötzlich zu mir und schlang ihre dicken, nassen Arme um mich.

»Meine Liebe«, sagt sie. »Wenn Tom wieder da und diese ganze Geschichte vorbei ist, schmeißen wir eine Party und gießen uns richtig einen hinter die Binde.«

Bei diesem Stichwort spähte Ayrtons spitzes Gesicht durch die Tür.
»Dreiundzwanzig habe ich gezählt!« verkündete er.
Emelda sah ihn gelassen an und wandte sich dann wieder an mich.
»Nun, meine Liebe, das sind jedenfalls mehr Vögel, als Ihr Tom je abgeschossen hat. Ein Trost für Sie.«
Ich spähte zur Tür, um zu sehen, was Ayrton für ein Gesicht machte. Aber er war schon verschwunden. Das tat ich kurz darauf ebenfalls, aber nicht ohne Lloyd Georges aufmerksamen Gruß zu erwidern. Ein Stück Papier hing ihm zwischen den Lippen, wahrscheinlich der Zeitungsartikel über die Heldentat seiner Herrin.
Auf der Straße blieb ich einen Augenblick stehen, um eine Reihe von Schwalben zu betrachten, die auf den Telegraphenleitungen saßen. Noch ein paar Neuankömmlinge. Ayrton mußte mich angesteckt haben – hätte ich sie in London überhaupt bemerkt? Nicht mehr lange, und ich würde anfangen, ein Naturtagebuch zu führen. Ich hörte Ruth schon stöhnen.
Eine Stimme unterbrach mein ländliches Sinnieren.
»Wie geht's meinem hübschen Füllen heute?«
Ich sah mich um und erblickte John Gant, der sich von seinem Traktor zu mir herunterbeugte. Sein Gesicht sah aus, als hätte man es mit Stacheldraht rasiert; sein Blick taxierte rasch meine Figur.
»Schön wie immer«, fuhr er fort. »Aber Sie haben eine Rivalin bekommen – haben Sie's gewußt?«
Ich schüttelte den Kopf und ging weiter. Diese Röntgenaugen gaben mir ein unangenehmes Gefühl.
»Ja, sie hat nach Ihrem Haus gefragt«, rief er mir nach.
Ich blieb stehen. Mittlerweile war ich schon daran ge-

wöhnt, daß mir das Herz in die Kniekehlen rutschte. Wie weggeblasen war der ganze Spaß des Mittagessens mit Emelda, das warme Gefühl, das sie mir gegeben hatte. Wer zum Teufel mochte das jetzt schon wieder sein? Ehefrau Nummer fünf? Zumindest war das dann die »Nette«.

»Ausländerin. Französin, würde ich meinen«, erklärte John Gant. Er genoß jedes Bröckchen an Information, kostete es aus, bevor er es an mich weiterreichte, das war deutlich zu sehen. »Angezogen wie ein Model. Beine … Unglaublich. Schlank … außer an den Stellen, wo's drauf ankommt.« Seine Hände erledigten den Rest; die Tätowierung auf seinem Arm, die dicke nackte Frau, wirkte wie eine Karikatur seiner Beschreibung. »Eine Haarpracht, da könnte man sich drin verwühlen. Und Augen! Riesig und schwarz – so was hab ich noch nie gesehen.«

Irgendwo in meinem Hirn klickte es. Was hatte Tom über Anne-Marie gesagt? »Augen wie griechische Oliven.« Nein, das konnte sie nicht sein; aber Augen wurden vererbt. Könnte es …? Nein, das war doch bestimmt nicht der picklige, pummelige Teenager, der vor ein paar Wochen telefonisch angekündigt hatte, er würde gerne für eine Weile zu *cher Papa* kommen. Solange – genau, so hatte sie geheißen.

»Hübsches Ding!« meinte John Gant. »Wenn sie länger hier in der Nähe bleibt, haben Sie nicht mehr viel Ruhe, das sage ich Ihnen.«

Konnte es jemand anders als Solange sein? Picklige, pummelige Teenager haben schließlich die lästige Angewohnheit, erwachsen zu werden. Häßliches Entlein wird schöner Schwan.

O Gott, dachte ich, das hat mir gerade noch gefehlt.

John Gant nickte immer noch anerkennend mit dem Kopf.
»Sie kennen sie also?«
»Ich glaube, ja«, erwiderte ich und marschierte weiter.
»Kommt auf Besuch, wie?« rief er mir nach. »An Ihrer Stelle würde ich sie in den Stall sperren – sonst sind alle Bullen hinter ihr her.«
Sein Gelächter zog ihr immer noch die Kleider vom Leib, als ich davoneilte. Ich hörte den Traktor mit einem dröhnenden Brummen anspringen und sah vor mir die dicke Mrs. Gant in Pantoffeln und Blümchenschürze, wie sie gerade die langen Unterhosen auf die Wäscheleine hängte. Heute abend hatte ihr Bulle womöglich eine dringende Überraschung für sie ...
Ein hellgelber R5 mit französischem Nummernschild stand vor unserem Cottage. Auf dem Rücksitz lag ein Tennisschläger, und vorne sah ich eine aufgeschlagene Landkarte und einen Zettel, auf den unsere Adresse gekritzelt war. Ich hatte also recht – es war Solange. Ich wappnete mich, um dieser Sirene gegenüberzutreten, die womöglich meine zukünftige Stieftochter war, und schloß die Tür auf.
Niemand da. Ich blickte mich um. Dann bemerkte ich eine Strohumhängetasche, die auf einem Stuhl lag; ein billiges und ziemlich mitgenommenes Ding, aber um einen der Träger war mit lässiger Eleganz ein roter Hermès-Schal gebunden. Hol sie der Teufel, das Mädchen hatte Stil. »Wie ein Model«, hatte John Gant gesagt. Oh, was gäbe ich für die Pickel und den Babyspeck!
Plötzlich kamen aus Clives Zimmer Töne, die nach einer Rauferei klangen. Ein Stuhl wurde umgeworfen. *»Non!«* schrie eine weibliche Stimme. Weitere Auseinandersetzungen, dann wieder *»Non!«* – diesmal wütender – *»Ne*

me touchez pas!« Irgend jemand bekam eine kräftige Ohrfeige verpaßt.
Ich wollte schon ins Zimmer rennen, als die Tür aufflog und eine junge Frau mit fliegendem dunklen Haar an mir vorbeischoß. Sie hielt krampfhaft ihre halb aufgeknöpfte Bluse zusammen. Hinter ihr, auf dem Bett, das Gesicht in einem Kissen vergraben, lag Clive.
Ich starrte wie betäubt. Dann machte ich die Tür zu.
»Solange?« fragte ich. Was zur Hölle hätte ich sonst sagen sollen?
Sie nickte, knöpfte sich hastig die Bluse zu und warf trotzig das Haar zurück.
»Oui«, erwiderte sie atemlos. Dann blinzelte sie ein paarmal und sah schließlich gelassener aus. Sie war hinreißend schön: groß, hellhäutig, gertenschlank. Ich fühlte mich wie ein Zwerg.
»Vous êtes Janees?« fragte sie.
Jetzt nickte ich. Höflich streckte sie mir die Hand entgegen.
Ich war völlig durcheinander. Ob es wohl jemals in der Geschichte vorgekommen war, daß eine Frau ihre zukünftige Stieftochter, die ihr völlig unbekannt war, beim ersten Kennenlernen halbnackt und fast vergewaltigt von ihrem eigenen dreizehnjährigen Sohn antraf? Da gab es wirklich nicht viel, was ich hätte sagen können.
Ich ging mit Solange in die Küche, um sie ein wenig vom Schauplatz des Verbrechens zu entfernen. Und ich kochte Tee, weil mir sonst nichts einfiel. Mein erster Gedanke war gewesen, Clive zu ermorden, aber das konnte noch warten, entschied ich. Mit zitternder Hand goß ich den Tee ein und reichte dazu ein paar ziemlich scheußliche Kekse. Solange setzte sich an den Tisch, schlug elegant die Beine übereinander und fuhr sich melancholisch mit

den Fingern durchs Haar. Dann sah sie mich mit ihren riesigen Olivenaugen (griechische!) an.
»Ich glaube, das war ein Mißverständnis«, sagte sie mit ihrem reizvollen französischen Akzent. »Es tut mir leid. Ich verstehe das nicht.« Nun, ich verstand das auch nicht, ich hoffte ja, sie würde es mir erklären. »Aber ich freue mich so, daß ich Sie kennenlerne, *Janees*. Sie sind sehr schön«, sagte sie statt dessen.
Ich beschloß, sie zu mögen.
Sie sei früher gekommen als erwartet, weil sie eine Stelle als Au-pair-Mädchen angenommen habe, erklärte sie. In *Vincon-torm* – das mußte Wincanton sein. Sie würde also doch nicht länger bei uns bleiben, sie wolle nur vorbeikommen. Eine Schande, daß ihr Vater nicht zu Hause sei, aber könnte sie vielleicht am Wochenende – oder für mehrere Wochenenden – wiederkommen, wenn sie sich hier eingerichtet hatte?
Wir wären natürlich entzückt, sagte ich. Und bis dahin würde mein Sohn auch wieder in der Schule sein; dann könnte sie sein Zimmer haben. Ich brachte Clive absichtlich ins Gespräch, weil ich so aus ihr herauszukitzeln hoffte, was eigentlich passiert war.
Solange schenkte mir ein liebreizendes Lächeln – und dann lachte sie.
»Er ist frühreif, Ihr Sohn, *n'est-ce pas*?«
Ich stimmte zu und teilte ihr mit, daß es mir sehr leid tue. Er sei gerade in einem schwierigen Alter. Ich wollte schon sagen, er sei ein angehender Triebverbrecher, aber als ich an Clive dachte, wie er jämmerlich auf seinem Bett lag, wurde mein Herz doch weich.
Er habe ihr die Tür aufgemacht, erzählte sie, und sie total komisch angeschaut. »Sind Sie wirklich Französin?« habe Clive gefragt und sie dann hereingelassen.

»Wahnsinn.« Er hätte keine *richtige* Französin erwartet, sagte er, bloß eine Frau, die sich mit diesem französischen Zeugs auskannte. Solange hatte nicht begriffen, was er meinte.

Zu diesem Zeitpunkt begriff ich es auch noch nicht.

Sie seien allein im Haus, habe Clive erklärt. So ein Glück! Sie könnten also gleich richtig anfangen. Und dann habe er sie in sein Zimmer geführt. *Un peu mystifiée* sei sie schon gewesen, sagte Solange, aber sie sei ihm gefolgt. Er schien ein netter Junge zu sein, und sie wollte gerne *la maison de mon père* sehen. Sie hätten sich eine Weile unterhalten; sie hätte ihm erzählt, daß sie nach England gekommen sei, um eine Stelle zu suchen. Unser Haus hier habe sie ziemlich leicht gefunden, und sie hoffte, daß sie bald einmal wiederkommen könne, wenn man sie dazu einlade. Sie fühle sich hier wie zu Hause. Clive habe dann lebhaft genickt und gesagt, das hoffe er ganz bestimmt. Da habe er ja ein Mordsglück gehabt. Aber vielleicht könnten sie jetzt bitte gleich anfangen, weil er sich nur das Honorar für eine Stunde leisten könne.

Ich starrte Solange verdutzt an, und mein Magen vollführte einen kleinen Tanz. Puzzlestückchen wirbelten in meinem Kopf durcheinander, und plötzlich gelang es mir, ein paar zusammenzusetzen. Clives schändliches Betragen gerade eben, der rätselhafte Anruf gestern abend – die Frau, die unbedingt vorbeikommen und ihre »Dienste« anbieten wollte. Gab es da möglicherweise einen Zusammenhang?

»Soudain, il m'a attaqué«, erklärte Solange. »Er wollte mir die Bluse aufmachen – ganz plötzlich –, ich war *très étonnée*.« Ich hätte an ihrer Stelle auch gestaunt.

Solange lachte wieder.

Ich nicht. Ich wollte ihm den Kragen umdrehen.
»O Gott«, stöhnte ich und barg den Kopf in den Händen. »Das ist mir so furchtbar peinlich. Was kann ich bloß tun?«
»Ihm vielleischt raasch eine Freundin suchen?« lachte sie. »Aber jetzt muß ich los – nach *Vin-con-torm*. Geben Sie meinem Vater einen Kuß. *Je vais lui téléphoner*.«
Mit einem Hauch von Chanel und wehendem Haar im Frühlingswind war sie fort.
Clive lag immer noch auf dem Bett. Er schluchzte. Ich legte die Arme um ihn, aber er schüttelte mich ab. Ich blieb regungslos neben ihm sitzen, bis das Weinen nach und nach aufhörte. Dann nahm ich ihn wieder in die Arme, und diesmal kuschelte er sich hinein wie ein Hündchen. Ich machte die ganze Skala von mütterlichen Schuldgefühlen durch. Erst brüllte ich im Geiste wieder Harry an und warf ihm vor, daß er während unserer Ehe hinter jedem Weiberrock her gewesen war; dann warf ich mir selbst vor, daß ich ihn vor die Tür gesetzt hatte. An diesem Punkt entschied ich mich schließlich für Neutralität und fragte ganz ruhig: »Clive, was *hast* du nun eigentlich gemacht?«
Anscheinend erleichterte es ihn, mir alles zu erzählen. In London hatte er in den Schaufenstern von Schreibwarenläden Annoncen gesehen, in denen »Französischunterricht« angeboten wurde, erzählte er, und er habe gleich gewußt, daß es da nicht um Fremdsprachenkenntnisse ging, sondern um etwas, was für die Bildung eines Jungen viel wichtiger war. Um Mädchen ging es da und was man mit ihnen machte, und wie. Das mußte er herausbekommen. »Französischunterricht« war nur eine bestimmte Bezeichnung dafür, weil es hieß, daß die

Franzosen besonders tolle Liebhaber seien, oder? Daher hatte er also beschlossen, Annoncen in die Schaufenster der Läden hier auf dem Land zu hängen. Nicht in Sarum Magna, erklärte er; da hätten die Leute gewußt, wer er war. Aber in den anderen Dörfern hier in der Umgebung – so viele er mit dem Fahrrad nur erstrampeln konnte.

Ich hätte vielleicht mehr Bewunderung für diese Findigkeit und diese Entschlossenheit aufgebracht, wenn nicht in diesem Augenblick das Telefon geschrillt hätte. Schon wieder eine weibliche Stimme. Ich sah, daß Clive sich vor Verlegenheit krümmte – wieso war es dem Bengel nicht klar gewesen, daß jemand anderer ans Telefon gehen könnte?

Ich erklärte der eifrigen Dame so kühl wie möglich, daß niemand an ihrer unwiderstehlichen Massage oder ihren gymnastischen Variationen interessiert sei, auch nicht an den Geheimnissen eines Pariser Klosters; das sei alles ein Mißverständnis und sie habe sicher die falsche Nummer.

Als nächstes mußte ich handeln.

»Clive, hopp, ins Auto!« rief ich.

Wir hatten noch ungefähr eineinhalb Stunden, bevor die Läden schlossen.

»Welche Dörfer, Clive? Sag's mir.«

Er konnte sich nicht genau erinnern. Er hatte die ganze Tour mit dem Rad abgefahren, ohne Straßenkarte, immer nur den Schildern nach. Da war ich hocherfreut gewesen, daß mein Sohn den Arsch hochkriegte, um an diesen milden Frühlingsnachmittagen die Schönheiten der Landschaft zu erkunden, und das war der Zweck gewesen!

»Versuch dich zu erinnern, Herrgott! Versuch's! War

es Great Yatford! Upper Avonbridge? Middle Avonbridge? ... Was heißt hier Little Wallop – da kommen wir gerade her! ... Nein, niemand hat die Straßenschilder umgedreht, Clive. Überleg noch mal!«
Es war eine Alptraum-Rallye durch die verschlafenen, malerischen Dörfer in Wiltshire. Schafe kreuzten unseren Weg. Traktoren. Straßenarbeiter. Wir folgten einem Leichenzug. Die British Railways hatte sogar einen unbeschrankten Bahnübergang installiert, extra zu unserer Freude.
Vor jedem Dorfladen bestand ich darauf, daß Clive die anstößigen Annoncen entfernte, während ich mit grimmigem Gesicht im Auto wartete. Um halb sechs hatten wir schließlich acht zusammengesammelt. Clive meinte, zwei oder drei könnten es noch sein. Morgen würde er auf seinem Fahrrad losziehen, versprach er, um sie aufzustöbern.
»Das wirst du allerdings tun, du Scheusal!«
Als wir schließlich wieder auf dem Hügelkamm waren, hinter dem Sarum Magna lag, wurde mir plötzlich die Absurdität der Situation bewußt. Ich war mir nicht sicher, ob eine gute Mutter sich so benehmen sollte, aber ich fing an zu lachen. Clive sah mich vom Beifahrersitz nervös an.
»Es tut mir leid, Mami«, sagte er.
»Clive, du bist gräßlich, und ich liebe dich«, antwortete ich, immer noch lachend. Zu meiner Überraschung stellte ich fest, daß ich mich ihm näher fühlte als während der ganzen bisherigen Zeit, die er hier war. Mein Sohn war also doch ein menschliches Wesen. Ich hielt am Straßenrand und nahm ihn in die Arme.
Dann sah er mich an.
»Mum, wie hast *du* es gelernt?«

Ich wußte keine Antwort. Wie zum Teufel hatten wir es denn gelernt?
»Clive«, sagte ich. »Ganz ehrlich, ich kann mich nicht erinnern. Aber auf jeden Fall nicht, indem wir Annoncen für Französischlektionen in Ladenfenster gehängt haben.«
Er sah ziemlich belemmert aus, und ich fuhr wieder weiter. Ich konnte mich nicht des Gefühls erwehren, daß ich der Sache nicht so ganz gewachsen war. Würden wir wirklich in Frankreich leben, hätte ich mit einer attraktiven geschiedenen Frau ein Arrangement der üblichen Art vereinbaren können, damit sie meinen Sohn in die feineren Künste des Lebens einwies; aber Sarum Magna war dafür wohl nicht das richtige Pflaster. Wendy Normington war keine wahrscheinliche Kandidatin, und Emelda war einfach zu alt.
»Vielleicht kommt das einfach so«, fügte ich lahm hinzu.
Clive zuckte die Achseln. Sein Gesichtsausdruck verwies mich deutlich in die Kategorie von Eltern, die zwar immer das große Wort führen, aber nie Wort halten.
Als wir wieder zu Hause waren, äscherte ich die acht handgeschriebenen Annoncen ein. In den Abfall wollte ich sie nicht werfen, denn wenn der Müllmann nicht achtgab, könnte ein plötzlicher Windstoß sie im ganzen Dorf verbreiten. Das kleine Häufchen Asche brachte ich dann nach draußen; mittlerweile war es fast dunkel. Die Vögel zwitscherten. Im Garten roch es nach Bauernhof. Ich liebte diese Abendzeit.
Da war sie plötzlich, auf der Brücke, stand einfach da und sah zu mir herüber. Mondkalb.
Jetzt reichte es mir. Ich rannte auf sie zu.
Und dann klingelte das Telefon.
O Gott, dachte ich – schon wieder eine Französischleh-

rerin. Wie der Blitz war ich im Haus. Diesmal würde ich gleich zur Sache kommen.
»Ja!« bellte ich. »Wer ist dran?«
Schweigen. Dann ein leises Hüsteln.
»Liebling, was ist los? Ich bin's!«
Toms Stimme verscheuchte Mondkalb und Französischlektionen aus meinen Gedanken. Er habe gute Nachrichten, sagte er. Morgen würde er zurückkommen. Dann würde er mir alles erzählen.
»Oh, Gott sei Dank!« schrie ich ins Telefon. »Tom, du hast ja keine Ahnung, wie sehr ich dich brauche.«
Er lachte, anscheinend sehr erfreut. Ich legte auf und holte tief Luft. Dann schenkte ich mir einen sehr großzügigen Drink ein und rief nach Clive.
»Mein Schatz, was möchtest du zum Abendessen? Ich koch dir alles, was du willst. Sag's nur.«
Mein Sohn streckte das grinsende Gesicht durch die Küchentür und hielt mir ein Exemplar des *Krabbasutra* hin.
»Such du was aus, Mum«, sagte er.

zwölf

Allmählich sah die alte Mühle nicht mehr aus, als sei sie von einem serbischen Granatwerfer getroffen worden. Die Steinfliesen wurden frisch verlegt, das Dach gedeckt und isoliert, die massiven Schiffsbalken geölt und eingelassen. Jede Wand starrte zwar noch von Leitungsdrähten, die wie Seeanemonen aussahen, und ein farbbekleckstes Transistorradio stand auf dem wappenverzierten offenen Kamin, den wir in Salisbury in einem Antiquitätenladen gefunden hatten. Trotzdem nahm alles langsam Gestalt an; ich sah mich um und fühlte mich wie eine Königin in ihrem Schloß.

Der Polier begleitete mich stolz und warf mir hin und wieder überraschend Informationsbrocken hin.

»Natürlich haben die Römer die wassergetriebene Mühle in England eingeführt, Madam. 5624 sind im Reichsgrundbuch verzeichnet, wissen Sie.«

Ich sah ihn anerkennend an.

»Ich interessiere mich ein bißchen für Geschichte«, vertraute er mir an. »Ich vermute, Ihr Mann weiß alles über solche Sachen.«

Aber ich natürlich nicht, da ich eine Frau und noch dazu eine Blondine war. Ich wußte über Babys Bescheid und konnte Blumen arrangieren.

Danach betrachtete ich ihn weniger anerkennend.

Die Bauarbeiter mochten den Polier nicht besonders. Einen ertappte ich, als er hinter seinem Rücken mit den Lippen »Arschloch« formte. Seit der Episode mit dem heißen Tee hatten sie beschlossen, sich als meine persönlichen Bodyguards zu betrachten. Natürlich waren es vor allem meine körperlichen Attribute, die sie bewachen wollten, was vielleicht nicht verwunderlich war, wenn man bedachte, wieviel die Fotos in den Revolverblättern davon enthüllt hatten. Einer half mir etwa von oben galant die Leiter hinunter, während ein zweiter unten stand, um mich aufzufangen, falls ich herunterfiel; so bekamen sie zusammen wohl ein ziemlich umfassendes Bild von dem, was sie beschützten. Schließlich verdarb ich ihnen den Spaß, indem ich Jeans und einen hochgeschlossenen Pullover trug, worauf ich bemerkte, daß sie plötzlich Leitern fanden, die überhaupt nicht gefährlich waren, und mich ohne Hilfe herumklettern ließen.

»Es ist, als wäre man hier auf einem Schiff, Madam«, sagte der eine, der das längliche Panoramafenster direkt über dem Mühlbach eingesetzt hatte. »Wahrscheinlich taufen Sie die Mühle auch mit einer Flasche Champagner, wenn sie fertig ist.«

Ich stand hingerissen am Fenster. Unter mir schlängelte sich der Fluß durch die vom Wind gebeugten Erlen, und etwa fünfzig Meter stromabwärts bildeten Schwäne eine Flottille quer über den Fluß, als hätten sie mein königliches Boot im Schlepptau. Ich fühlte mich verwöhnt und sehr glücklich.

Ich war auch froh, weil ich mit etwas Glück die letzten Anrufe abgewimmelt hatte, die »Französischunterricht« anboten. Heute vormittag war es nur einer gewesen, kurz nachdem Clive auf dem Fahrrad davongeflitzt war, um die restlichen zwei oder drei Aushänge zurückzuholen; und im Rückblick konnte ich nur sagen, daß ich bekommen hatte, was ich verdiente. Eine höfliche Stimme hatte sich erkundigt, was der junge Herr denn brau-

che. Es sei wichtig zu wissen, wie weit er sei, damit sie das richtige Material mitbringen könne. Ich sah rot und antwortete, daß wir auf ihre Vibratoren, French Ticklers, Peitschen oder Lederklamotten ganz verzichteten, vielen Dank, und sie solle sich doch selber mit einer Banane ficken. Hochmütiges Schweigen war gefolgt; dann hatte die Frau erklärt, so habe noch nie in ihrem Leben jemand mit ihr gesprochen, und vielleicht würde es mich interessieren, daß sie die Direktorin der Fremdsprachenschule in Salisbury sei.
Kläglich hatte ich versucht, ihr die Situation zu erklären, aber da hatte sie schon aufgelegt.
Daraufhin beschloß ich, einmal nachzusehen, wie die Bauarbeiter in der Mühle vorankamen. Als ich hinausging, bemerkte Mrs. Teape meine Nervosität und versorgte mich mit hilfreichen Ratschlägen gegen morgendliche Übelkeit, was zumindest meinen Sinn für Humor wiederherstellte. Ich erinnerte mich daran, daß es ein schöner Morgen sei, und verscheuchte die Fremdsprachenschule in Salisbury energisch aus meinen Gedanken. Die Mühle – *das* war meine Zukunft. Und mittags würde Tom zurückkommen – »mit guten Neuigkeiten«, hatte er angekündigt.
Ausnahmsweise kam der Zug pünktlich an. Tom umarmte mich, als wären wir ein Jahr lang getrennt gewesen. Noch auf dem Bahnsteig bestand er darauf, daß ich mir die Kette von Butler and Wilson, die er mir gekauft hatte, umhängte, und so verließ ich den Bahnhof zum großen Erstaunen des Bahnsteigschaffners und mehrerer aufrechter Bürger von Salisbury mit einem Geklimper von falschen Perlen, die in eine wahre Flut goldener Salamander, Krokodile und diamantbesetzter Gürteltiere eingesetzt waren. Gekrönt wurde das Ganze von einer

vergoldeten Botticelli-Venus mit einem flammendroten Rubin im Bauchnabel.
»Danke, Liebling«, sagte ich, als wir losfuhren. »Und was soll ich zu der Kette anziehen?«
»Giorgio«, erwiderte Tom und zog einen Flakon aus der Tasche. »Sonst nichts. Versprochen?«
Ich lächelte ihn im Rückspiegel an.
»Sicher. Zur nächsten Dinnerparty der Normingtons, was hältst du davon?«
»Großartige Idee. Ich lade Harriet ein.«
»Apropos, mein Schatz, was sind deine Neuigkeiten?«
Tom sah selbstgefällig drein.
»Das erzähle ich dir, wenn wir zu Hause sind«, antwortete er. »Wenn du nur noch deine Kette trägst.«

Die Bahnfahrt hatte dem Champagner nicht gutgetan, und der Küchenboden bekam mehr davon ab als wir. Mrs. Teape bestand darauf, die Schweinerei aufzuwischen, bevor sie ging, und erkundigte sich währenddessen, ob die kleine Feier bedeute, daß ich Zwillinge bekomme. Als ich verneinte, sah sie enttäuscht aus, fügte aber hinzu, es werde trotzdem ein schönes Baby werden. Dann durchbohrte sie ihren Hut mit ihrem Kebabspieß, zog sich die Lippen frisch nach und ging.
»Endlich!« sagte ich. »Jetzt erzähl mir alles, um Himmels willen.«
Tom liebt es, Leute auf die Folter zu spannen. Wenn er das diesmal getan hätte, hätte ich ihm vermutlich die Flasche übergebraten. Aber er ließ es; wahrscheinlich hatte er den Ausdruck in meinen Augen bemerkt. Statt dessen hob er die Hand und zeigte zwischen Daumen und Zeigefinger einen kleinen Spalt.
»Nur noch so ein Stückchen, dann sind wir Harriet los«,

versicherte er mir. »Ein Anruf – der heute nachmittag kommen müßte.«

Dann erzählte er alles von Anfang an.

Es hatte ziemlich mies begonnen, erklärte er. Der Anblick von Kyra Vansittarts Büro reichte aus, um jedermann zu überzeugen, daß man immer verliert, wenn man es mit Anwälten zu tun hat. Aber er mußte sie aufsuchen, weil er ganz genau wissen wollte, woran er juristisch war und was er genau tun mußte.

»Jesus, die kann vielleicht ein unerbittliches Weibsstück sein«, sagte er, woraus ich schloß, daß sie immer noch nicht scharf auf ihn war.

Kyra hatte ihm zugehört und dann kommentarlos einen Stoß Briefe von Harriets Anwälten vorgelegt.

»Ich hab sie nur durch die Finger flutschen lassen wie ein Daumenkino«, erklärte Tom. Der Briefkopf »Messrs. Crouch and Crouch« hatte vor seinen Augen getanzt; nur das Datum hatte gewechselt, die Überschrift war stets unveränderlich: »Unterhaltsklage von Mrs. Harriet Brand«, das Ganze unterstrichen. Es mußten etwa zwanzig Briefe gewesen sein. Einige Sätze stachen aus dem Juristenkauderwelsch heraus – »angesichts der eingeschränkten Umstände unserer Mandantin«, »eine gerechte und faire Regelung«, »die Verantwortung Ihres Mandanten«, »ein Richter würde unserer Klage sehr wohlwollend gegenüberstehen«; und immer derselbe Schlußsatz, beginnend mit »In Erwartung Ihrer zustimmenden Antwort …«

»Und wie lautet Ihre zustimmende Antwort?« hatte Tom gefragt.

Kyra hatte erklärt, daß sie für solche Schreiben zwei Musterantwortbriefe erarbeitet hatte. Wenn sie von maßvoller Länge waren, lautete ihr Brief: »Sehr geehrter

Herr, ich denke nicht daran.« Wenn sie aber ungebührend lang waren, schrieb sie: »Sehr geehrter Herr, nein!« Sie arbeitete an einer noch kürzeren Version, mußte aber noch ein wenig daran feilen.
Danach hatte Tom sich besser gefühlt und den Briefstapel beiseite gelegt.
»Das ist alles eine Frage der Strategie«, war Kyra fortgefahren. »Man versucht den Gegner zu ermüden. Sie müssen sich vorstellen, daß Sie ein Boxer sind. Der duckt ab und pendelt hin und her, damit der Gegner danebenschlägt, und hofft, daß er auf die Schnauze fällt.«
Mit einem Namen wie Crouch and Crouch sei der Gegner ja bereits halb am Boden, meinte Tom. Kyra ignorierte diese Bemerkung.
»Aber früher oder später werden Sie zahlen müssen. Ich kann nicht in alle Ewigkeit abducken und pendeln«, hatte sie hinzugefügt.
Tom fragte, was der Vorteil von »früher« gegenüber »später« sei.
»Sie zahlen weniger Anwaltshonorar.«
Tom betrachtete das Lanvin-Kostüm und kapierte.
»Angenommen, wir versuchen es statt mit dem Abducken und Pendeln einmal mit einem rechten Aufwärtshaken?«
Kyra blickte skeptisch.
Tom begann, ihr alles zu unterbreiten, was er über Harriets Aktivitäten herausgebracht hatte. Er schilderte den Vorfall mit der Mülltonne und dem Audi Quattro, A1 DOL; wie er den wahren Eigentümer herausgefunden hatte, einen Unterweltmillionär namens Joseph Cutler, in der Branche als Sleepy Joe bekannt, mit einer knüppeldicken Akte bei Scotland Yard und einem mächtigen Appetit auf Frauen.

Kyra begann etwas interessierter auszusehen. Vielleicht, meinte sie, sei das ein Fall, bei dem Anwälte gerne von einem »Phantomlover« sprachen.

»Andererseits«, fuhr sie träge fort, »Sleepy Joe mag Harriet fünfmal pro Nacht vögeln – in der Dusche, am Kronleuchter hängend, zwischen den Gartenzwergen; er kann ihr die Zehen lutschen oder sie bei ihm was anderes –, aber wenn Sie nicht beweisen können, daß dabei Geld rüberkommt, wird Ihnen kein Richter im ganzen Land zuhören. Man wird Sie nur für eifersüchtig halten. Was wollen Sie jetzt tun – eine Privatdetektei einschalten?«

»Den Teufel werde ich tun!« war Toms Antwort.

Er hatte Kyras Büro mit dem Gefühl verlassen, herausgefordert worden zu sein – als wäre er wieder auf dem vertrauten alten Pfad der Skandalpresse. Er versuchte sich vorzustellen, er sei ein alter Revolverheld, der zu einem letzten Showdown zurückkehrte; aber »der Clint Eastwood von Sarum Magna« klang irgendwie nicht so recht überzeugend.

Ich mußte ihm leider zustimmen.

»Tom«, fügte ich ohne Mitgefühl hinzu, »könntest du dein großkotziges Fleet-Street-Gefasel ein bißchen abkürzen? Was hast du *getan*?«

Tom sah einen Augenblick gekränkt aus. Sein Champagnerglas war leer.

»Na schön«, sagte er. »Aber zuerst muß ich mit dem Unheroischen anfangen, sonst ergibt die Geschichte keinen Sinn.«

Ich lehnte mich zurück und ließ ihn seine Geschichte ausspinnen.

Die nächsten paar Tage waren eine totale Pleite gewesen, gestand er. Sleepy Joes Haus ausfindig zu machen

erwies sich als das geringste seiner Probleme; ein paar Erkundigungen in Barnes führten ihn zu einer weitläufigen Edwardianischen Villa, nicht weit vom Weiher entfernt und umgeben von einer hohen Mauer mit einem schmiedeeisernen Tor zwischen zwei zähnefletschenden Löwen aus Stein. Aber niemand schien je das Anwesen zu betreten oder zu verlassen, und die Garage blieb fest verschlossen. Keine Spur von A1 DOL oder von Harriet. Mehrere Ladeninhaber in der High Street von Barnes kannten »Mr. Cutler« ebenso wie seine beiden »reizenden Jungen«; ja, es habe auch eine Mrs. Cutler gegeben – »eine sehr ruhige Dame« –, aber seit einigen Jahren hatte niemand sie mehr gesehen. Freunde? »Nein, ich könnte nicht sagen, wer seine Freunde sind. Er ist viel unterwegs.« Frauen? »Oh, das möchte ich nicht sagen. Aber ich nehme es an; wenn ein Mann so reich ist.«
Vielleicht verbrachte Sleepy Joe seine Zeit in Harriets Haus. Tom fing also an, sich in den frühen Morgenstunden vor dem Haus, das einmal sein eigenes gewesen war, auf die Lauer zu legen, doch seine einzige Belohnung war, daß die Nachbarn mißtrauisch hinter den Gardinen hervorlugten und ein Polizist ihn verwarnte: »An Ihrer Stelle würde ich weiterfahren, Sir.«
Nachforschungen über Sleepy Joes verschiedene Besitztümer erwiesen sich ebenfalls als Nieten. Das Haus in Barnes, das Schloß in Frankreich, das Chalet – alle liefen unter dem Namen Cutler oder auf Firmen, die unter seinem Namen eingetragen waren.
Tom kam nicht weiter.
»Eines Mittags bin ich dann wieder nach Barnes. Es war nicht einmal eine Ahnung«, sagte er, »eher eine Art beruflicher Instinkt, in der Nähe des Tatorts zu sein.«
Er hatte eine Weile auf der Terrasse des Pubs mit Blick

auf den Weiher gesessen und den Mädchen nachgeschaut. Plötzlich fuhr ein weißer Rolls-Royce vorbei, mit einem dunkelhaarigen Mann am Steuer. Tom sprang rechtzeitig auf, um zu sehen, daß der Wagen vor dem Tor des Hauses mit den Löwen parkte. Ein stämmiger Mann in einem Kamelhaarmantel stieg aus, eine Aktentasche unter dem Arm.

»Das mußte Sleepy Joe sein. Außerdem hab ich einen Blick auf das Nummernschild erhascht. A10 DOL. Der Mann läßt seine Interessen ganz schön raushängen, dachte ich. Die Frage war nur – was bezahlt er dafür?«

Tom hatte gewartet, bis die Eingangstür sich geschlossen hatte, dann war er den Gehweg bis zum Auto hinunterspaziert. Der alte Humphrey-Bogart-Trick, sich eine Zigarette anzuzünden, ermöglichte ihm eine rasche Musterung des Wageninneren. Es war anscheinend nichts Interessantes da: ein Regenschirm, ein Paar Glacéhandschuhe, eine Straßenkarte, ein Päckchen Monte-Cristo-Zigarren. Tom war nicht sicher, was er erwartet hatte. Dokumente über eine Villa an der französischen Riviera, die auf den Namen Harriet Brand lief? Erotische Liebesbriefe, die offen auf dem Sitz lagen und in denen Harriet weitere zehn Riesen versprochen wurden, wenn sie es noch einmal so machen würde wie letzte Nacht?

»Mir wurde klar«, sagte Tom, »daß ich ein schweres Handikap bei der Arbeit hatte. Wenn ich für eine Zeitung über diese Story berichten würde, hätte ich läuten und ihn direkt fragen können: ›Wie ist Ihre Beziehung zu Harriet Brand, Mr. Cutler?‹«

»Wetten, daß du das getan hättest?« erwiderte ich. »Und die nächsten Monate hättest du auf der Station für plastische Chirurgie verbracht. Also, was war dann?«

»Ein Glückstreffer und ein Geniestreich«, antwortete Tom. »Etwas stach mir ins Auge – auf der Ablage unter der Heckscheibe. Ein Reiseprospekt, das war alles. *Kommen Sie auf die sonnige Insel Jersey.*«
Es war nichts darauf gekritzelt gewesen. Nur der Prospekt mit einem Bild, auf dem die Sonne lachte.
»Hm, dachte ich; wegen der Sonne reisen die Leute eigentlich nicht auf die Insel Jersey, oder? Zumindest nicht Leute wie Joseph Cutler. Und das hat mich auf eine Idee gebracht. Die Chance war minimal, aber sie war es wert, daß ich ihr nachging.«
»Ich kapiere gar nichts, Tom«, meinte ich.
»Nein? Wenn du der Millionär Joseph Cutler wärst, was wäre dann auf Jersey für dich interessant? Bestimmt nicht die Tomaten oder Frühkartoffeln, oder?«
Ich hatte immer noch keine Ahnung, wovon er redete.
»Erzähl schon weiter!«
Also hatte sich Tom ein Taxi genommen und war geradewegs in sein Hotel gefahren. Es war halb drei Uhr nachmittags. Er mußte rasch einen Anruf erledigen. Da die Fleet Street eine Art verschwiegene Mafia war, konnte man einen Journalistenkollegen immer um gewisse Gefälligkeiten bitten, was natürlich der Grund ist, warum Journalisten sich weigern, ihre Quellen preiszugeben. Nicht einmal mir wollte Tom sagen, wen er angerufen hatte, außer daß es jemand von der *Financial Times* war. Die Gefälligkeit bestand darin herauszufinden, welche Off-shore-Gesellschaften auf den Kanal-Inseln unter dem Namen Joseph Cutler oder zumindest mit diesem Herrn im Aufsichtsrat registriert waren.
Der Mann fluchte, weil Tom ihm den Tag vermieste, versprach aber, ihn in einer Stunde zurückzurufen. Tom wartete über zwei Stunden lang in seinem Hotelzimmer

und dachte in der Zwischenzeit schon mal über Georgina und den verliebten Geist Lord Byrons nach. Tom hatte bereits eine Angriffstaktik, aber das mußte eben noch warten.

Der Anruf war schließlich gegen fünf gekommen. »Wie viele Gesellschaften hättest du denn gern?« fragte der Mann. Tom stöhnte. »Ist schon in Ordnung«, fuhr Toms Informant fort, »es sind nur vier.« Dann las er sie ihm vor. *»Abu Dhabi Estates.«* Daran war die Geliebte eines Mannes wohl eher nicht beteiligt. *»Colombian Textile Company.«* Ganz sicher Drogen. *»Pretoria Mines.«* Waffen. Eine Pause, dann folgte ein Lachen. »Die nächste wird dir gefallen – *Full Frontal Productions*.«

»Erzähl mir mehr darüber«, sagte Tom.

»Im Verzeichnis steht nicht sehr viel mehr«, antwortete der Kollege. »Nur das Gründungsdatum der Gesellschaft – letztes Jahr. Und die Aufsichtsratsmitglieder; es sind nur zwei, Cutler und noch jemand.«

»Und der jemand ist ...?«

»Brand. H. Brand. Ein Verwandter von dir?«

Tom war vor Freude zu sehr überwältigt, um zu antworten.

»Ich hab sie!« Mehr sagte er nicht.

Nun mußte er nur noch um einen Gefallen bitten, um einen großen. Wie hoch war das Betriebsvermögen der *Full Frontal Productions*, und welche Gehälter oder Dividenden wurden an wen gezahlt?

Ein empörtes Schnauben kam durchs Telefon. Das konnte ihn den Job kosten, protestierte der Kollege. Tom erinnerte ihn daran, daß man ihn schon vor Jahren hinausgeworfen hätte, wenn Tom nicht gewesen wäre.

»Du Arschloch!« erwiderte der andere.

Das hieß, daß er es machen würde, versicherte mir Tom.

Mir fiel es immer noch schwer, all das zu verdauen. Ich nahm Toms Hand.
»Sag mir einfach, was das bedeutet – in einfachen Worten. Ich bin ein Bär von sehr geringem Verstand. Das weißt du doch.«
Tom lachte.
»Nun, das heißt, daß ich auf einen Anruf warte, der mir mitteilen wird, wieviel diese verlogene Schlampe von Ex-Frau heimlich als Aufsichtsratsmitglied einer Steuerhinterziehungsfirma mit dem passenden Namen *Full Frontal Productions* kassiert. Klar?«
Ich fühlte mich äußerst verwirrt. Konnte das wirklich sein? War wirklich alles vorbei? Waren die Harpyien verschwunden, so daß wir jetzt tatsächlich unser eigenes Leben führen konnten? Das nur uns gehörte?
»Tom«, sagte ich und schlang die Arme um ihn. Er hob mich hoch und wirbelte mich herum, wieder und wieder.
»Haben wir keinen Champagner mehr?« fragte er.
Und diesmal verschüttete er nichts auf dem Fußboden.

Statt des Mittagessens gingen wir zusammen ins Bett. Ich hoffte, Clives Musik im Nebenzimmer sei eine taktvolle Geste von seiten meines Sohnes, um sein Benehmen mit dem »Französischunterricht« und gegenüber Solange wiedergutzumachen. Ich freute mich nicht gerade darauf, Tom von beidem zu erzählen, aber jetzt war ohnehin kaum der Augenblick dafür.
Ich lag an ihn gekuschelt und fuhr sanft mit den Fingern durch seine Brusthaare. Tom schlief und gab hin und wieder unregelmäßige Schnarcher von sich, wie ein Hund, der träumt – nicht sehr romantisch. Zwischendurch fragte ich mich, ob mit mir etwas nicht stimmte, weil ich so hellwach war. Hätte ich nach meinen Orgas-

men nicht völlig k.o. sein müssen, statt hier zu liegen und an die Bauarbeiten und meine Illustrationen zu Hilaire Belloc zu denken? Kaum romantischer als Toms Schnarchen. Ruth, erinnerte ich mich, behauptete immer, daß sie nach dem Sex total hinüber sei, während ihre Lover sie weiter mit hartnäckigen Erektionen bedrängten und mehr wollten.
Ich stützte mich auf den Ellbogen und betrachtete Tom. Er blinzelte mich mit einem Auge an.
»Ah! Noch mal *Full Frontal Productions*«, murmelte er und streichelte meine Brüste.
»Keine so herausragende Vorderfront wie Harriet, fürchte ich. Was meinst du, was produziert ihre Production Company wohl wirklich?«
Tom hob den Kopf und fuhr mit der Zungenspitze um meine rechte Brustwarze.
»Auf jeden Fall nicht Liebe«, brachte er heraus und ließ die Zungenspitze auf die rechte Brustwarze gleiten. Dann lehnte er sich zurück, um das Ergebnis seiner Bemühungen zu betrachten. »Ich vermute, die greifbaren Vermögenswerte der Gesellschaft haben mit den Jahren ziemlich zu hängen angefangen, im Gegensatz zu deinen.«
Ich lachte.
»Champagnerschalen«, meinte ich.
Tom drückte meine Schultern zurück aufs Bett und fing an, mich sanft zu streicheln.
»Ich mag sie. Wie alles an dir.«
Das Telefon schreckte uns auf. Gott sei Dank war Clive da, um abzuheben. Tom warf sich schon einen Morgenmantel über.
»Mist«, knurrte er und stolperte zur Tür.
»Für dich, Mum!« rief Clive.

Tom sah beleidigt aus und ließ sich wieder aufs Bett plumpsen. Ich schnappte mir meinen Morgenrock, versuchte, mich ein wenig so herzurichten, als sei nicht gerade ein Rottweiler über mich hergefallen, und stolperte in die Küche. Clive hatte einen wissenden Ausdruck in den Augen.

»Keine Ahnung, warum ich mich damit abplage, Anzeigen für Französischunterricht aufzugeben«, brummte er und hielt mir den Hörer entgegen. »Ich kann Privatunterricht haben, wenn ich bloß an der Wand horche. Es ist Mr. de Vere.«

Er zog ein blasiertes Gesicht.

De Vere! Wer zum Teufel...? Dann fiel es mir wieder ein. O mein Gott – Ashley de Vere!

»Ich habe mich verirrt, meine Liebe«, näselte die hohe Stimme. »Es tut mir leid, daß ich so spät dran bin, aber wo *haben* Sie denn Ihr Haus? Ich stehe vor einem Dorfladen, und ein Ziegenbock versucht gerade, mein Auto anzuknabbern.«

Das hatte ich total vergessen – Ashley de Vere, der Innenarchitekt, den Ruth mir aufgeschwatzt hatte. Mit Schrecken erinnerte ich mich, daß er sich für heute nachmittag angekündigt hatte, um sich die Mühle anzusehen und ein paar Vorschläge mitzubringen. Das sollte meine große Überraschung für Tom sein. Na gut, eine große Überraschung würde es auf jeden Fall sein. Ich räusperte mich.

»Mr. de Vere, ich freue mich so«, sagte ich. »Ich hätte Ihnen wirklich eine genauere Beschreibung schicken sollen. Unser Haus ist das erste rechts nach dem Pub; es steht am Ende eines ziemlich langen Weges. Sie können uns nicht verfehlen – überall liegt Bauschutt herum.«

Ich teilte Tom die Neuigkeit mit. »Scheiße!« war sein Kommentar.
»Wer war der Wichser am Telefon?« fragte Clive.
»Dreh deine Musik ein bißchen leiser, ja?« fauchte ich. Dann versuchte ich mich auf den Besuch eines der führenden Innenarchitekten Englands vorzubereiten und verfluchte Ruth, warum sie das je vorgeschlagen hatte. Aber ich war *nicht* vorbereitet auf Mr. Ashley de Vere. Es war nicht so sehr das kastanienrot gefärbte Haar und das dicke Make-up, oder das Parfum, oder der elfenbeinfarbene Seidenanzug, oder die Rüschenmanschetten, die aussahen wie Teerosen in voller Blüte, oder die Ringe, bei denen ein Papst vor Neid erblaßt wäre. Es war nicht einmal die Stimme, die zu hellen und so lauten Arpeggien anstieg, daß John Gant fragend von seinem benachbarten Feld herüberblickte.
Nach den Ereignissen der letzten Wochen konnte ich das alles spielend verkraften; das war ganz normal. Nein – was mich umhaute, war der Anblick der Entwürfe für unser Haus, die er mitgebracht hatte, Blatt für Blatt auf duftendes Papier projiziert, das er uns liebevoll, Blatt für Blatt, vorlegte.
Als ich diese Kreationen betrachtete, ertappte ich mich dabei, wie ich mich fragte, ob beim Bau des Royal Pavilion in Brighton der Prinzgemahl vielleicht ähnlich empfunden haben mochte, als Nash ihm die Pläne vorlegte.
»Nun, meine Liebe«, begann de Vere und ließ die Hände flattern wie einen Schwalbenschwarm. »Als Sic mir sagten, daß es um eine Mühle geht, dachte ich natürlich an das Frankreich des 18. Jahrhunderts.« Der große Mann breitete seine Zeichnungen auf einer großen Plane aus, welche die Bauarbeiter zur Verfügung gestellt hatten.

Diese standen schweigend und offenbar ziemlich verwirrt etwas weiter hinten. »Wie Sie sehen, von Boucher inspiriert. Schäfer-Rokoko. Frech, aber poetisch.«
An Toms Gesichtsausdruck war gar nichts poetisch. Er blinzelte, und von Zeit zu Zeit warf er mir entsetzte Blicke zu. Vor uns lag unser zukünftiges Zuhause, verwandelt in einen Liebestempel von Versailles, mit Wandmalereien voll ausgelassener Bauern, die durch Waldlichtungen und antike Tempel hüpften und hinter knapp geschürzten Melkerinnen her waren; während auf der Zimmerdecke des Raums, der wohl unser Schlafzimmer sein sollte, ein lebensgroßer Amor, bis auf einen Köcher mit Pfeilen völlig nackt, mit seinem Bogen (und anscheinend auch mit seinem Penis) auf unsere liegenden Körper zielte – obwohl der Penis vielleicht eher für Tom bestimmt war.
»Die Figuren male ich natürlich selbst«, versicherte uns Mr. de Vere. »Mein Assistent macht den Hintergrund. Sechs Monate reichen sicher aus, meine Liebe, obwohl ich sagen muß, daß das Haus, das ich gerade in Palm Springs ausgestaltet habe, doch erheblich länger gedauert hat, aber Sie wissen ja, wie oft diese Hollywood-Stars ihre Meinung ändern – und ihre Partner wechseln. Was ich da alles gesehen habe – Sie würden es nicht glauben.«
Er kicherte. Die Bauarbeiter wechselten Blicke.
Der Maestro trat einen Schritt zurück, damit Platz war, um sein Werk zu bewundern, zupfte seine Rosenblütenmanschetten zurecht und wischte sich ein paar Stäubchen vom Seidenanzug. Gequältes Schweigen trat ein, das plötzlich vom fernen Schrillen des Telefons unterbrochen wurde. Tom stürmte auf das Cottage zu, als hätte man ihn aus dem Gefängnis entlassen, und ich stand mit

dem Schweigen der Bauarbeiter und dem Genius Mr. Ashley de Veres allein da.
Ich wünschte mir nichts sehnlicher, als anderswo zu sein. O Ruth, Ruth, wie konntest du mir das nur antun?
De Vere wandte sich an mich und sagte leise: »So ein schöner Mann, Ihr Gatte. Und auch künstlerisch veranlagt, das sehe ich.«
Das hätte Tom hören sollen.
»Ja, auf seine Art ist er auch ein Künstler«, erwiderte ich.
»Schöne Augen.«
Ich murmelte etwas.
»Und Hände.«
Jetzt geht es dann gleich um seinen Schwanz, dachte ich. Wirklich, diese Sache mußte ein Ende nehmen. Aber wie? Diesen Mann hier gelüstete es nach meinem Liebhaber; er schlug vor, unser Haus in ein Miniatur-Versailles zu verwandeln, und bedrohte mich mit einem lebensgroßen Amor, der über meinem Bett schweben sollte. Und *ich* war schuld daran.
Es war Emelda, die mich rettete – Gott segne sie. Ihr sei die Butter ausgegangen, erklärte sie, und heute schlossen die Geschäfte früher. Sie riß die Augen auf, als sie Ashley de Vere erblickte, erst recht, als sie die auf dem Boden verstreuten Skizzen sah.
»Herrje, meine Liebe«, rief sie. »Sie haben mir gar nicht erzählt, daß Sie ein Bordell eröffnen wollen.«
Mr. de Vere blieb danach nicht mehr lange. An diese »Bauern« sei er nicht gewöhnt, erklärte er bei der Abfahrt eingeschnappt. Ich entschuldigte mich und versicherte, ich würde mit ihm in Kontakt bleiben. Ich erzählte ihm nicht, daß die fragliche »Bäuerin« ihren Fami-

lienstammbaum bis zu Wilhelm dem Eroberer zurückverfolgen konnte.

Ich fand Tom auf einen Stuhl gelümmelt, die Füße auf dem Tisch und einen Zettel in der Hand, den er schwenkte, als ich hereinkam.

»Na, willst du's wissen?« Ohne auf eine Antwort zu warten, las er vor: *»Full Frontal Productions*. Eingetragen Jersey, CI, März 1992. Aufsichtsrat: J. Cutler und H. Brand. Kapital auf 1 250 000 Pfund geschätzt. Zinsen – minus Gehälter für Buchhalter etc. – ausschließlich an Coutts & Co., Leadenhall St., London EC3, Sonderdepot Nummer 7893618. Und würde es dich überraschen, wenn du hörst, auf wessen Namen das Konto läuft? ›Geschätztes Jahreseinkommen einer gewissen H. Brand – unter Berücksichtigung aller Steuern und diversen anderen Einkünfte – 30 000 Pfund.‹«

Tom lächelte mich sarkastisch an.

»Soviel zu den ›eingeschränkten Verhältnissen‹ unserer Mandantin«, sagte er. »Dreißig Riesen im Jahr, steuerfrei!«

Vermutlich war ich erleichtert. Natürlich war ich erleichtert. Zugleich ging mir jedoch beharrlich noch ein anderer Gedanke im Kopf herum. Warum sollte Sleepy Joe dieses Geld auf eine bösartige Schlampe mit einem fetten Arsch übertragen? Zugegeben, Harriet war wohl nicht bösartig zu ihm, und Joe hatte vielleicht eine Neigung zu großzügig gepolsterten Hinterteilen. Zugegeben auch, daß Harriet wohl alle möglichen stimulierenden Tricks im Bett beherrschte. Dennoch waren millionenschwere Mafiosi nicht bekannt dafür, daß sie sich auf so konventionelle Weise von ihrem Geld trennten. Diamanten, ja! Rauschende Feste auf Jachten, ja! Pelze, schnelle Autos, Villen, ozeanweise Champagner, ja!

Schnell von einem Flittchen zum anderen, ja! Aber ein regelmäßiges – wenn auch vergleichsweise bescheidenes Einkommen für eine Frau, gezahlt aus den Zinsen einer Off-shore-Gesellschaft: Das paßte überhaupt nicht zu meinem Bild von Sleepy Joe, und ich kam einfach nicht darauf, was ich davon halten sollte.
Tom war viel zu zufrieden mit sich, um sich darum zu scheren.
»Ach, das ist nur eine von vielen Steuerbetrügereien«, mehr wollte er dazu nicht äußern. Dann trat er ans Fenster und sah verträumt hinaus.
Ich trat zu ihm. Es stimmte ja – warum sollte ich mich mit solchen Dingen herumschlagen? Während der letzten zwei Monate war es mir zu einer instinktiven Gewohnheit geworden, daß ich mir ständig Gedanken über Toms Harpyien machte, und jetzt war es an der Zeit, mich daran zu erinnern, daß es auch noch ein Leben über sie hinaus gab. Unser Leben.
Es war früher Abend. Die Sonne stand niedrig über dem Fluß und malte orangefarbene Streifen auf das Wasser. Plötzlich blitzte es stahlblau auf.
»Schau, Tom!« rief ich. »Der Eisvogel, unser Alkyon!«
Der Eisvogel schwenkte über dem Fluß plötzlich um und verschwand zwischen den Erlen.
Tom legte den Arm um mich.
»Und schau mal, da.«
Er deutete über den Garten hinweg auf die kleine Insel, die aus dem Delta kleiner Bäche ragte, mit ihrer Rosenlaube, auf die der Makler so stolz gewesen war. Ich erinnerte mich, wie wir am Tag unserer Ankunft, als der ganze Garten ausgesehen hatte wie der Ganges zur Regenzeit, dieselbe Aussicht betrachtet hatten und Tom überzeugt gewesen war, die »Rosenlaube« im Maklerpro-

spekt müsse eine »Seerosenlaube« sein. Das brachte mich immer noch zum Lachen.
Ich bemerkte, daß Tom aufmerksam auf einen bestimmten Punkt starrte.
»Sieh mal, Jan«, sagte er und deutete auf etwas. »Die erste Rose.«
Erstaunt über diesen plötzlichen Ausbruch von Feinfühligkeit, spähte ich hinaus auf die Rosenlaube, konnte aber nichts entdecken, was entfernt einer Blüte ähnelte. Ich beschloß, ihn beim Wort zu nehmen.
»Warum gehen wir dann nicht hinaus und setzen uns dorthin?« antwortete ich. »Dann kannst du mir alles erzählen, was du mir versprochen und immer noch nicht erzählt hast.«
Tom sah verdutzt aus.
»Was meinst du?«
»Über Georgina und Byrons Geist. Mach mir nicht weis, daß du der Sache nicht auch nachgegangen bist.«
Er lachte.
»In Ordnung«, erwiderte er und dirigierte mich zur Tür. »Ich pflücke dir die erste Rose, und dann erzähle ich es dir.«
Toms romantische Momente sind kurz. Dieser war noch kürzer als sonst. Die »Rose« entpuppte sich als etwas wenig Wohlriechendes – Wohlgeruch würde man von einem Klumpen Vogeldung auch nicht erwarten. Offensichtlich thronten hier gerne die Elstern auf dem Hochsitz. Wehmütig betrachtete Tom das Schmutzhäufchen.
»Siehst du? Ich versuche, romantisch zu sein, und was passiert? Ich werde angeschissen.« Dann überzog ein Lächeln sein Gesicht. »Laß es mich auf andere Art versuchen. Mach die Augen zu.«

Ich gehorchte. Ich setzte mich auf die Holzbank unter dem Rosenstrauch und kniff die Augen fest zu.
Nichts passierte. Immer noch nichts. Langsam war ich überzeugt, daß Tom irgendwo anders hingegangen war. Schließlich hörte ich leise Schritte auf dem Gras. Es war ein unheimliches Gefühl, und ich hätte gerne die Augen aufgemacht, um mich zu vergewissern, daß es kein gewohnheitsmäßiger Vergewaltiger oder eine von den Damen war, die interessante Französischlektionen anboten. Trotzdem gehorchte ich und ließ die Augen zu.
Als nächstes hörte ich einen tiefen Seufzer direkt an meinem Ohr. Ich schrak zusammen und wollte schon sagen: »Tom, zum Teufel, was geht hier vor?«, als eine Hand meine Schulter berührte und eine tiefe, verträumte Stimme betörend zu raunen begann:

»Erinnre nie, erinnre nie
An die geliebten fernen Stunden,
Wo ganz mein Herz dir hingegeben;
O! nimmermehr vergeß ich sie,
bis einst die Lebenskraft entschwunden
und du und ich nicht fürder leben.«

Hier hielt die Stimme inne, bevor sie – noch näher – fortfuhr:

»Sie geht in Schönheit, gleich der Nacht …
In wolkenlosem Sternenlicht;
Des Schattens und des Lichtes Pracht
Eint sich in ihrem Angesicht.«

Als er Angesicht sagte, küßte er meines mit unglaublicher Zärtlichkeit. Ich fühlte mich langsam ziemlich angeheizt. Immer noch hatte ich ein wenig Angst, es sei vielleicht gar nicht Tom, beschloß aber, das Risiko einzugehen, und hielt meine Augen weiterhin fest geschlossen.

Die Küsse glitten tiefer, auf Hals und Nacken. Ich fühlte mich wie ein ganz junges Mädchen, das von seinem dämonischen Liebhaber träumte.

»Könnt' ich, könnt'st du vergessen je,
Als ich dir spielt im Lockengolde,
Wie schnell dein bebend Herz geschlagen?«

Auch mein Herz schlug schneller. Hände knöpften mir die Bluse auf. O Himmel, war das erotisch! Ich wußte nicht mehr, ob es tageshell oder dunkel war oder wo ich mich überhaupt befand. Ich wußte nur, wo Toms Lippen waren – vorausgesetzt, es *waren* Toms Lippen. Und ein großer Teil meiner Kleidungsstücke schien irgendwie fortgezaubert worden zu sein. Die Stimme sprach weiter, es war kaum mehr als ein Flüstern.

»In deinen Rosengarten tret ich ein.«

Und mein Gott, das tat er; oder zumindest fast, als mich eine Welle der Panik überflutete. Wir befanden uns mitten in der Öffentlichkeit! Die Bauarbeiter! Clive! Das ganze Dorf!

Ich riß die Augen auf. Über mir kauerte ein Gespenst.

Der Übergang von Lust zu Lachen dauerte etwa drei Sekunden.

»Tom«, keuchte ich und sammelte hastig meine Kleider ein, während ich um Worte rang. »Das weiße Laken! ... Gespenster tragen so etwas nicht mehr, das ist aus der

Mode ... Und sie sind Geister, sie haben keine Erektionen.«
Das Laken wurde herumgewirbelt und verbarg das anstößige Glied.
»Ich wollte nur einen Test machen«, sagte Tom atemlos. »Nur ein kleines Experiment.«
»Experiment!« erwiderte ich ärgerlich und knöpfte meine Bluse zu. »Und was wolltest du beweisen?«
Tom warf das Laken ab, als wäre es eine Toga, und brachte seine Kleider in Ordnung.
»Daß Georginas Untermieter Byrons Gedichte als Aphrodisiakum eingesetzt haben könnte.«
Mittlerweile saß ich wieder aufrecht und voll angekleidet da. Tom sah ungehörig selbstzufrieden aus.
»Mir scheint, es hat ziemlich gut funktioniert.«
»Dann erzähl weiter. Sag's mir. Ich lausche.«
Wenn ich mich nicht bereits daran gewöhnt hätte, wie verrückt Toms Frauen waren, wäre es mir schwergefallen, seine Story zu glauben.
Zufällig war der junge Mann, der in Georginas Haus ein Zimmer gemietet hatte, ein Dichter, der seit Jahren das bittere Los trug, daß er nicht veröffentlicht wurde. Er strebte nach drei Zielen, die bisher unerfüllt geblieben waren – Ruhm, Geld und Sex. Da er von Natur aus erfinderisch war, stellte er bald fest, daß seine exzentrische Vermieterin ein Werkzeug sein konnte, um alle drei zu erreichen. Georginas literarische Spekulationen in der Reihe der *Afterlife Press* waren mittlerweile in den zahlreichen Randbereichen der Gelehrsamkeit zur Pflichtlektüre geworden. Die Meinungen über Emily Brontë oder John Milton wurden ernsthaft revidiert, und zahlreiche Literaturstudenten, viele aus dem amerikanischen Mittelwesten, fanden den Weg zu ihrer Tür.

Georgina war bereits eine Art Kultfigur, und wenn sie auch selbst kaum reich war, so wären es ganz sicher ihre Autoren geworden, wenn sie nicht schon vor langem das Zeitliche gesegnet hätten. Die Verkaufszahlen ihrer Bücher schnellten in die Höhe. Postmoderne Wissenschaftler stritten miteinander, auf dem Papier und im Fernsehen. An der Universität von Texas hatte man einen Lehrstuhl für *Afterlife Literature* eingerichtet.

Bei Toms Geschichten wußte ich nie genau, wo die Grenze zwischen Realität und Fiktion lag.

»Schön, du kannst davon glauben, was du willst«, gluckste er. »Aber was jetzt kommt, *mußt* du glauben.«

Die Überlegungen des Untermieters Bill waren ganz einfach, erklärte Tom. Unter den »lange Verstorbenen« war Lord Byron zu seiner Lebenszeit der erfolgreichste gewesen – sowohl als Dichter wie auch als Liebhaber. Bill hatte genug Grips, um sich klarzumachen, daß Georginas jüngste Seancen mit Milton ihren Körper kaum so befriedigt haben dürften wie ihren Geist. Und hier konnte er ihr zu Hilfe kommen. Seine eigenen Verse konnten mit ein paar hier und da eingestreuten »nimmermehr« und »fürder« leicht zu Byronschen Versen werden. Den Rest würden seine physischen Reize erledigen.

»Verstehst du? Ganz schön schlau! Bill der Dichter bekam somit alles auf einmal. Nächte voll sinnlicher Wonnen mit Georgina und zusätzlich der erfolgreiche Zugang zu den Verlegern des *Don Juan*, Canto XVII. Das hoffte er zumindest.«

Im Dämmerlicht unseres Gartens hatte Tom die Miene eines Mannes, der gerade höflich eine Delegation der Adventisten vom siebten Tage hinauskomplimentiert hat.

»Wie hast du das alles herausbekommen?« fragte ich.
»Ganz einfach. Ich habe Georgina besucht«, erwiderte er. »Voller Freude hat sie mir den Schauplatz der kreativen Seancen gezeigt. Aber während ich mich umgesehen habe, kam es mir doch ziemlich unwahrscheinlich vor, daß Geister – selbst Byrons Geist – Abdrücke in Kissen hinterlassen oder Croxley-A4-Papier benutzen würden. Ich beschloß also, nach unten zu gehen und mir den Untermieter genauer anzusehen. Ich habe Georgina nichts davon erzählt, und ich habe es auch nicht vor.«
Wieder war ich gerührt von Toms Besorgtheit. »Ich hab den Kerl bloß verdroschen.«
Es war nun fast dunkel und wurde kühl. Ich hängte mich bei Tom ein, als wir zum Haus zurückgingen.
»Zwei Phantom-Lover an einem Tag, Tom«, meinte ich.
»Nicht schlecht. Gott sei Dank hat man uns nicht beobachtet. Ich bin nicht sonderlich erpicht darauf, daß im ganzen Dorf herumgetratscht wird, ein Gespenst habe mich verführt.«
Tom blieb kurz stehen.
»Da wäre ich mir nicht so sicher.« Er deutete auf die Bäume am anderen Flußufer.
Ich erstarrte. Mondkalb. Und diesmal hatte ich wirklich das Gefühl, daß es spukte.

dreizehn

Tom begrüßte den Morgen mit ungewohntem Enthusiasmus; dann teilte er mir mit, daß ein Truthahn auf unserem Feld herumspaziere.
Ich knurrte etwas in der Art wie, es sei noch viel zu früh, um an Weihnachten zu denken, und zog mir das Federbett über die Ohren.
»Er hat Schnurrhaare.«
»Dann soll er sie doch meinetwegen abrasieren«, brummte ich schläfrig.
Als Antwort packte Tom meine Füße und zog mich ans untere Bettende, wobei er den größten Teil des Federbetts zu Boden riß.
»Tolle Beine«, sagte er. »Und der Rest ist auch nicht schlecht.«
Seine Hände glitten über meinen Körper.
Ich war nahe daran, seiner Anatomie etwas Schmerzhaftes zuzufügen, als die Tür aufgerissen wurde und Clive hereinplatzte, um uns mitzuteilen, daß ein Truthahn auf dem Feld sei. Tom und ich tauchten beide hastig nach der Decke. »Ja, wir haben ihn gesehen«, stotterten wir. Weiß der Himmel, was Clive gesehen hatte. Er schien weitaus interessierter an dem Truthahn zu sein, obwohl ich eher vermutete, daß er aus Abscheu so reagierte. Clive war nämlich innerlich völlig durcheinander. Einerseits schwelgte er in der Überzeugung, daß Tom so ziemlich jede Frau unter der Sonne gehabt hatte, und war entschlossen, es ihm nachzutun; andererseits setzte er voraus, daß ich »es« nur unter Zwang tat, um Tom

glücklich zu machen. (»Was meinst du, wann findet er wohl eine andere?« hatte Clive kürzlich gefragt.) Ich meide Psychiater, ich befürchte, sie könnten mir sagen, daß Clive mich nur für sich selbst haben wolle oder daß alles nur meine Schuld sei, weil ich seinen Vater hinausgeworfen hatte. Manchmal denke ich, ich hätte die Französischlektionen vielleicht doch unterstützen sollen. Wie auch immer, zumindest schmiedete er keine Pläne mehr, daß Tom Madonna heiraten solle.

Gott sei Dank, am nächsten Tag würde er in seine Schule zurückfahren.

»Er hat Schnurrhaare, Mami. Komm, schau dir das an.«

Mir dämmerte langsam, daß es hier nicht um Naß- oder Trockenrasur ging. Ich sollte wohl wirklich einen Blick auf den seltsamen Besucher werfen, aber das hätte ich nur tun können, wenn ich im Tandem mit Tom zum Fenster gehoppelt wäre, die Bettdecke fest um uns gezogen.

»Ich schau ihn mir später an«, erwiderte ich daher und blieb, wo ich war.

Clive sah mich nachdenklich an.

»Warum hast du kein Nachthemd an, Mum?« Dann nickte er altklug: »Aber ich vermute, so geht es leichter, wenn man Pipi machen muß.«

Tom sagte ihm, er solle aus dem Zimmer gehen, während wir uns anzogen. »Mann, seid ihr prüde«, murrte Clive und verzog sich.

Der Truthahn war auch nach dem Frühstück noch da und hatte in der Tat Schnurrhaare – lange weiße, wie ein pensionierter Luftwaffenkommandant. Ich kam zu dem Schluß, er sei wohl eine Spezialzüchtung von John Gant, die ihm ausgebüxt war. Ich würde John anrufen, wenn ich vom Bahnhof zurückkam. Tom wollte einen frühen Zug nach London nehmen, weil er einen Termin mit Kyra Vansittart hatte – »den *letzten* Termin«, hatte er erleichtert geseufzt. Sie hatten miteinander telefoniert. Kyra hatte Harriets Anwalt bereits telefonisch von Toms Entdeckungen über die *Full Frontal Productions* in Kenntnis gesetzt. Die Wirkung sei wie Dynamit gewesen, hatte Kyra gesagt. Höchst zufriedenstellend; Anwälte lieben es, einem Blut abzuzapfen.

»Sie hat mich zu meiner guten Detektivarbeit beglückwünscht, diese gönnerhafte Ziege«, fügte Tom hinzu. Heute sollte die Sache also ein für allemal erledigt werden, versicherte er mir. Er würde mit dem frühen Abendzug zurückkommen. »Für immer!« Unterdessen hatte ich dann endlich einmal wieder einen Tag für mich allein. Sarum Magna im Frühling, und alle Harpyien weg – es würde ein wundervoller Tag werden. Später wollte ich dann die Bachforellen ausnehmen und zubereiten, die Ayrton reizenderweise vorbeigebracht hatte. »Ich weiß, es ist wie Eulen nach Athen tragen«, hatte er gesagt. »Ich glaube nicht, daß Ihr Mann faul mit der Rute war.« (Ich hatte mich zurückgehalten und nur höflich gelächelt.) »Aber das waren solche Prachtexemplare, daß ich sie Ihnen gerne bringen wollte – als kleines Geschenk von Angler zu Angler.« Ich war gerührt. Ich würde eine Dillsauce dazu machen und eine Flasche Pouilly Fumé in den Kühlschrank stellen. *Zwei* Flaschen – warum nicht? Jetzt begann unser Leben. Sommer um Sommer um Sommer. Ich hatte Oberwasser.

Als ich später am Vormittag vom Bahnhof zurückkam, lag das Dorf verträumt unter mir in der Sonne, an die Flußwindungen geschmiegt und mit Blüten bekränzt. Von der vertrauten Anhöhe aus konnte ich viele Orientierungspunkte erkennen, die noch vor zwei Monaten

nicht mehr als belanglose Objekte für mich gewesen waren. Wenn ich nun auf die verstreuten Häuser und Felder blickte, waren viele mit Erinnerungen und Assoziationen verbunden: John Gants Hoftor, auf das er seine prallen, tätowierten Arme stützte, während er von Frauen redete; der Dorfladen, aus dem ein griesgrämiges Gesicht nach Beute suchend herausspähte; Winston Cashs Garten, der darauf wartete, daß Concha ihren Leib darin räkelte, während, versteckt im Gebüsch, Clives Videokamera leise surrte. Der langgezogene Kiesweg zu Emeldas Haus, an den Rändern von Lloyd George abgefressen; und neben dem Haus die oftmals ausgebesserte, ehrwürdige Kirche, in der Ayrtons Vorfahren unter bronzenen und steinernen Grabplatten die lange Geschichte dieses Orts dokumentierten.
Und da war unsere Mühle – da unten –, umgeben von funkelndem Wasser. Würden wir für immer dorthin gehören? Der Gedanke an »für immer« machte mir ein bißchen angst, aber daß wir jetzt hierher gehörten, war ein gutes Gefühl. Einen großen Teil meines Lebens schien ich damit verbracht zu haben, mich von der einen Hoffnung zur nächsten zu hangeln; das hier war der erste sichere Hafen. Ich hatte immer eine Zeile von John Lennon im Kopf gehabt: *»I'd give everything I've got for a little peace of mind.«* Das war jetzt vorbei! Dort unten wartete mein Seelenfrieden auf mich; mein Leben mit Tom.
Ich fuhr den Hügel hinunter und die Dorfstraße entlang. Niemand war auf ihr zu sehen, mit Ausnahme einer unverkennbaren herbstfarbenen Gestalt in Knickerbockern, die ein paar hundert Meter vor unserer Einfahrt in eine Ecke spähte. Der Tweedhut verdeckte Ayrtons Gesicht fast völlig, und die Taschen seiner Nor-

folkjacke hingen ausgebeult nach unten wie zwei Körbe. Ich hielt an, um ihn zu begrüßen und ihm noch einmal für die Forellen zu danken.
Ayrton schrak zusammen, sah sich zu mir um und lüpfte seinen Hut.
»Sie sind spät dran dieses Jahr, aber jetzt sind sie da – die Grasmücken«, versicherte er mir.
»Das freut mich«, erwiderte ich. Wer auch immer die Grasmücken sein mochten, sie erinnerten mich an unseren Truthahn, und ich erzählte Ayrton von ihm. »Und er hat Schnurrhaare«, erklärte ich.
Ayrton starrte mich durchdringend an, dann breitete sich ein Ausdruck der Verblüffung über sein Gesicht, und er betupfte sich die Augen, als wolle er ein Trugbild verscheuchen.
»Schnurrhaare?« wiederholte er. »Was für Schnurrhaare?«
Ich gestikulierte mit den Händen und versuchte zu zeigen, wie sie aussahen.
»Lang und weiß. Wie der Backenbart von Jimmy Edwards.« Ich dachte, jetzt werde bei ihm der Groschen fallen.
Aber Ayrton war schon dabei, ins Auto zu steigen.
»Zeigen Sie ihn mir bitte – wenn Sie so nett sein wollen, Madam«, bat er drängend.
Ich bemerkte, daß seine Hände zitterten. Er saß nach vorn gebeugt, so daß seine Nase fast die Windschutzscheibe berührte, und seine Augen leuchteten hell wie Taschenlampen, die die Straße vor uns absuchten.
»Schnurrhaare. Lange weiße Schnurrhaare«, murmelte er vor sich hin. »Das kann nicht sein. Das kann nicht sein.«
Ich fühlte mich außerstande zu fragen, was in Gottes

Namen denn los sei und warum er wegen eines Truthahns so in Erregung geriet – auch wenn es ein Truthahn mit Schnurrhaaren war. Ich hielt also den Mund und betrachtete Ayrton hin und wieder im Rückspiegel, während ich überlegte, welche seltsamen Gedanken wohl hinter diesen wäßrigen Augen rumorten.
Neben dem Cottage hielt ich an, und er schoß aus dem Auto, als hätte ich einen Korken herausgezogen. Dann führte ich ihn durch das Gartentor auf unser Feld, wobei ich inständig hoffte, das Federvieh möge noch dasein. Ayrton hüpfte auf seinen dünnen Beinen wie auf Sprungfedern, und seine Arme schlenkerten wie ein Zwillingspendel im Gleichtakt mit seinen Jackentaschen.
Doch da war er, unser Truthahn, stand einfach mitten auf dem Feld, mit hochgerecktem hellem Kopf und braungesprenkeltem Rücken, auf ziemlich langen und kräftigen Beinen – und natürlich mit den silberweißen Schnurrhaaren.
Während ich ihn so betrachtete, fiel mir auf, daß er eigentlich gar nicht wie ein Truthahn aussah.
Ein paar Sekunden lang umklammerte Ayrton das Gatter, als wolle er es zerquetschen; unartikulierte Laute blubberten irgendwo unterhalb seiner langen Nase hervor. Schließlich drehte er sich um und sah mich mit dem Blick eines Mannes an, der gerade den Heiligen Gral entdeckt hat. Ungläubig schüttelte er den Kopf.
»Meine Liebe – hundertfünfzig Jahre! Denken Sie bloß!« sagte er leise. Er wandte sich wieder von mir ab und fügte energischer hinzu: »Das ist ein historisches Ereignis! Ich muß sofort die Royal Society anrufen, die Akademie der Naturwissenschaften.«
Damit schwirrte er davon wie ein geschäftiges Insekt

und ließ mich stehen, allein mit dem Rätsel unseres Truthahns, der keiner war.
Ich sah auf die Uhr: Es war elf. Was sollte ich nun tun? Irgendwie hatte ich das Gefühl, daß ich dieses schnurrhaarige Federvieh bewachen sollte, was es auch immer sein mochte. Aber wie? Fangen konnte ich es kaum – sein Schnabel wirkte so furchterregend, als könne es mir damit den Arm abhacken. Jedenfalls machte es einen ganz zufriedenen Eindruck, spazierte gelegentlich hin und her und blickte sich um, als gehöre das Land ihm. Außerdem, wenn es wirklich hundertfünfzig Jahre gebraucht hatte, um hierherzukommen, hatte es wahrscheinlich eine Pause nötig. Na ja, ein blöder Witz. Aber was zum Teufel meinte Ayrton? Zweifellos würde die Royal Society es wissen und den passenden Rat erteilen.
Fast eine Stunde lang blieb ich noch im Garten und genoß die friedliche Stille, dann entschloß ich mich, zurück ins Haus zu gehen. Unterwegs hörte ich das Telefon schrillen und Mrs. Teapes Stimme, die in ihrem extra eingeübten Mylady-Tonfall in den Hörer säuselte: »Hier im Hause der Brands.« (Ich krümmte mich immer, wenn ich das hörte.) Eine Pause, dann: »Madam ist leider noch in einer Besprechung mit Lord Bustard.« (O Gott!) »Wie ist denn Ihr werter Name?« Dann stürzte Mrs. Teapes Stimme dramatisch ab. »Verzeihung! Ich werde es Mrs. Brand sagen!«
Ich kam gerade noch rechtzeitig. Mrs. Teape wirkte ein wenig derangiert, als sie mir den Hörer reichte. Ruth lachte.
»Ich hätte ihr nicht sagen sollen, daß ich eine besoffene alte Schlampe aus Liechtenstein bin, aber ich konnte nicht widerstehen«, erklärte sie. »Und was hast du gerade mit dem Hochadel gemauschelt?«

Ich erzählte ihr von dem hundertfünfzig Jahre alten Truthahn. Ruth kam zu dem Schluß, das englische Landleben hätte bei mir schließlich zu Gehirnerweichung geführt, wie sie es immer schon vorausgesagt habe. Ich solle doch zu ihr nach Liechtenstein fliegen, drängte sie mich, sie sei dort einsam mit ihrer Libido und brauche unmoralischen Halt. Und außerdem hätte sie den perfekten Mann für mich gefunden.
»Warum schnappst du ihn dir nicht selbst, wenn er so perfekt ist?« fragte ich.
»Habe ich gerade«, erwiderte sie. »Deswegen weiß ich ja, daß er perfekt ist.«
Diese Bemerkung ignorierte ich und erklärte nur, daß ich bereits einen eigenen, wenn auch nicht perfekten Mann hätte, was mir vollauf genug sei.
Wir schwatzten ein Weilchen. Ruth erklärte, eigentlich habe sie angerufen, um mir zu sagen, daß sie ein paar Wochen vom diplomatischen Karussell abspringen würde und die Absicht habe, uns zu besuchen – selbst das englische Landleben sei besser als die Liechtenstein AG.
»Großartig!« konnte ich gerade noch sagen, dann bemerkte ich aus den Augenwinkeln einen weißen Rolls-Royce, der langsam den Weg zu unserer Mühle entlangfuhr. Ein weißer Rolls – das erinnerte mich doch an etwas. Und auch das Nummernschild: A10 DOL!
Sleepy Joe! O Jesus, was wollte er hier?
Mit einem eiligen »Bis dann« knallte ich den Hörer auf die Gabel und rannte zur Tür. Mrs. Teape, zitternd vor Aufregung und sich rasch die Hände abtrocknend, versperrte mir den Weg.
»Oh, Mrs. Brand, seien Sie nicht nervös, ich sage ihnen, daß Sie gleich fertig sind, wenn Sie Ihre Unterlagen geholt haben«, sagte sie. Sie war überzeugt, daß es ein

offizieller Wagen aus der Downing Street Number 10 war, der mich zu meiner ersten Kabinettssitzung bringen sollte. »Und daß Mr. Major ja auf Sie achtgibt, in Ihrem Zustand!«
»Rufen Sie die Polizei an«, erwiderte ich und drängte mich an ihr vorbei.
Mrs. Teape dachte, ich meinte eine Polizeieskorte.
»Ganz recht, Mrs. Brand. Das mache ich. Es wundert mich, daß sie noch nicht hier ist.«
Ich wünschte verzweifelt, sie wäre hier.
Leise summend hielt der Rolls auf dem Kiesweg an, und zwei Männer stiegen aus. Der ältere in dem Kamelhaarmantel mußte Sleepy Joe sein. Der jüngere trug eine dunkle Brille und sah aus wie der Bösewicht aus einem alten James-Bond-Film. Mit lässiger Miene ließ er bedrohlich die Finger knacken. Keiner der beiden sah mich an, als ich näher kam.
Ein einziges Mal in meinem Leben war ich bisher mit körperlicher Gefahr konfrontiert gewesen, nämlich als ich am Themseufer einem lüsternen Trunkenbold über den Weg gelaufen war. Irgendein Instinkt in mir hatte damals meinen Schrecken in zuckersüßen Charme verwandelt. »Guten Abend, Sir! Kann ich Ihnen helfen?« hatte ich mit dem liebreizendsten Lächeln gefragt. Er hatte mich erstaunt angesehen, den Reißverschluß seines Hosenstalls wieder zugezogen und war abmarschiert.
Derselbe Instinkt überkam mich jetzt.
»Sie müssen Mr. Cutler sein«, rief ich munter. »Ich bin entzückt, daß wir endlich eine Gelegenheit haben, uns kennenzulernen. Was für ein Jammer, daß mein Mann nicht da ist; Sie haben so vieles gemeinsam.«
Der Bodyguard hörte auf, mit den Fingern zu knacken.

Sleepy Joe trat von einem Bein aufs andere und sah mich verblüfft an. Seine Augen waren wie Eis. Ich brachte es fertig, weiter süß zu lächeln.
»Vielleicht mögen Sie nach der langen Fahrt ein Täßchen Kaffee?« fuhr ich tapfer fort und deutete einladend auf unser Haus.
Joe schüttelte den Kopf und wischte mit einer Handbewegung meine Worte beiseite. Ich beschloß, nun alles auf eine Karte zu setzen.
»Ich glaube, Sie sind ein enger Freund der früheren Frau meines Mannes, Mr. Cutler. Wie reizend. So eine charmante Dame – ich habe sie leider nur einmal gesehen.«
Joe sah mich weiterhin eisig an, während der Gorilla wiederum ihn ansah, das Gesicht hinter der Sonnenbrille ausdruckslos, mit zuckenden Fingern, als warte er darauf, irgend jemanden zu killen. Um Toms willen war ich froh, daß er nicht hier war.
Ich spürte, daß ich bei diesem Wettkampf nicht gerade auf Siegeskurs war, aber ich hatte ja wohl keine andere Wahl als weiterzumachen. Ich beschloß, meinen Einsatz zu verdoppeln.
»Sie müssen mir verzeihen, wenn ich mich irre, Mr. Cutler«, fuhr ich fröhlich fort, »aber wie ich gehört habe, wollen Sie bald heiraten. Unsere herzlichste Gratulation; ich bin ganz sicher, daß Sie sehr, sehr glücklich werden. Ich weiß, daß Tom es war.« (Das hätte ich nicht hinzufügen sollen, aber die Begeisterung war mit mir durchgegangen.)
Sleepy Joes Gesicht veränderte sich plötzlich. Er blinzelte, und zum erstenmal sagte er etwas, obwohl ich nicht mitbekam, *was* es war. Er starrte mich voll verblüffter Faszination an. Und dann passierte es, das Allerunwahrscheinlichste: Er wurde rot. Und lächelte. Nicht

gerade ein herzerwärmendes Lächeln, aber immerhin ein Lächeln.
Durch einen kühnen Zufallstreffer war ich auf die Wahrheit gestoßen. Im selben Augenblick kapierte ich, daß hier auch eine Erklärung für die Firma auf Jersey und das Gehalt eines Aufsichtsratsmitglieds, das auf Harriets Konto gezahlt wurde, lag. Ich hatte eine Entdeckung gemacht, die nicht minder bemerkenswert war als alles, was Tom aufgedeckt hatte. Joe liebte sie!
Mein Erstaunen fand ein jähes Ende, als ein weiteres unerwartetes Ereignis eintrat. Plötzlich und wie aus dem Nichts brach um uns herum ein gewaltiger Tumult los. Den Weg entlang, über die Felder, über die kleine Brücke, durch den Garten – von überall her kamen Menschen auf uns zugeeilt. Joe wirbelte herum, als hätte man ihn aus einem Hinterhalt überfallen. Der Gorilla griff automatisch mit der Hand an die Stelle seiner Jacke, an der mir eine verdächtige Ausbuchtung aufgefallen war.
Aber es war zu spät. Wir waren umzingelt.
»Wo ist sie?« fragte der Mann, der am nächsten bei mir stand, atemlos.
Er trug Stiefel, einen Hut aus Wollstoff und einen Anorak für arktische Temperaturen. Ein Fernglas baumelte von der einen Hand, in der anderen trug er ein Stativ mit einer Kamera, deren Objektiv noch den fernsten Stern herbeigezaubert hätte.
»Wo ist *was*?« fragte ich verdutzt.
Ein ganzer Chor von Stimmen antwortete:
»Die Großtrappe – der große Bustard!«
Ich blickte in ein Meer ernster, behaarter Gesichter. Und begriff. Ich war einer begeisterten Bruderschaft begegnet – den Freunden seltener Vögel. Die Nachrichten-

drähte waren heute mittag offensichtlich heißgelaufen. Und dieser aufgeregte Ruf: »Die Großtrappe – der große Bustard!« fügte bei mir plötzlich einige Puzzleteilchen zusammen. Unser »Truthahn« war der große Vogel, den Ayrtons Vorfahren bei ihrer Namensänderung von »Bastard« auf »Bustard« auf ihr Wappen gesetzt hatten. In diesem Land war er seit langem ausgestorben, hatte Emelda erklärt. Und nun war dieses Tier nach einer Abwesenheit von hundertfünfzig Jahren (das mußte Ayrton gemeint haben) in seine alte Heimat zurückgekehrt.

Was Sleepy Joe und sein Beschützer auch immer ursprünglich für uns geplant haben mochten, nun war es jedenfalls vereitelt. Ihren Gesichtsausdruck nur als verblüfft zu bezeichnen wäre ihren völlig entgeisterten Mienen nicht gerecht geworden. Ob sie wohl glaubten, ich hätte das ganze Spektakel extra für sie inszeniert? Oder meinten sie, so etwas sei auf dem Land ein gebräuchliches und althergebrachtes Ereignis? Wie auch immer, sie waren nicht in der Lage, irgend etwas zu äußern oder zu tun. Der weiße Rolls war eingekesselt von einem guten Dutzend schlammbespritzter Fahrzeuge aller Art, aus denen mehr und immer mehr Vogelfreunde hervorquollen, bewaffnet mit Kameras, Teleskopen, Ferngläsern und komplizierten Ausrüstungen zur Aufnahme von Vogelstimmen. Die Armee der Vögelbeobachter war im Vormarsch. Entschlossen und ohne sich aufhalten zu lassen, rückte sie durch den Garten und über die Bäche vor, immer der Richtung nach, die mein ausgestreckter Arm ihnen wies. Es war wie bei der Schlacht von Passendaele.

Schließlich waren wir wieder allein. Ich wußte ganz und gar nicht, was ich als nächstes tun sollte. Es wäre eine

Erleichterung gewesen, wenn Joe und sein Bewacher einfach verschwunden wären, aber das ging nicht; sie steckten zwischen den anderen Autos fest. Höfliche Konversation schien auch nicht gerade angebracht; Joe hatte bisher kaum ein Wort gesagt, und der Leibwächter wirkte nicht so, als sei er dazu imstande.

Da erblickte ich meine Retterin. Eine runde, malvenfarben gekleidete Gestalt, begleitet von ihrem Ziegenbock, kam den Weg entlanggeeilt, quetschte sich zwischen den parkenden Autos hindurch und blickte ängstlich in meine Richtung. Gesegnete Emelda!

Außer Atem eilte sie zu mir, mit einem beiläufigen Nicken für meine Besucher und den weißen Rolls-Royce. »Ich wollte mal schauen, ob mit Ihnen alles in Ordnung ist«, verkündete sie. »Sie Arme! Das Familienwappen ist also wieder zum Leben erwacht – der einzige Teil von Ayrton seit Jahren, der zum Leben erwacht ist, das kann ich Ihnen versichern.« Ihr kehliges Lachen ertönte, dann fiel ihr Blick auf den Ziegenbock. »Lloyd George, laß den Rolls-Royce in Ruhe! Er knabbert leider zu gerne an Autoreifen. Gütiger Himmel, meine Liebe, was für eine Invasion. Im Nu wird wahrscheinlich auch noch Sir David Attenborough hier sein.« Sie warf noch einen Blick auf den Rolls-Royce, dann auf Sleepy Joe und seinen Gorilla. Ihre Miene hellte sich auf. »Sie müssen von der Royal Society sein«, rief sie und schüttelte beiden Männern die Hände. »Mein Mann hat Sie angerufen. Sie müssen zu uns zum Mittagessen kommen.«

Hier hielt ich es für angebracht, die Herrschaften einander vorzustellen.

»Mr. Cutler … und ein Freund«, sagte ich. »Lady Bustard.«

Auch Millionäre der Unterwelt sind Snobs, stellte ich

fest. Selbst der Queen wäre nicht mehr Ehrerbietung zuteil geworden; Joe sprach Emelda sogar mit »Ma'am« an.

Ich dachte, ich sollte wohl erklären, daß diese Gentlemen keine Vertreter der Royal Society waren, sondern einen ganz anderen Zweck verfolgten. Aber ich konnte Emelda kaum sagen, daß sie eigentlich gekommen waren, um Tom, der Gott sei Dank nicht da war, zu Brei zu schlagen. Ich beschloß daher, sie in Unwissenheit zu lassen und meiner bereits vorher eingeschlagenen Taktik zu folgen.

»Mr. Cutler ist ein enger Freund von Harriet Brand, die Sie schon von zahlreichen Anlässen her kennen«, erklärte ich.

Eine kurze Gesprächspause trat ein. Emelda sah mich an, und an ihrem Blick erkannte ich, daß sie die Lage voll erfaßte. Was auch passierte, Emelda würde nach allen Regeln der Kunst mitspielen. Aber vielleicht gab ich ihr doch besser noch einen Hinweis.

»Sie werden demnächst sogar heiraten«, fuhr ich fort.

Es war deutlich zu sehen, daß Joe etwas sagen wollte, aber Emelda war nun nicht mehr zu bremsen.

»Oh, wie mich das für Sie freut, Mr. Cutler! Die liebe Harriet, eine so entzückende Dame. Und wann soll der glückliche Tag sein, wenn ich fragen darf?«

Joe räusperte sich. Das Datum sei noch nicht festgelegt, brachte er heraus.

Damit ließ Emelda sich nicht abspeisen. Sie warf mir einen Blick zu, in dem es vor Schadenfreude nur so glitzerte.

»Oh, aber so etwas soll man doch nicht aufschieben, Mr. Cutler«, rief sie. »Wirklich! Ein Mann in Ihrer Stellung und in den besten Jahren.« Das gefiel Joe offensichtlich. »Und wo soll die Feier stattfinden? In einer Kathedrale?

Ich finde immer, eine Hochzeit in einer Kathedrale ist am feierlichsten.«

Diesmal blinzelte Joe nur noch.

Plötzlich klatschte Emelda in die Hände und riß die Augen weit auf.

»Ich habe eine großartige Idee. Wie wäre es mit unserer Kathedrale hier in Salisbury? Die dürfte groß genug sein, denke ich mir. Haben Sie eine große Familie, Mr. Cutler – Kinder, Ex-Frauen, Geliebte und so weiter? Bei den meisten Männern ist das ja der Fall.«

Ich zuckte zusammen; das ging zu weit. Joe stand völlig verdutzt da. Der Gorilla starrte hilflos auf Lloyd George, der weiter an den Autoreifen knabberte.

»Aber Sie brauchen sich deswegen keinerlei Sorgen zu machen«, fuhr Emelda fort. »Unser Bischof ist sehr verständnisvoll – keiner von diesen fundamentalistischen Kirchenmännern, die immer bloß auf Wunder warten. Außerdem schuldet mir der Dekan einen Gefallen; ich habe nämlich eine Menge Geld für den Kirchturm aufgebracht, wissen Sie. Soll ich ihn vielleicht anrufen? O ja, das könnte ich doch gleich tun? Sie haben ein Autotelefon, wie ich sehe. Darf ich?«

Sie riß die Tür auf, ließ sich auf den Fahrersitz plumpsen und saß nun halb im Auto, halb draußen. Bevor irgend jemand irgend etwas sagen konnte, hatte sie schon eine Nummer gewählt und rief: »Ambrose! Holen Sie mir Ambrose!« Nach einer kurzen Pause ging es weiter: »Es ist mir egal, ob er bei einer Diözesanversammlung ist; diese Sache hier ist viel wichtiger. Sagen Sie ihm, Lady Bustard ist dran und daß ich nicht warten kann; ich sitze in einem Auto – oder zumindest halb; mein Ziegenbock frißt anscheinend die andere Hälfte auf.« Sie wandte sich um und hielt das Telefon weg. »Lloyd George, hör auf!

Es tut mir leid, Mr. Cutler, er ist schlecht erzogen. Aber ich bin sicher, daß die Royal Society Ihnen einen neuen geben wird.«

Eine weitere kurze Pause; vermutlich holte der Domestik jetzt den Dekan aus seiner Versammlung. Emelda nützte die Zeit, um sich aus dem Auto zu lehnen, als wäre es ihr eigenes, und Joe weitere Fragen zu stellen. Ob er nun der Vorsitzende der Royal Society oder nur der Sekretär sei? Ob es nicht eine dankbare Aufgabe sei, sich einer so immens lohnenden Berufung verschrieben zu haben? Und hatte er schon immer mit Wohltätigkeit zu tun gehabt?

Sie machte sich nicht die Mühe, auf die Antworten zu warten. Dann fiel ihr anscheinend ein, daß es eine wichtige Frage gab, die sie vergessen hatte zu stellen. Ihre Augen leuchteten auf.

»Die künftige Braut – wo ist die Dame denn? Sie sollte hier sein. Wann kommt sie?«

Zum erstenmal erwachte der Bewacher aus seiner Träumerei. Er warf Joe einen bedeutungsvollen Blick zu und grinste.

»So gegen drei, was, Joe?« murmelte er. »Damit sie die Leiche sieht.«

Ich blinzelte. Das bezog sich auf Tom, wurde mir klar, oder auf das, was von ihm übrig gewesen wäre.

Emelda ignorierte die finstere Bemerkung, vielleicht hatte sie sie auch nicht verstanden.

»Heute nachmittag, um drei Uhr!« rief sie. »Das könnte nicht besser sein! Da können Sie gleich alles auf einmal erledigen, Mr. Cutler, nicht wahr? Ich sage es dem Dekan.«

Nun hörte man eine knarzende Stimme aus dem Telefon, und Emelda hielt sich rasch wieder den Hörer ans Ohr.

»Ambrose!« Es war genau der gleiche Ton, den sie anschlug, wenn sie den Ziegenbock herbeirief. »Eine Trauung für Sie. Sondergenehmigung. Heute nachmittag, gegen fünfzehn Uhr dreißig. Geht das in Ordnung? Freunde von mir – sehr distinguiert. Präsident der Royal Society. Sagen Sie dem Organisten Bescheid, oder soll ich das machen?«

Wenn es von seiten des Dekanats irgendwelche Einwände gab, war Emelda jedenfalls nicht in der Laune, sie anzuhören.

»Danke, Ambrose«, erklärte sie resolut. Dann drehte sie sich zu Joe um und nickte entschieden. »Das ist also geregelt, Mr. Cutler. Wir essen bei uns zu Mittag, dann treffen wir Ihre Verlobte und fahren direkt zur Kathedrale. Große Proben werden nicht nötig sein; ich vermute, Sie haben die Zeremonie schon öfter hinter sich gebracht. Wenn Sie lieber etwas anderes hätten als den üblichen Hochzeitsmarsch von Mendelssohn, wird der Organist das sicher arrangieren; vielleicht wollen Sie lieber nicht an das letzte Mal erinnert werden. Auf jeden Fall werde ich ein Auto kommen lassen, ich fürchte, das Ihre ist hier eingesperrt. Außerdem«, fügte sie hinzu und betrachtete den Rolls-Royce, »ist er nach Lloyd Georges Aufmerksamkeiten vielleicht nicht in bester Verfassung.«

Auf dieses Stichwort hin ließ Joes Wagen ein leises Zischen hören. Wir drehten uns alle nach dem Geräusch um und wurden so Zeugen, wie der Rolls in sich zusammensank, als einer der Hinterreifen sich anmutig an die Felge schmiegte. Lloyd George kaute gleichmäßig weiter und warf hin und wieder den Kopf zurück, um das letzte Stück des Reifenventils, das ihm noch aus dem Maul hing, besser schlucken zu können.

Emelda schien nicht darauf zu achten. Sie zog energisch an Lloyd Georges Strick und wandte sich an die beiden Männer.
»Auf zum Mittagessen! Folgen Sie mir!«
Sie folgten. Vorsichtig den Schlaglöchern ausweichend, machte sich das ungewöhnliche Trio plus Geißbock auf den Weg in Richtung Dorf.

Die Großtrappe flog fort, vielleicht wieder für hundertfünfzig Jahre. Und mit ihr zogen auch die Vogelfreunde ab. Sie stapften durch den Garten zurück, auf den Gesichtern das Strahlen der Heiligen Drei Könige, die dem Stern nach Bethlehem gefolgt waren und nun mit der frohen Botschaft nach Hause zurückkehren konnten. Mich beachteten sie nicht; ich spielte in ihren Träumen keine Rolle. Sie klappten ihre Stative zusammen, schraubten ihre Objektive ab, steckten die Ferngläser wieder in ihre abgewetzten Lederhüllen und stopften ihre Knautschhüte in die geräumigen Jackentaschen. Wie eine schlammbespritzte New-Age-Karawane fuhren sie wieder ab. Zweifellos wurde gerade per Autotelefon der präzise Standort irgendeines sturmgebeutelten Albatros, der am Cape Wrath um sein Leben rang, mitgeteilt – und der nächste Stern blinkte.
Außer dem Lastwagen der Bauarbeiter blieben nur noch zwei Autos auf dem Kies vor der Mühle stehen. Das eine war unser eigenes, das andere der Rolls-Royce, der nun infolge der Aufmerksamkeiten Lloyd Georges nicht mehr ganz so weiß strahlte und auf einem Rad deutlich erschlafft war.
Mrs. Teape betrachtete ihn verärgert und schnalzte mißbilligend mit der Zunge, weil ich meine erste Kabinettssitzung verpaßt hatte.

»Und diese Hooligans, die durch den Garten getrampelt sind«, erklärte sie und rammte sich die Kämme ins Haar, bevor sie ging. »Schändlich! Ich weiß nicht, wohin es mit der Welt gekommen ist.«
Ich wußte es auch nicht. Aber immerhin wußte ich jetzt, daß millionenschwere Gangster in den Händen starker Frauen Wachs sein können. Außerdem hatte ich gelernt, daß Ziegenböcke im Dienste der britischen Aristokratie eine fast ebenso tödliche Wirkung entfalten können wie ihre Besitzer.
Wäre Tom hiergewesen, hätte ich jetzt wahrscheinlich ein böse durch die Mangel gedrehtes Häuflein pflegen müssen. Mich schauderte. Doch dann wurde mein Schreckensbild von einem zu Brei geschlagenen Liebhaber durch das Geräusch eines schweren Motors verscheucht. Ich trat ans Fenster und sah ein Abschleppfahrzeug, das mühsam den Weg zum Cottage entlangrumpelte; bei jedem Schlagloch schwang der riesige Kranhaken hin und her. Ich sah zu, wie das Fahrzeug sorgfältig auf dem Kies wendete; schließlich stiegen zwei Männer in Overalls aus und befestigten eine Kette um die Hinterachse des Rolls Royce, die sie wiederum an den riesigen Haken hängten. Einer der beiden kletterte zurück in den Abschleppwagen und betätigte die Hydraulikkurbel. Der Rolls wurde hochgehoben – es sah aus wie ein alberner weißer Hintern, der sich in die Höhe reckte, und ich mußte lachen. Dann wurde er davongezogen, A10 DOL, rums-rums-rums über den Weg zur Straße. Warum hatten sie nicht einfach das Rad gewechselt? Lloyd George mußte seine Pflicht außergewöhnlich gut erfüllt haben.
Endlich waren alle weg. Ich machte mir einen Happen zu essen und überlegte, wie es Emeldas Gästen wohl

erging – vielleicht belehrte Ayrton Sleepy Joe jetzt gerade über die Paarungsgewohnheiten der polynesischen Libellen. Um drei Uhr sollte Harriet im Dorf eintreffen und würde die größte Überraschung ihres Lebens seit ihrem Debüt mit dem Müllsack erleben. Zweifellos würde Emelda das Empfangskomitee zusammenstellen, Lloyd George eingeschlossen. Und dann die Kathedrale und der glücklichste Augenblick im Leben einer Frau. Ich schenkte mir einen Drink ein und trank auf das Wohl von Braut und Bräutigam und das Blühen und Gedeihen der *Full Frontal Productions*.

Ich war immer noch unsicher, ob ich mich in einem Zustand der Euphorie oder des Schocks befand. Clive war irgendwo unterwegs, und ich war allein. Zunächst erwog ich, Ruth anzurufen, beschloß dann jedoch, die Ereignisse des Vormittags zuallererst Tom zu erzählen. Schließlich entschied ich mich für die beruhigendste Tätigkeit, die ich kannte, und arbeitete im Garten, um ein wenig die Schäden zu reparieren, die der Ansturm der Vogelfreunde hinterlassen hatte. Dann spazierte ich zu dem Feld, auf dem die Großtrappe gesessen hatte. Hier und da war das Gras mit winzigen purpurroten Orchideen gesprenkelt. Plötzlich entdeckte ich vor mir eine einzelne Feder. Sie war länger als dreißig Zentimeter und goldbraun mit symmetrischen dunklen Maserungen, die aussahen wie mit einem feinen Pinsel aufgemalt. Ich hob die Feder auf, die sich warm anfühlte, als wäre sie lebendig. Mehr fand ich nicht, obwohl ich mich umsah; nur diese eine Feder, das einzige Zeichen, daß der große Vogel je hiergewesen war. Wie eine Signatur.

Ich beschloß, Ayrton die Feder zu schenken. Der liebe Ayrton – sie würde ihm mehr bedeuten als all die alten

Embleme auf dem Familienwappen. Ich sah schon vor mir, wie er sie gerahmt an die Wand hängte, zur Erinnerung an den Tag, als die Großtrappe Bustard dorthin zurückgekommen war, wohin sie ursprünglich gehörte.
Ich hatte noch eine Stunde Zeit, bevor ich zum Bahnhof fahren mußte, um Tom abzuholen. Die Sonne schien warm; es war ein herrlicher Frühlingsnachmittag. Ruth hätte sicher gemeint, hier sei der langweiligste Ort auf Erden, aber für mich war es der Himmel. Ich spazierte durch mein Fleckchen Paradies und kostete jeden Schritt aus, registrierte innerlich alles, was ich darin liebte; so würde ich es immer bei mir haben, wo ich auch sein mochte. Dasselbe tat ich in der alten Mühle. Die Bauarbeiter tranken draußen im Garten Tee, und so konnte ich genüßlich durch die leeren Räume schlendern und mir ausmalen, wie sie bald aussehen würden – gnädigerweise ohne die Mitwirkung Mr. Ashley de Veres.
Zurück bei unserem Cottage, stellte ich überrascht fest, daß die Tür nur angelehnt war, und ging etwas ängstlich hinein. Aber niemand schien dazusein – bis ich bemerkte, daß Clives Zimmertür offenstand.
»Clive!« rief ich. »Bist du da?«
Einen Augenblick blieb es still, dann hörte ich einen langen, leisen Seufzer.
Ich steckte den Kopf durch die Tür. Clive lag ausgestreckt auf dem Bett und starrte zur Decke. Auf seinem Gesicht lag ein Ausdruck reinster Verzückung; von Zeit zu Zeit blinzelte er, als könne er nicht glauben, welch selige Vision über ihm schwebte.
»Clive, ist alles in Ordnung?« fragte ich ängstlich.
Konnte es sein, daß er high war? Oder betrunken?
»Clive!« rief ich noch einmal.

Noch ein leiser Seufzer stieg vom Bett auf. Und Clives Augen blieben immer noch auf die Decke geheftet.
Ich trat ins Zimmer und setzte mich neben ihn auf das Bett.
»Was ist passiert, Clive? Sag es mir.«
Diesmal löste sich sein Blick von der Decke und richtete sich langsam auf mein Gesicht. Dann seufzte er noch einmal tief.
»Alles!« sagte er. »Alles!«
Ich war alt genug, um zu kapieren, daß »alles« manchmal nur *eine* Sache bedeutet und daß dies ein solcher Fall war. Und außerdem war es einer dieser Fälle, in denen eine Mutter feststellt, daß sie absolut nichts zu sagen hat, und sich verzweifelt wünscht, irgendwo anders zu sein. Was in Gottes Namen sollte man zu einem Sohn sagen, der gerade deutlich zum Ausdruck gebracht hatte, daß er zum erstenmal mit einer Frau geschlafen hatte? »Na bravo!« klang nicht so ganz passend. »Oh, tatsächlich?« schien der Gelegenheit nicht angemessen. »Gut gemacht!« paßte auch nicht. »Besser als wichsen, was?« war einfach geschmacklos. »Ich hoffe, du hast ein Kondom benutzt«, hätte mir am ehesten auf der Zunge gelegen, aber ich befürchtete, danach hätte ich ihm eine strenge Predigt über Aids halten müssen.
Simple Neugier trug den Sieg davon.
»Wer war es?« fragte ich.
Ich vermutete, eine von Clives Kleinanzeigen für Französischunterricht habe wohl schließlich Erfolg gezeigt.
Er sah mich fast schüchtern an.
»O Mami, du weißt doch!« sagte er. »Sie! Die mit dem Künstler.«
Ich blinzelte.
»Du meinst Concha? Du hast sie *angesprochen*?«

Clive schüttelte den Kopf.
»Nein! Sie hat mich angesprochen.«

Kurz nach vier brach ich zum Bahnhof auf; in einer halben Stunde kam Toms Zug. Diesmal empfand ich größte Freude, als ich Harriets Auto am Straßenrand, nicht weit von Emeldas Haus, erblickte. Offensichtlich waren sie alle in der gemieteten Limousine gefahren, die Emelda versprochen hatte. Von dem Hügelkamm über dem Dorf aus konnte ich sehen, wie sich der Avon nach Salisbury schlängelte, und in der Ferne erkannte ich sogar den schlanken Turm der Kathedrale, der die Stadt zwergenhaft klein erscheinen ließ. Ich dachte an die Feier, die jetzt gerade innerhalb dieser altehrwürdigen Mauern stattfand. Hatte Sleepy Joe es noch geschafft, sich davonzustehlen und einen Ring zu kaufen? Oder hatte Emelda auch daran gedacht?
Tom lächelte breit, als er vom Bahnsteig kam, und schwenkte eine Flasche Champagner. Alles erledigt, sagte er. Und er hob mich hoch und trug mich über die Schranke, die Champagnerflasche immer noch baumelnd in der Hand. Der Bahnsteigschaffner, mittlerweile an unsere Kapriolen gewöhnt, winkte uns durch, ohne eine Miene zu verziehen. In diesem Augenblick begannen die Glocken der Kathedrale fröhlich zu läuten, übertönten den Verkehrslärm und scheuchten eine Schar Tauben auf, die nun rund über den Dächern der Stadt kreisten.
»Ich habe alles geregelt«, erklärte Tom, der mich immer noch trug, ganz cool.
»Tatsächlich«, antwortete ich. »Was für eine hübsche Überraschung. Und jetzt habe ich eine für dich. Eigentlich sogar zwei.«

Erst einmal sollte er mich aber wieder auf den Boden stellen, verlangte ich.
»Die erste Überraschung: Clive hat seine Unschuld verloren.«
Tom lächelte nur.
»Und das nennst du eine Überraschung?«
»Na gut, Tom«, sagte ich. »Wenn du so denkst, wie wär's dann damit?«
Und ich schilderte ihm die Ereignisse des Vormittags und die Feier, die nur ein paar hundert Meter weiter gerade stattfand.
Tom stand auf dem Parkplatz wie ein Mann, der soeben Zeuge eines Wunders geworden war.
»Und denk nur«, fügte ich hinzu, »wenn du den früheren Zug erwischt hättest, dann hättest du Brautführer spielen können. Immerhin wärst du sie doch seit Jahren gern an einen anderen Mann losgeworden.«
Die Glocken bimmelten und bimmelten. Ich entschied, daß es wohl besser sei, wenn ich fuhr, sonst hätte der Dekan als nächstes vielleicht eine Beerdigung ausrichten müssen. Hin und wieder erhaschte ich im Spiegel einen Blick auf Toms Gesicht; es sah aus, als hätte der Gorilla es schließlich doch bearbeitet. Er sagte nichts, bis wir den Hügel über dem Dorf erreicht hatten. Dann räusperte er sich bedeutungsvoll.
»Liebling, warum habe ich mir je vorgestellt, auf dem Land könnte man friedlich leben?«
Ich lachte.
»Schau!« antwortete ich. Sarum Magna lag wie ein Spielzeugdorf unter uns. »Es *ist* friedlich!«
Die Bäume am Flußufer ließen die letzten Sonnenstrahlen durch, als wir vor dem Cottage hielten. Die Bauarbeiter luden gerade ihr Werkzeug auf den Wagen und

winkten beim Abfahren. Noch ein paar Wochen, dann konnten wir einziehen, hatten sie mir schon versichert. Der Sommer würde uns gehören, und jetzt hatten wir erst einmal das Wochenende vor uns. Kein Clive. Keine Mrs. Teape. Und – ich hoffte es von Herzen – keine Vogelfreunde. Meine Feder lag auf dem Küchentisch, der einzige sichtbare Beweis für die bizarren Ereignisse des Tages, den ich zu bieten hatte.

»Wir haben überlebt, Tom«, sagte ich. »Und wir sind allein. Komm, laß uns den Abend genießen.«

Es war der Augenblick, bevor der Tag schwindet und das Dämmerlicht noch einmal aufleuchtet; wenn die Stille auf die Nacht zu warten scheint. Der Garten duftete nach Frühling, und wir gingen in ihm spazieren, als gehöre er zum erstenmal uns.

So war es jedoch nicht.

Tom machte mich auf sie aufmerksam, wie schon einmal. Sie stand auf der kleinen Brücke, im Zwielicht kaum sichtbar, und starrte uns an. Mondkalb!

Einen Augenblick hatte ich Angst. Dann wurde ich wütend. Und schließlich war ich ganz ruhig. Das mußte ein Ende haben! Ich hatte mehr als genug. Ganz sicher wußte ich nicht, was ich eigentlich tun wollte, aber es würde endgültig sein. »Mondkalb«, sagte ich zu mir, »keine von deinen Erdgöttinnen, Sternzeichen, Sommersonnenwenden und auch sonst kein Druiden-Mumpitz wird dir jetzt zu Hilfe kommen. Du kannst dich in eine weiße Toga hüllen, den Sonnenaufgang anbeten, Fledermäuse zum Frühstück essen oder was du auch sonst noch mit deinem blutleeren Gestell anfängst: Vergiß es! Jetzt ist dein Augenblick der Wahrheit da. Peng!«

Ich winkte wie wild und rannte auf sie zu. Zuerst schien sie davonschlüpfen zu wollen, wie sie es schon so oft getan hatte. Doch dann zögerte sie und umklammerte das Brückengeländer, als wolle sie sich jeden Augenblick in den Fluß stürzen.

Plötzlich wurde mir klar, daß sie Angst hatte. In ihrem Gesicht zuckte es, und sie zitterte, als ich näher kam.

Ich blieb stehen und streckte die Hand aus, ohne nachzudenken. Sie nahm sie zögernd, als könne sie sich daran verbrennen. Ihre Hand fühlte sich wie eine zarte Vogelklaue an.

»Es … es tut mir leid«, sagte sie. »Verzeihen Sie mir, aber … ich habe mich nur gefragt … Ich wollte Sie gerne fragen, aber dann habe ich es doch gelassen …«

Ich wartete. Wie würde die lang erwartete Botschaft von den Druiden nun lauten?

»Es ist nur … Ich glaube, ich habe Ihre Mutter gekannt.«

Ich wußte nicht, was sie von dem Gesicht hielt, das ich machte, und ich hoffte, mein Lachen hatte sie nicht beleidigt. Ich wollte sie umarmen, aber sie war schon fort.

Und so brach über diesen seltsamsten aller Tage schließlich die Nacht herein.

»Tom«, sagte ich, als wir wieder im Haus waren. »Mach um Himmels willen diesen Champagner auf. Ich habe die feste Absicht, mir einen anzusaufen.«

»Nun, das ist dir jedenfalls gelungen«, verkündete Tom, als er mir das Frühstück brachte.

Ich stöhnte. Das Licht war grausam.

»Wirklich?« murmelte ich.

Ich nahm einen Schluck Orangensaft. Mein Mund fühlte sich an, als wäre er mit trockenem Seetang gefüllt.

Tom lachte.

»Was ist so lustig?«

»Du.«
»Warum?«
Er lachte immer noch.
»Weißt du nicht mehr, daß du deine Mutter angerufen hast?«
»Nein!«
»Weißt du nicht mehr, daß du den Dekan von Salisbury angerufen hast?«
»Nein!«
»Weißt du nicht mehr, daß du Clives Schuldirektor angerufen hast?«
»Nein!«
»Weißt du nicht mehr, daß du die Forelle in einem Teekessel gekocht hast?«
»Nein!«
»Weißt du nicht mehr, daß du gefragt hast, wer ich bin?«
»Nein!«
»Weißt du nicht mehr, daß du gesagt hast, du würdest dich nie von fremden Männern ausziehen lassen?«
»Nein! O Gott, Tom, was gibt es noch, das ich nicht mehr weiß?«
»Nicht viel. Du warst sehr komisch. Als ich dich ins Bett gebracht habe, hast du eine Rede gehalten.«
»Worüber?«
»Nun, der Hauptgedankengang war anscheinend, daß beschnittene Männer es besser machen als nichtbeschnittene Männer, aber du bist eingeschlafen, bevor du erklären konntest, warum.«
»O nein! Ich werde mich nie mehr betrinken. Tom, warum warst du nicht blau?«
»War ich doch. Aber ich bin mehr daran gewöhnt als du. Außerdem war deine Vorstellung zu gut, als daß ich sie hätte verpassen wollen.«

»Mistkerl! ... Tom, liebst du mich noch?«
Mit ihm zu schlafen wirkte Wunder gegen meinen Kater. Später am Vormittag fühlte ich mich schwach, aber glücklich. Ich hatte es geschafft, zum Kaffeetrinken aufzustehen.
»Tom«, sagte ich ernst, »was wirst du jetzt tun, nachdem das alles vorbei ist?«
Er zog einen Stuhl an den Tisch und stützte das Kinn auf die Hände.
»Ich habe darüber nachgedacht«, erwiderte er. »Weißt du, während all der Arbeitsjahre habe ich von Dingen geträumt, die ich tun würde, wenn ich nicht mehr arbeiten müßte. Ganz unbedeutende Dinge. Romantische Dinge. Das Problem war nur, daß ich mir nie vorstellen konnte, sie zusammen mit dem Menschen zu tun, den ich liebe, weil ich immer so damit beschäftigt war, mich scheiden zu lassen.«
»Was für Dinge?« fragte ich.
Tom sah nachdenklich aus.
»Ich glaube, immer etwas zu haben, was mir einen sicheren Halt geben würde. Ein Buch schreiben – *nicht* Byrons Biographie. Eine neue Sprache lernen. Was auch immer. Spontane Reisen, immer dann, wenn gerade die richtige Zeit ist. Weißt du, eines Morgens aufwachen und beschließen, durch Felder von Gebirgsblumen zu wandern. Oder für ein paar Tage nach Florenz zu fahren. Oder nach Burgund – eine Wanderung durch die berühmten Weinanbaugebiete. Oder auf einer Feluke den Nil hinaufzufahren. Oder dem Winter eine lange Nase zu drehen und in Australien Sonne zu tanken. Es sich leisten zu können, ganz spontan zu leben, glaube ich.« Tom verstummte einen Augenblick, dann fügte er, ohne mich anzusehen, hinzu: »Und nun,

da du bei mir bist, ist das alles nicht mehr nur ein Traum.«
Tränen standen in meinen Augen. Es gab nichts zu sagen außer: »Danke.«
Tom stand auf und sah aus dem Fenster.
»Aber eines werde ich zuallererst tun«, sagte er.
Ich wollte schon fragen, was, als es an der Tür klingelte.
Tom stöhnte und machte sich auf den Weg.
»Scheiße!«
Ich folgte ihm.
Es hatte schon viele schlimme Augenblicke gegeben, aber das war einer der schlimmsten.
Einen Augenblick lang sagte keiner von uns irgend etwas, ebensowenig wie die Frau, die vor der Tür stand.
Sie war ziemlich jung, dunkelhaarig und klein. Eigentlich nicht besonders hübsch, und ziemlich nachlässig gekleidet. Aber sie lächelte. Sie lächelte Tom an. Und auf dem Arm hielt sie ein kleines Kind.
Es war nicht nötig, daß man mir etwas erklärte; ich wußte es gleich. Ich sah ein Bild vor mir, an das ich mich von meiner Zeit auf der Kunstschule her erinnerte. Ein viktorianisches Gemälde – ich wußte nicht mehr, von welchem Maler, aber es stellte eine junge Frau mit einem nackten Kind in den Armen dar, das sie mit einem bedeutungsschweren Gesichtsausdruck vor sich hielt. An den Bildtitel erinnerte ich mich nur zu genau – *Nehmen Sie Ihren Sohn, Sir.* Ich hatte dieses Gemälde immer verabscheut, ohne je daran zu denken, daß es ein finsteres Omen sein könnte.
Und hier war es, zum Leben erwacht.
Ich war zu durcheinander, um zu wissen, wer die Frau sein könnte. Ich wußte nur, daß sie Toms Kind auf dem Arm hielt. Und ich wußte, daß dieser Schock einer zuviel

war. Alles, worüber wir erst vor ein paar Minuten gesprochen hatten, alles, was wir geplant und uns so viele Monate lang immer wieder versprochen hatten – ich spürte, wie das alles in mir starb. Es würde keine Zukunft geben. Morgen würde ich fortgehen – nein, heute noch! Ich würde die Anzahlung auf mein kleines Haus in Chiswick zurückzahlen. Vielleicht würde ich endlich Ruths Einladung annehmen und nach Liechtenstein fliegen; vielleicht würde ich mich sogar ihrem »perfekten Mann« vorstellen und mich von ihm bis zur Besinnungslosigkeit vögeln lassen.
Ich hatte das Gefühl, schon seit einer Stunde hier auf der Türschwelle zu stehen. Wahrscheinlich waren es nur fünf Sekunden – in Ausnahmezuständen läßt die Phantasie Bilder rasend schnell durchs Bewußtsein gleiten. Selbst als Tom schließlich etwas sagte, erfaßte ich die Worte kaum.
»Sarah!« sagte er.
Ich nahm wahr, daß seine Stimme zitterte. Mistkerl. Würde er die Stirn haben, sie mir vorzustellen? Sollte ich ihn jetzt schlagen oder später? Vielleicht würde ich einfach schreien.
Endlich sagte sie etwas.
»Tom, es tut mir leid.«
(Das möchte ich wetten, Schätzchen. Daß du den Schweinehund je kennengelernt hast.)
»Ich bin gerade vorbeigekommen. Ich wußte, daß du hier wohnst.«
(Du meinst, er hat dir sogar unsere Adresse gegeben!)
»Es ist schön hier, wirklich. Ich freue mich so für dich.«
(Jesus, du hast ganz schön Nerven, du Miststück!)
»Und das muß Janice sein.«

(Er hat also tatsächlich mit dir über mich geredet, während er dich gevögelt hat!)
»Übrigens, das ist Adam.«
(Sohn des alten Adam. Zumindest weiß Tom jetzt, wie der kleine Bankert heißt.)
»Er ist gerade zwei Monate alt.«
(Das bedeutet, daß Tom sie die ganze Zeit gebumst hat, während er mich verführen wollte, der Schweinehund!)
»Er ist immer ganz brav und manierlich.«
(Mehr als man von seinem Vater sagen kann.)
»Ich bin gerade unterwegs zu meinen Schwiegereltern. Sie haben Adam bisher noch nie gesehen.«
(Komisch. Toms Mutter ist seit fünfzig Jahren tot und sein Vater seit vierzig Jahren. Was soll das mit den Schwiegereltern?)
»John kommt morgen nach.«
(John?)
»Es ist unser Hochzeitstag. Hör zu, ich will dich nicht aufhalten. Aber ich habe ein paar Sachen von dir im Auto, die ich dir schon seit Ewigkeiten zurückgeben wollte, und das schien mir eine gute Gelegenheit zu sein. Es dauert keine Minute.«
Sie ging zum Auto zurück. Ich sah Tom nur verdattert an.
»Tut mir leid!« sagte er und wandte sich mir zu. »Ich bin leider nicht zu Wort gekommen. Das ist Sarah – meine Ex-Frau. Erinnerst du dich? Sie hat ungefähr ein halbes Jahr nach unserer Trennung wieder geheiratet. Ein nettes Mädchen.«
»Oh!« Mehr brachte ich nicht heraus.
Und ich schlang die Arme um ihn.
Sarah kam mit einem großen Paket wieder; das Baby hatte sie im Auto gelassen.

»Ich freue mich so, daß du glücklich bist«, sagte sie lächelnd. »Hier. Alle deine Le Carrés. Aber jetzt muß ich sausen, ich soll zum Mittagessen dasein. War nett, Sie kennenzulernen, Janice. Bye-bye.«
Ich konnte immer noch nichts sagen. Das war also Nummer fünf. Die letzte.
Dann fing ich an zu lachen.
»Tom, du hast keine Ahnung, was ich gedacht habe.«
Bei diesen Worten breitete sich ein erstaunter Ausdruck über sein Gesicht.
»O nein, doch nicht *das*, oder?«
Ich nickte.
»Um Himmels willen«, stöhnte er. »Wie konntest du nur? Wo ich doch eine solche Säule der Tugend bin.«
Er umarmte mich, und ich fuhr ihm durchs Haar.
»Sag's mir, Tom. Warum hast du sie geheiratet?«
»Weil sie nett ist«, antwortete er.
»Warum hast du sie dann verlassen?«
»Weil sie nett ist.«
»Bloß gut, daß ich es nicht bin«, meinte ich. »Tom, ich liebe dich.«
Er lächelte mich auf seine spitzbübische Art an.
»Ich fange an, dasselbe mit dir zu tun.«
Und darauf wollten wir einen trinken.
Im Garten war es warm; wir saßen draußen und beobachteten die Schwäne auf dem Fluß.
»Tom«, sagte ich, »bevor deine letzte und netteste Frau aufgetaucht ist, hast du mir all die Dinge aufgezählt, die du tun möchtest. Wir hatten schon Gebirgsblumen, Florenz, den Nil und Australien. Aber du hast gesagt, zuallererst möchtest du eins tun. Was?«
Er sah mich ernst an, und ich war gespannt, was für ein großartiges Projekt er mir jetzt enthüllen würde.

»Nun ja«, erwiderte er. »Ich habe mir gedacht, daß ich angeln lerne.«
Tom würde mich immer wieder überraschen, stellte ich fest, und das liebte ich an ihm. Wir nahmen unsere Weingläser mit zum Fluß und blickten zurück auf die alte Mühle. Sie sah jetzt schon aus wie der Ort, den wir uns erträumt hatten.
»Glücklich?« fragte Tom.
Ich nickte.
»Maßlos.«
Etwas Blaues blitzte über das Wasser in die Erlen.
»Du wirst Konkurrenz beim Angeln haben«, lachte ich und hob mein Glas. »Auf dich, Tom. Auf uns. Alkyonische Tage!«